本书获得国家自然科学基金重点国际（地区）合作研究项目
（71720107002）的资助

张卫国 余星 ◎ 著

国际金融资产与大宗商品

风险管理

INTERNATIONAL FINANCIAL ASSETS AND COMMODITY RISK MANAGEMENT

经济管理出版社

ECONOMY & MANAGEMENT PUBLISHING HOUSE

图书在版编目（CIP）数据

国际金融资产与大宗商品风险管理 / 张卫国，余星
著. -- 北京：经济管理出版社，2024. -- ISBN 978-7
-5096-9930-0

Ⅰ．F830

中国国家版本馆 CIP 数据核字第 2024MQ8221 号

组稿编辑：杜　菲
责任编辑：杜　菲
责任印制：许　艳
责任校对：蔡晓臻

出版发行：经济管理出版社
　　　　　（北京市海淀区北蜂窝 8 号中雅大厦 A 座 11 层　100038）
网　　　址：www. E-mp. com. cn
电　　　话：（010）51915602
印　　　刷：唐山玺诚印务有限公司
经　　　销：新华书店
开　　　本：720mm×1000mm/16
印　　　张：16
字　　　数：246 千字
版　　　次：2025 年 5 月第 1 版　　2025 年 5 月第 1 次印刷
书　　　号：ISBN 978-7-5096-9930-0
定　　　价：88.00 元

前　言

世界百年未有之大变局进入加速演变期，国际环境日趋错综复杂。2023 年 3 月 6 日，习近平总书记在看望参加全国政协十四届一次会议的民建、工商联界委员并参加联组会时的重要讲话中指出，我国发展进入战略机遇和风险挑战并存、不确定难预料因素增多的时期，来自外部的打压遏制随时可能升级，各种"黑天鹅"、"灰犀牛"事件随时可能发生，需要应对的风险挑战、防范化解的矛盾问题比以往更加严峻复杂。

复杂多变的国际形势对全球经济产生深刻的影响并引发新的金融风险。以 2022 年为例，股市、债市、大宗商品、黄金在内的全球各类资产价格均出现比较明显的波动。众所周知，财富管理和资产配置对国内外各种重要宏观变量的变化十分敏感，这导致随着不确定性、不稳定因素的增多，未来全球财富管理面临的挑战也在增大。其中，金融市场和大宗商品市场又是全球财富管理与资产配置的主战场。因此，在复杂环境下如何有效管理国际金融资产与大宗商品风险是学界和业界普遍关注的现实问题。

本书主要从衍生品对冲角度研究复杂环境下国际金融资产与大宗商品风险管理相关问题。共分为 10 章，其中第 1 章概述了复杂环境下国际金融资产与大宗商品风险管理的发展情况，包括股票、债券、外汇、金融衍生品等主要国际金融资产风险管理，原油、大豆等大宗商品风险管理，并对风险管理的相关研究文献进行了评述。第 2 章主要介绍了风险管理基本理论和模型。第 3 章针对国内外主要股指风险管理，构建复杂市场因子驱动下金融市场的期货套期保值模型，提出标普 500 波动率预测方法，并基于波动率预测结果提出期货套期保值策略，进而提高复杂环境下国际金融市场风险对冲效率。第4章考虑非线性风险因子的影响，针对国内主要股指风险管理问题构建期货和期权套期保值模型，基于等价鞅测度研究股票市场风险管理方法。第5章针对汇率风险管理问题，考虑保证金与交易成本等资金约束，构建外汇期货套期保值模型，提出外汇期货套期保值策略。第6章针对某一固定国际投资组合未来不确定现金流的风险管理问题，将国际投资与汇率风险管理相结合，提出市场状态依赖下汇率风险管理方法。第7章以甲醇为例，考虑市场偏度的影响，提出国际大宗商品风险管理模型与方法。第8章考虑资金流动性约束，在有基差和无基差两种情形下研究国际镍价格风险管理方法。第9章提出铜管交叉套期保值模型与方法。第10章研究复杂环境下国际原油风险管理相关问题，构建原油市场状态识别新模型，提出状态依赖的原油价格风险对冲策略。

　　本书既可供高等院校金融、经济及管理科学与工程专业的研究生学习研讨，也可供从事国际金融与大宗商品风险管理的研究人员和管理人员参考。由于水平有限，不妥之处在所难免，恳请读者批评指正。

目　录

第1章　国际金融资产与大宗商品风险管理概述 ……………………… 001

1.1　引言 ……………………………………………………………… 001

1.2　主要国际金融资产风险管理概述 ……………………………… 002

1.3　主要大宗商品风险管理概述 …………………………………… 004

本章参考文献 ………………………………………………………… 008

第2章　风险管理基本理论与模型 …………………………………… 010

2.1　引言 ……………………………………………………………… 010

2.2　期货套期保值模型与方法 ……………………………………… 011

2.3　期权套期保值理论 ……………………………………………… 016

2.4　等价鞅理论 ……………………………………………………… 018

2.5　GARCH族波动率模型 ………………………………………… 020

2.6　Copula函数基本理论 …………………………………………… 023

2.7　隐马尔科夫模型（HMM） …………………………………… 027

本章参考文献 ………………………………………………………… 028

第3章　复杂市场因子驱动下股票市场风险管理 …………………… 031

3.1　引言 ……………………………………………………………… 031

3.2　最小方差套期保值策略 ………………………………………… 034

3.3　波动率的测度方法 ……………………………………… 036

3.4　已实现波动率的预测模型 ……………………………… 038

3.5　实证检验 ………………………………………………… 043

3.6　本章小结 ………………………………………………… 064

本章参考文献 …………………………………………………… 065

第4章　非线性风险因子下股票市场风险管理 ……………… 071

4.1　引言 ……………………………………………………… 071

4.2　风险厌恶型效用函数下期权套期保值模型的构建与求解 ……… 075

4.3　负指数效用函数下期权最优套期保值策略 …………… 079

4.4　实证分析 ………………………………………………… 082

4.5　本章小结 ………………………………………………… 090

本章参考文献 …………………………………………………… 091

第5章　基于 Copula-GARCH 方法的交叉汇率风险管理 ………… 096

5.1　引言 ……………………………………………………… 096

5.2　交叉汇率期权对冲模型 ………………………………… 099

5.3　交叉汇率期权对冲模型求解 …………………………… 102

5.4　交叉汇率期权对冲模型的应用 ………………………… 107

5.5　国际投资交叉汇率风险管理建议 ……………………… 112

本章参考文献 …………………………………………………… 113

第6章　基于下偏矩的国际投资组合汇率风险管理 ………… 117

6.1　引言 ……………………………………………………… 117

6.2　问题描述 ………………………………………………… 119

6.3　最优套期保值模型 ·············· 120

6.4　实证研究 ·············· 128

6.5　本章小结 ·············· 146

本章参考文献 ·············· 147

第7章　考虑偏度特征的甲醇风险管理 ·············· 150

7.1　引言 ·············· 150

7.2　边际分布建模 ·············· 152

7.3　套期保值组合建模 ·············· 158

7.4　实证过程 ·············· 161

7.5　实证分析 ·············· 163

7.6　本章小结 ·············· 170

本章参考文献 ·············· 171

本章附录 ·············· 176

第8章　资金流动性约束下镍价格风险动态对冲方法研究 ·············· 185

8.1　引言 ·············· 186

8.2　相关研究评述 ·············· 187

8.3　考虑资金流动性的期货动态套期保值模型 ·············· 190

8.4　实证结果和分析 ·············· 193

8.5　本章小结 ·············· 200

本章参考文献 ·············· 201

第9章　铜管期货交叉套期保值方法研究 ·············· 205

9.1　引言 ·············· 205

9.2　文献综述 ·············· 207

9.3　实证分析 ·············· 209

9.4　本章小结 ……………………………………………… 215

本章参考文献 ……………………………………………… 216

第 10 章　市场状态依赖下国际原油价格风险管理 ………… 218

10.1　引言 …………………………………………………… 218

10.2　期货套期保值模型 …………………………………… 222

10.3　期货套期保值绩效评价 ……………………………… 223

10.4　实证研究 ……………………………………………… 224

10.5　本章小结 ……………………………………………… 242

本章参考文献 ……………………………………………… 243

第 1 章

国际金融资产与大宗商品风险管理概述

国际经济、贸易、服务的发展促进各国实现互利共赢。国际金融资产和大宗商品是主要的两大类交易和配置的资产，也是风险防控的重点对象。本章介绍了主要国际金融资产的风险类型及重大事件冲击对于金融市场的影响，介绍了大宗商品价格波动及极端事件带来的巨大尾部风险，并对风险管理的研究文献进行了评述。

1.1 引言

国际金融资产是指一个国家或地区的居民在其他国家或地区拥有的金融资产。这些金融资产可以是各种形式的投资或权益，包括但不限于股票、债券、外汇、直接投资、金融衍生品等；国际大宗商品是指在国际市场上广泛交易的、以原材料或初级产品形式存在的商品。这些商品通常是全球经济活动的基本组成部分，广泛用于生产和消费领域。国际大宗商品主要包括能源类（石油、天然气、煤炭等）、金属类（黄金、银、铜、铝、锌、镍等）、农产品类（大豆、小麦、玉米、棉花、咖啡、可可等）、矿产类（铁矿石、铬矿石、煤炭等）。

在国际资产配置过程中，如何有效管理风险是投资者、企业和金融机构所面临的重要课题。开展国际金融资产与大宗商品风险管理研究对于投资者和金融机构在全球化的金融市场中有效管控和降低风险具有重要的现实意义。随着技术和数据的进步，风险管理领域的研究得到极大发展，为更加准确、高效地评估和应对风险提供了更多的工具和方法。即便如此，金融市场的不确定性和复杂性客观存在，金融风险管理仍然是一个充满挑战的领域。

1.2　主要国际金融资产风险管理概述

股票、债券、外汇、直接投资、金融衍生品等是主要的国际金融资产，这些资产存在不同的风险。其中，股票风险主要包括市场风险和公司特定风险，市场风险涉及整体市场波动，如股票市场的下跌可能会导致投资组合价值下降，公司特定风险与单个公司相关，如业绩下滑、内部管理问题等。债券风险包括信用风险（债券发行人无法按时支付利息或偿还本金）、利率风险（市场利率上升导致债券价格下降），以及流动性风险（难以在市场上快速卖出），而外汇市场涉及货币交易，汇率的涨跌幅度导致资产价值变化，汇率波动可能影响跨国企业的盈利和财务状况。衍生品是与其他资产价值相关联的金融合约，如期货、期权和掉期等。它们可以帮助投资者进行风险管理，但也具有杠杆作用，若使用不当则可能会使亏损比原始资产更大。国际金融市场还受地缘政治紧张局势、贸易纠纷等的影响。此外，一些突发事件也会引起金融市场的动荡，这点从近 20 年历次重大事件冲击下中美股市的下跌情况就可以看出（见表 1-1）。

表1-1　历次重大事件冲击下中美股市的下跌情况　　　　单位:%

		重要股指	沪深300	上证180	深证100
新冠疫情 2019年12月至今	中国	下跌区间	2020年3月11~23日	2020年3月6~19日	2020年3月6~23日
		最大跌幅	14.4	15.9	19.0
	美国	重要股指	道琼斯工业平均	纳斯达克	标普500
		下跌区间	2020年2月13日~3月23日	2020年2月19日~3月23日	2020年2月20日~3月23日
		最大跌幅	22.7	32.6	35.1
美债危机 2011年7~9月	中国	重要股指	沪深300	上证180	深证100
		下跌区间	2011年7月18日~10月21日	2011年7月18日~10月21日	2011年7月18日~10月21日
		最大跌幅	20.1	19.2	24.2
	美国	重要股指	道琼斯工业平均	纳斯达克	标普500
		下跌区间	2011年7月22日~10月3日	2011年7月26日~10月3日	2011年7月25日~10月3日
		最大跌幅	16.4	18.1	18.3
欧债危机 2010年5~6月	中国	重要股指	沪深300	上证180	深证100
		下跌区间	2010年4月15日~7月5日	2010年4月15日~7月5日	2010年4月15日~7月15日
		最大跌幅	27.8	27.3	29.2
	美国	重要股指	道琼斯工业平均	纳斯达克	标普500
		下跌区间	2010年4月27日~7月2日	2010年4月26日~7月2日	2010年4月26日~7月2日
		最大跌幅	14.6	18.6	17.1
金融危机 2007年10月~2009年3月	中国	重要股指	沪深300	上证180	深证100
		下跌区间	2007年10月17日~2008年11月4日	2007年10月17日~2008年10月28日	2007年10月10日~2008年10月7日
		最大跌幅	72.7	72.9	71.8
	美国	重要股指	道琼斯工业平均	纳斯达克	标普500
		下跌区间	2007年10月11日~2009年3月6日	2007年10月31日~2009年3月9日	2007年10月11日~2009年3月9日
		最大跌幅	54.4	55.7	57.6

资料来源：东方财富 Choice 数据库。

近年来，国内外学者对国际金融市场风险管理开展了丰富的研究。从研究范围来看，国际金融资产风险管理研究广泛涵盖了股票、债券、外汇、商品等多种资产类别的风险，风险类型涉及市场风险、信用风险、流动性风险、操作风险等。研究者通常使用各种风险度量和模型来评估资产的风险，如 Value-at-Risk（VaR）、条件 VaR、随机模拟等方法被用于衡量投资组合的风险暴露和预测可能的损失水平。随着经济全球化的发展，跨国（境）投资成为世界经济增长的重要动力，如何优化跨境金融资产配置是风险管理的重要策略之一，其中多样化投资组合可以有效降低投资组合的总体风险。此外，衍生品，如期货、期权、掉期等在风险管理中也起着重要作用。投资者可以利用衍生品进行对冲，以减少所持有头寸的风险。总体而言，国际金融资产风险管理研究对于投资者和金融机构在全球化的金融市场中有效管理和降低风险具有重要意义。随着技术和数据的进步，风险管理领域不断发展，为更加准确、高效地评估和应对风险提供了更多的工具和方法。然而，金融市场的不确定性和复杂性客观存在，这意味着风险管理仍然是一个充满挑战的领域。

1.3　主要大宗商品风险管理概述

全球变局下国际大宗商品市场波动剧烈，极端行情频现，尾部风险巨大。近年来，极端事件频发，国际大宗商品特别是战略性资源的价格持续剧烈波动（见图 1-1），国务院多次强调要特别关注大宗商品价格走势，跟踪分析国内外形势和市场变化，有效应对大宗商品价格过快上涨及其连带影响。党的二十大报告指出，我国进入战略机遇和风险挑战并存，不确定、难预料因素增多的时期，这个时期很显著的一个特点就是"黑天鹅"、"灰犀牛"等事件随时可能发生。因此，全球变局新形势下大如何有效管理国际大宗商品尾部风险是我国实体企业风险管理的主战场。对上游企业来说，国际大宗商品价格频繁大幅波动导致企业原材料和产品价格的极度不稳定，扰乱市场预期，打乱企业生产和库存计划。对下游企业而言，厚尾风险常态化下抗风险能力普遍较弱的中小企业利润空间被挤压，企业平稳运营面临诸多挑战。如何有效管理尾部风险，平抑大宗价格波动、平滑企业利润是实体企业的现实需求。Wind 数据显示，2022年 1~11 月我国商品期权成交量为 3.47 亿手，同期增幅 76.13%；持仓量为 6.26 亿手，同期增幅达 5.06 亿手，增幅 23.65%。商品期权成交量及持仓量的显著增加在一定程度上反映出：虽然外部复杂环境具有很大的不确定性，但我国企业对冲尾部风险的意愿和内在需求大幅提升是确定的。面对国际大宗商品充满不确定性的未来，理解肥尾效应并有效管理尾部风险是企业稳定发展的最佳破局之法。因此，如何有效管理国际大宗商品尾部风险是实体企业风险管理中的主要问题之一。

国际大宗商品尾部风险管理面临诸多现实挑战，亟需理论和方法的创新。运用期货套期保值是企业对冲大宗商品价格风险的重要方式之一。然而，近年来发生的原油宝巨亏、伦镍逼空等重大极端事件又让企业"谈套期保值色变"。虽然套期保值失败的原因是多方面的，但在一定程度上折射出传统期货套期保值理论和方法在实际应用中受到一定限制的问题。主要体现在以下几方面：第一，传统期货套期保值的理论基础被削弱。传统套期保值理论基础是现货和期货价格走势趋同。然而，在多重冲击和国际资本围堵下，大宗商品期货市场基差被严重扭曲，期货价格动态演变特征远远超出了传统经济学供求理论所能解释的范畴（吕云龙，2022）。大宗产品特别是传统制造业生产的成品很难精准匹配到期货交割的标准品，非标品套期保值在大宗行业普遍存在，而利用非标品对冲风险时又存在基差巨大、交割难、追加巨额保证金等致命问题，这无疑也放大了期货套期保值中的风险敞口，弱化了期货套期保值功能。第二，传统套期保值对极端行情、突发事件、资金流风险、系统性风险等缺乏有效的应对措施。实践表明，大宗期货的极端不利行情是套期保值组合尾部风险的主要来源。以卖出现货为例，当期货价格出现大幅上涨时，无疑增大了套期保值组合的尾部风险。相较而言，非线性损益的期权则更适合作为防范尾部风险的工具（Taleb，2010；Bhansali，2018）。事实上，除了可以利用期权为期货持仓提供尾部风险对冲工具外，大宗商品交易企业还可以利用场内期权为含权贸易中的极端风险提供保护（Barro 等，2022）。尽管期权对冲也时有失败案例发生，但创造衍生金融工具的初衷是对冲风险，其使用效果取决于运用方法而非工具本身。因此，如何创新性地利用期权对期货套期保值尾部风险进行"再保险"是对传统套期保值理论的丰富和拓展。第三，传统套期保值没有充分发挥"数据说话"的能力。近年来，随着云计算、人工智能、大数据、区块链等新兴技术的高速发展，数据不再只来自传统渠道，越来越多的数据可以从其他来源获得，这使更快捕捉与解读大宗商品市场行情并制定恰当的对冲策略成为可能。此外，国际形势和大宗市场是复杂多变的，资产的分布及资产之间的关系并非静态不变而是动态时变的。然而，传统套期保值模型和方法通常或多或少对数据分布做出一些不合理假设。事实上，不管哪种假设在实际应用时都不是一劳永逸的，需要让"数据说话"。因此，如何利用数据驱动的前沿科学技术更加高效、快速、合理地对冲尾部风险，传统套期保值方法并没有给出答案。

本章参考文献

［1］杨宜勇，刘方.新时代确保有色金属保供稳价长治久安的经验和对策［J］.经济与管理评论，2022，38（1）：130-136.

［2］李政，鲁晏辰，刘淇.尾部风险网络、系统性风险贡献与我国金融业监管［J］.经济学动态，2019（7）：65-79.

［3］刘金全，刘悦.输入型通货膨胀的结构性传导与行业异质性［J］.中央财经大学学报，2022（5）.

［4］吴杰，姬翔，余玉刚，郑圣明.管理科学与工程学科"十四五"发展战略研究：学科界定与保障政策［J］.管理学报，2022，19（1）：1-7.

［5］吕云龙.国际大宗商品定价权研究［J］.宏观经济研究，2022

（1）：5-14.

［6］Taleb N N. The Black Swan：The impact of the highly improbable ［M］. Dynamic Hedging，2010.

［7］Bhansali V. Tail risk hedging：Creating robust portfolios for volatile markets ［M］. McGraw Hill Education，2018.

［8］Barro D，Consigli G，Varun V. A stochastic programming model for dynamic portfolio management with financial derivatives ［J］. Journal of Banking & Finance，2022，140（7）：106445.

第2章
风险管理基本理论与模型

本章介绍了风险管理的关键要素及主要的风险管理模型方法及相关理论，如期货套期保值模型、期权套期保值模型、GARCH 族波动率模型等。

2.1　引言

风险管理是指有目的、有意识地通过计划、组织和控制等活动来避免或降低风险带来的损失。确切地说，风险管理就是利用自然资源和技术手段对导致人们利益损失的风险事件加以防范、控制以至消除的过程。良好的风险管理过程是金融投资或资产配置维持高额收益的关键所在。风险管理是对影响其收益的相关风险进行识别、测度、监控、防范和化解的过程。

风险识别是指识别可能影响其收益目标的潜在风险源，并明确风险源的类别和属性。国际金融资产需要识别的风险可分为金融风险和非金融风险两大类。金融风险包括市场风险、信用风险、流动性风险、赎回风险等；而非金融风险则包括模型风险、操作风险、声誉风险等。

　　风险管理需要选择合适的风险测度技术和模型对各种潜在风险及其可能导致的损失进行测度和评估，包括风险敏感度分析、在险价值分析、压力测试、历史情境分析、预测情境分析、风险调整后的收益分析等方法。

　　风险防范的主要方式是建立风险预警系统，以对潜在的风险进行事前预警。国际金融资产需要确定风险管理目标，当相关风险到关键阈值时，系统会自动向风险管理者发出风险预警信息。风险管理者根据相应规则，采取与风险预警等级相对应的风险控制和化解措施，并实时监控各类风险指标的数值变化。

2.2　期货套期保值模型与方法

　　在现实经济运行过程中，商品价格波动风险是无处不在的，而未来商品价格的不确定性则意味着商品的生产者、使用者和投资者都有可能面临损失。商品价格不确定性的存在使企业和个人投资者需要找到能规避商品价格风险的工具。期货合约是最常见的被投资者用作对冲策略的工具之一。期货合约是在未来的指定时间以预定价格买卖资产的标准化法律协议。在指定日期，无论合同到期日的当前市场价格如何，买方都必须购买资产，卖方都必须以商定的价格出售标的资产。期货合约的基础资产既可以是商品，如小麦、原油、天然气和玉米等，也可以是其他金融工具。

　　本节首先介绍期货套期保值的相关概念，包括套期保值原理和原油套期保值相关案例。其次，为了研究的进一步展开，还介绍了期货套期保值模型的发展历程，并对以往研究中套期保值模型的不足做了总结。

2.2.1 期货套期保值的概念

期货套期保值最基本的原理是，投资者在现货市场买入或卖出一种商品的同时在期货市场卖出或买入相同量的以该商品为标的的期货。一般而言，期货具有价格发现能力，所以在理想情况下，期货和现货会在未来一段时间按相同幅度上涨或下跌。如果投资者在买入现货后现货价格出现下跌趋势，那么他将承受来自现货的亏损。此时，若其以相反方向交易相同量的期货，则卖出期货的收益就会抵消现货的亏损，这样就起到了防范现货价格风险的作用。但需要注意的是，套期保值的目的并非要通过期货市场赚取高额回报，而是为了止损和锁定预期利润。

如果投资者知道将来必须购买特定物品，则可以决定当期在期货合约中持有多头头寸。多头套期保值是指未来需要买入现货的交易者当前在期货市场买入期货，以避免出现因未来现货价格上涨带来的价格风险的套期保值方式。例如，假设 A 公司知道在 6 个月后必须购买 20000 单位的原油，原油的当前市场价格为每单位 40 美元，原油期货合约的价格为每单位 38 美元。因担心未来原油价格上涨，A 公司决定立刻购买 20000 单位的原油期货合约。6 个月后，原油现货价格从 40 美元/单位上涨到 50 美元/单位，原油期货价格也涨到了每单位 48 美元。在现货端，A 公司需要以 50 美元的价格购买 20000 单位的原油，间接造成了 200000 美元的亏损；而在期货端，A 公司只需要平仓期货头寸，即可盈利 200000 美元，这无疑降低了公司的风险。如果 A 公司没有购买 6 个月期货合约，那么该公司将被迫以 50 美元的价格购买 20000 单位的原油。这无疑将给公司带来更大的支出（相比之下，通过购买原油期货合约可以锁定目标价格）。

类似地，如果公司知道将来会出售特定商品，则可以在当期做空期货合约。空头套期保值是指未来需要卖出现货的交易者当前在期货市场卖空期货，以避免出现因未来现货价格下跌带来的未达到预期利润或造成损失的套期保值方式。限于篇幅，不再举例赘述。

2.2.2　期货套期保值方法与模型

套期保值模型主要分为单阶段套期保值模型和多阶段套期保值模型。单阶段套期保值模型假设在整个套期保值期间，投资者所持期货头寸不变，而多阶段套期保值模型中投资者所持期货头寸将随着市场环境、期现货价格和基差的变化而变化。单阶段情形下的套期保值模型又主要分为以下三种模型：

（1）最小方差套期保值模型。

Markowitz（1952）在研究投资者组合问题时，提出了收益—方差分析框架，通过最小化投资组合的方差得到使投资组合风险最小化的投资策略。Johnson（1960）最早将最小方差方法应用于期货套期保值模型中，通过最小化套期保值组合的方差得到最优套期保值比率。这种方法易于理解并且操作简单，具体推导如下：

假设投资者期初持有 1 份价值为 S 的现货，为了防范未来现货价格波动出现的价格风险，投资者同时卖空 h 份价值为 F 的期货合约。一段时间后，投资者持有的套期保值组合的价值变化率可以表示如下：

$$R_p = R_s - h R_f \tag{2-1}$$

其中，R_s 为这段时间内现货的收益率，R_f 为这段时间内期货的收益率，R_p 为这段时间内对冲组合的收益率。因此，套期保值组合收益的方差为：

$$\mathrm{Var}(R_p) = \mathrm{Var}(R_s) - 2h\mathrm{Cov}(R_s,\ R_f) + h^2 \mathrm{Var}(R_f) \tag{2-2}$$

其中，$\mathrm{Cov}(R_s,\ R_f)$ 为现货收益率与期货收益率之间的协方差。当投资者的目标是要实现套期保值组合的方差最小时，通过对式（2-2）求导后即可得方差最小目标下的套期保值比率为：

$$h_1^* = \frac{\mathrm{Cov}(R_s,\ R_f)}{\mathrm{Var}(R_f)} \tag{2-3}$$

现实中，投资者在进行套期保值过程中可能更关注于资产组合的损失情况，即资产组合收益率为负一侧的分布特征，而方差度量的是资产组合两侧的分布特征。尽管学者之后提出的半方差对这种情况有所改进，但不管是最小化方差法还是半方差求解套期保值比率的前提假设是资产组合收益率服从正态分布。随着研究的深入，有学者证实了金融资产和能源类大宗商品的收益率更多服从尖峰厚尾分布，且会出现波动率聚集现象。因此，传统的最小方差套期保值模型很难满足投资者对风险管理的需求。

（2）最小 VaR 套期保值模型。

VaR（Value-at-Risk）最早是由 Morgon 在 1993 年提出，定义为投资组合在一定时间内以一定概率预期的最大损失。当收益是正态分布并且平均收益假设为零时，资产组合的 VaR 是资产组合标准差的常数倍。然而，当收益分布是非正态分布时，投资组合的 VaR 不仅取决于投资组合的标准差，还取决于收益的分布，包括其偏度和峰度。金融公司和监管机构通常使用 VaR 来衡量弥补可能损失所需的资产数量，如巴塞尔银行监管委员会就采用 VaR 评估银行自营交易账簿的风险，并将其用于设定风险资本要求，为确定抵御市场风险的必要资本量提供了科学的依据。

VaR 具体的定义是，一个资产组合在未来一定长度的持有期间内，在置信水平 α（如 $\alpha=5\%$）下的最大潜在损失。其公式如下：

$$prob(\mu > \text{VaR}) = \alpha \tag{2-4}$$

其中，μ 是对冲投资组合在持仓期间的损失，VaR 为给定置信水平 α 下的在险价值，即可能的损失上限。在假设 μ 服从正态分布的条件下通过求解式（2-4）可得：

$$\text{VaR} = -E(R_p) + \varphi^{-1}(\alpha)\sigma_p \tag{2-5}$$

其中，$\varphi^{-1}(\alpha)$ 为给定置信水平下标准正态分布的分位数，$E(R_p)$ 为资产组合收益率的期望值，σ_p 为资产组合的标准差。

迟国泰等（2008）将 VaR 引入到期货套期保值模型中，基于式（2-5）给出了最小化 VaR 风险下的最优套期保值比率如下：

$$h_2^* = \frac{\sigma_{sf}}{\sigma_f^2} - \frac{E(R_f)}{\sigma_f^2}\sqrt{\frac{\sigma_{sf}^2 - \sigma_s^2\sigma_f^2}{E^2(R_f) - [\varphi^{-1}(\alpha)]^2\sigma_f^2}} \tag{2-6}$$

尽管 VaR 概念简单、易于理解，但它不能作为"一致性"风险测度，因为它不能满足 "次可加性"（Artzner et al.，1999）。此外，VaR 无法考察超过分位点的下方风险信息，即无法度量超过阈值的损失程度（Rockafellar 和 Uryasev，2002）。

（3）最小 CVaR 套期保值模型。

条件风险价值（Conditional Value at Risk，CVaR）也称为预期缺口，是基于 VaR 模型进一步改进而来的量化资产组合尾部风险的测度。CVaR 值通过对收益分布尾部超过 VaR 临界点的 "极端" 损失进行加权平均得到。条件风险价值被广泛应用于投资组合优化问题，以实现对尾部风险有效的管理。对于金融和能源资产的某些属性，CVaR 是相对更合适的尾部风险度量标准。CVaR 的计算公式如下：

$$\text{CVaR} = E(\mu > \text{VaR}) \tag{2-7}$$

将式（2-5）代入式（2-7）整理后可得，在收益率正态分布假设下 CVaR 的公式：

$$\text{CVaR}(R_p) = -\frac{1}{\sqrt{2\pi}} e^{\frac{[\varphi^{-1}(\alpha)]^2}{2}} \sigma_p - E(R_p) \tag{2-8}$$

其中，$E(R_p)$ 为资产组合的期望值。通过对式（2-8）求导，可得到置信水平 α 下最优套期保值比率：

$$h_3^* = \rho_{sf} \frac{\sigma_s}{\sigma_f} - \frac{E(R_f)\sigma_s}{\sigma_f} \sqrt{\frac{1 - \rho_{sf}^2}{\sigma_f^2 \left(-\frac{1}{\sqrt{2\pi}} e^{\frac{[\varphi^{-1}(\alpha)]^2}{2}} \right)^2 - [E(R_f)]^2}} \tag{2-9}$$

其中，ρ_{sf} 为现货与期货收益率的相关系数。

（4）多阶段期货套期保值模型。

迟国泰（2010）考虑了期货交易费用和保证金的影响，基于动态规划法建立了多阶段期货套期保值模型，该模型的初始条件需满足：

$$X_N = 0,\ f_N^*(X_N) = 0 \tag{2-10}$$

其他递推公式如下：

$$f_t^*(X_t) = \text{Max} \{ f_{t+1}^*(X_{t+1}) + R(X_t,\ D_t) \}$$

$$R(X_t,\ D_t) = \Delta F_t V X_t - \Delta S_t A - (C + Mr) |D_t|$$

$$X_{t+1} = X_t + D_t, \quad t = 0, 1, 2, \cdots, N \tag{2-11}$$

其中，X_N 为期货头寸，$f_t^*(X_t)$ 表示从第 $t+1$ 期期初到期末资产组合的收益，D_t 为第 t 期持仓变化量（买入或卖出），M 为期货合约的保证金，r 为机会损失率，V 为每手期货合约对应的现货数量，A 为现货的数量，N 为套期保值的期数，C 为买入期货合约的交易费用。

2.3 期权套期保值理论

与期货一样，期权也是金融市场中一种非常重要的风险管理工具。其中，欧式期权是交易双方关于未来买卖权利达成的合约，期权的买方（权利方）通过向卖方（义务方）支付一定的费用（权利金），获得一种权利，即有权在约定时间以约定价格向期权卖方买入或卖出约定数量的标的资产。期权套期保值方法主要包括从期权空头和多头两个角度构建的套期保值策略。期权空头套期保值策略又称风险中性套期保值策略。具体地，对于期权的空头（卖方）而言，他们向市场提供期权，其盈利主要来源于赚取期权费。那么，对期权头寸的风险对冲管理显得非常重要。若不对冲掉期权头寸风险，则投资者有可能由于标的资产价格波动引起期权价格的巨大波动，从而面临巨额损失。期权卖方通常执行避险策略使风险处于中性状态。投资者用于管理期权头寸风险的策略主要包括 Delta、Theta、Gamma 和 Vega 中性对冲。这种风险中性对冲旨在适当地调整标的资产和期权的头寸，使对冲组合的收益率在一个较长的时间内大致等于无风险资产的收益率。尽管如此，风险中性对冲策略仍存在以下主要问题：一是对冲策略实施中存在因追加保证金不足引起的逐日盯市风险；二是实际金融市场往往不满足风险中性对冲的前提条件；三是用不同的希腊字母进行风险对冲会产生对冲效果相互矛盾的问题，即用一个希腊字母的对冲期权风险的同时可能会增加期权对另一个希腊字母的风险暴露。相反地，期权多头（买方）只需要通过支付期权金购买期权即可锁定风险或获取投资收益。期权多头的收益如图 2-1 所示。

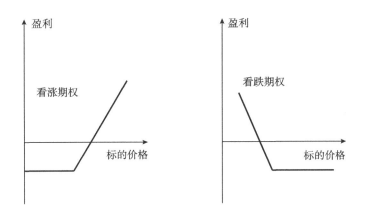

图 2-1　期权多头的收益分析

从图 2-1 中可以看出，首先，期权多头方的损失是有限的，并且理论上看涨期权多头的盈利可能是无限的。其次，从两种套期保值策略的使用范围来看，机构投资者或期权发起人一般会采用期权空头套期保值追求收益甚至套利，而普通投资者往往采用期权多头套期保值策略规避投资风险。此外，风险中性对冲策略中为了使套期保值组合始终处于风险中性状态，通常需要同时调整标的资产和期权头寸。而在实际投资中，很多被投资的标的资产具有不可交易性或被各种原因限制交易。例如，未来可能收到的随机现金量、已事先确定的进出口商品数量等，这些现货头寸具有不可交易性和调整性，只能通过调整期权头寸来规避投资风险。也就是说，一般投资者利用期权套期保值的目的在于通过调整期权头寸降低现货或未来持有资产的风险，达到使投资保值升值的目的。因此，从适用范围来说，研究期权多头套期保值策略具有普遍实用性。本书的研究对象是广大普通投资者采用期权多头套期保值问题，即投资者为了配合其已经或未来拥有的现货或者期货头寸，用所建立的期权部分的损益，弥补期货或现货可能出现的损失，以达到锁定价格、防范汇率变动等风险的目的。

虽然针对期权多头套期保值问题的研究已有一些成果，但这些成果几乎都聚焦于期权静态套期保值情形。静态套期保值者在套期保值初期对现货资产按某一比例建立期权头寸，并保持该头寸于合约的整个持有期内不变，等到期末时将该头寸对冲平仓。而动态套期保值者则在套期保值目标和风险防范措施的范畴内，根据其经营和金融市场价格波动情况对套期保值计划不断调整，力求实现套期保值效率的最大化。并且，在套期保值实践中，当市场出现不利情况时，静态套期保值策略可能会因期权头寸没有得到及时调整，使套期保值组合出现无法规避大部分价格风险的情况，而投资者往往需要根据市场的真实情况调整期权头寸。因此，有必要将期权静态套期保值模型拓展到动态情形下，研究各种实际约束下的期权动态套期保值方法。

2.4 等价鞅理论

自 20 世纪 50 年代起，数理分析工具广泛用于金融分析领域，其中最为知名的当属 M-M 定理、CAPM 以及无套利（APT）定理和等价鞅定理等。其中，等价鞅定理直到目前仍然是金融分析中的前沿课题，其还是分析金融产品定价、消除金融投机套利机会、降低金融产品投资风险的主要工具，被广泛地应用于金融市场分析领域。例如，鞅方法的引入促进期权和投资组合的研究，使研究过程更加简洁明了。以下介绍等价鞅的相关理论：

给定任意时刻 t 下的信息结构 $\{\mathcal{F}_t\}$，如果随机过程 $\{\mathcal{S}_t\}$ 的某种概率分布对任意的时刻 s，$t(0 \leq s \leq t)$ 均有 $E^Q\{\mathcal{S}_t \mid \mathcal{F}_s\} = S_s$ 则称 $\{\mathcal{S}_t\}$ 是一

个鞅过程。现代金融理论中市场无套利的假设等价于存在一个与原概率测度等价的新测度，使折现的基本资产价格过程在这个新测度下为鞅过程。从这一结果出发发展起来的一系列方法通常称为等价鞅方法。利用等价鞅方法，金融理论中很多问题如投资组合的优化选择、衍生品定价等都可以得到相对简洁明了的表示。等价鞅理论的数学语言表达如下：

在真实的世界中，资产价格的变化遵循真实概率 P 的分布。对于概率测度 P，存在另一个非真实世界里的概率测度 Q 与之相对应。如果 Q 满足以下三个条件，Q 就被称为 P 的等价鞅测度（姚远，2006）：

（1）Q 与 P 同零集。对于概率 P 来说不可能发生的事件，对于概率 Q 也不可能发生，反之亦然。

（2）若某事件对于概率 P 来说发生的可能性很小，则对于概率 Q 来说发生的可能性也不大。

（3）随机过程 $\{S_t\}$ 对于概率 P 来说是一个鞅过程，即对于任意的时刻 s，t$(0 \leqslant s \leqslant t)$ 均有 $E^Q\{S_t \mid \mathcal{F}_s\} = S_s$。

在微观金融学中的一系列定理说明，在无套利均衡市场条件下，所有资产的贴现价格都是 Q 测度下的鞅。因此，要得到任何具有未来或有收益形态的资产价格，只需要求出 Q 测度下的期望收益，再进行贴现即可。此过程可用 Gisanov 定理描述如下：

定义 $\{\Omega,\ \mathcal{F}_t,\ P\}$ 上的随机过程如下：

$$\xi_t = \exp\left(-\int_0^t \beta_s \mathrm{d}W_s - \frac{1}{2}\int_0^t \beta_s^2 \mathrm{d}s \right) \tag{2-12}$$

其中，β_t 是 $\mathcal{F}_t$ 可测的随机过程，W_t 是概率 P 分布的维纳过程，则存在一个等价鞅测度 Q，使一个在测度 P 下的随机过程 X 的数学期望等于在测度 Q 下的过程 $\xi_t X$ 的数学期望，且 ξ_t 的漂移率为 0，方差等于 β_t^2。

很多文献将等价鞅测度理论应用于解决最优投资决策、最优投资消费问题等，此处不详细介绍基于等价鞅测度的最优投资组合和最优投资消费的具体模型。然而，很少将等价鞅理论应用于解决套期保值问题，特别是几乎没有文献将等价鞅理论应用于研究期权套期保值问题。作为推广研究，本书基于等价鞅理论构建期权动态套期保值模型，并研究其在风险管理中的应用。

2.5 GARCH族波动率模型

GARCH 族模型在刻画金融资产收益率的异方差方面得到了广泛应用，通常利用 GARCH 族模型刻画资产的边际分布。不管是投资组合问题还是套期保值问题，均是围绕资产和资产组合展开的。因此，对资产收益建模是本节研究期权套期保值问题的基础。以下给出 GARCH 族模型的相关基本介绍[①]。在对时间序列数据进行建模分析时，一般假设残差序列的方差不会随时间的推移而变化。但是，大量的学者在研究金融资产收益率时发现资产的波动是随时间推移而变化的，并且呈现出典型的波动性和聚集变化性等特点。为了从数学上刻画金融数据的这种特征，Engle（1982）提出了 ARCH 模型。ARCH 模型的基本思想是在以前信息集下，某一时刻一个噪声的发生服从正态分布，该正态分布的均值为零，方差是一个随时间变化的量（即为条件异方差），并且这个随时间变化的方差是过去有限项噪声值平方的线性组合（即为自回归）。这样就构成了自回归条件异方差模型，其数学描述如下：

假设资产收益率为 r_t，ε_t 为扰动项，条件方差 h_t 是 q 期滞后扰动平方 $\{\varepsilon_{t-1}^2, \varepsilon_{t-2}^2, \cdots, \varepsilon_{t-q}^2\}$ 的线性函数，ARCH（q）模型表示如下：

---

① 由于本书的研究重点并非波动率建模，也就是不是通过改进 GARCH 族模型追求波动率或收益率的预测精度，因此对资产边际收益率的建模所采用的模型是 GARCH 族模型以及 GARCH 族中的 GJR-GARCH 族模型。

$$\begin{cases} r_t = \mu_t + a_t \\ a_t = \sqrt{h_t}\,\varepsilon_t \\ h_t = \alpha_0 + \sum_{i=1}^{q} \alpha_i \varepsilon_{t-i}^2 \end{cases} \qquad (2-13)$$

其中，$\alpha_i \geqslant 0$ 为模型参数，$\{\varepsilon_t\}$ 是均值为 0、方差为 1 的独立同分布随机变量序列，方程 r_t 和 h_t 分别被称为均值方程和方差方程，$q \geqslant 0$ 为 ARCH 模型的阶数，表示当前扰动项的平方与其滞后 q 阶存在的线性关系。

ARCH 模型虽然涉及参数较少，计算方便，但是在滞后期 q 很大时，模型参数估计的精度会降低，从而导致模型的使用价值减少。因此，Bollerslev（1986）在 ARCH 模型的基础上使用条件异方差的滞后项来代替较多的 ARCH 项，提出了 GARCH（p, q）模型，公式如下：

$$\begin{cases} r_t = \mu_t + a_t \\ a_t = \sqrt{h_t}\,\varepsilon_t \\ h_t = \alpha_0 + \sum_{j=1}^{p} \beta_j h_{t-j} + \sum_{i=1}^{q} \alpha_i \varepsilon_{t-i}^2 \end{cases} \qquad (2-14)$$

其中，α_i，$\beta_j \geqslant 0$ 为模型参数，$\{\varepsilon_t\}$ 是均值为 0、方差为 1 的独立同分布随机变量序列，方程 r_t 和 h_t 也分别被称为均值方程和方差方程，$p \geqslant 0$、$q \geqslant 0$ 同为 GARCH 族模型的阶数。

由于 GARCH 族模型能够较好地刻画收益的动态变化特征、捕捉金融市场的聚集性效应、非对称特征，从而得到了广泛的应用。针对不同情形下的方差，其表示形式往往不一样。由于本书的研究重点并不是资产价格收益的波动率建模，而是基于 GARCH 或 GARCH 族模型预测出的波动率进一步研究期权套期保值问题，所以为了研究方便，选用的 GARCH 族模型主要包括基本的 GARCH-n、GARCH-t 和 GJR-GARCH 族模型。利用这些模型构建资产的边际收益率模型，并基于预测值对本书所提出的模型进行实际应用分析。以下给出模型阶数为 1 时以上模型所刻画的资产边际收益率的分布函数形式。

（1）GARCH（1，1）模型。

假设收益率序列为 r_t，建立如下 GARCH-n、GARCH-t 模型：

$$\begin{cases} r_t = \mu + a_t \\ a_t = \sigma_t \varepsilon_t \\ \sigma_t^2 = \alpha_0 + \alpha_1 a_{t-1}^2 + \alpha_2 \sigma_{t-1}^2 \\ \varepsilon_t \sim N(0,\ 1) \text{ 或 } \varepsilon_t \sim T_d \end{cases} \qquad (2-15)$$

其中，$N(0,\ 1)$ 表示标准正态分布，T_d 表示自由度为 d 的 T 分布。$\mu = E(r_t) = E(E(r_t \mid \Omega_{t-1}))$ 表示序列收益率的期望值，Ω_{t-1} 是 $t-1$ 时刻的信息集。$\sigma_t^2 = \mathrm{VaR}(r_t \mid \Omega_{T-1})$ 是条件方差，α_0、α_1 和 α_2 均为模型参数。

由式（2-15）可以得到 $t+1$ 时刻的资产收益率分布函数如下：

$$\Pr(r_{t+1} \leqslant r) = \Pr(a_{t+1} \leqslant r - \mu)$$

$$= \Pr\left(\varepsilon_{t+1} \leqslant \frac{r - \mu}{\sqrt{\alpha_0 + \alpha_1 a_t^2 + \alpha_2 \sigma_t^2}} \right)$$

$$= \begin{cases} \Phi\left(\dfrac{r - \mu}{\sqrt{\alpha_0 + \alpha_1 a_t^2 + \alpha_2 \sigma_t^2}} \right), & \text{当 } \varepsilon_t \sim N(0,\ 1) \\[4mm] t_d\left(\dfrac{r - \mu}{\sqrt{\alpha_0 + \alpha_1 a_t^2 + \alpha_2 \sigma_t^2}} \right), & \text{当 } \varepsilon_t \sim T_d \end{cases} \qquad (2-16)$$

其中，$\Phi(\cdot)$ 为标准正态分布函数。

（2）GJR-GARCH（1，1）模型。

GJR-GARCH 族模型是 Glosten 等（1993）在 GARCH 族模型的基础上构建带虚拟变量而改进的模型。其在建模时考虑了金融资产的非对称性，它可以刻画具有偏态分布的金融资产收益率序列。该模型的描述如下：

$$\begin{cases} r_t = \mu_t + a_t \\ a_t = \sqrt{h_t} z_t \\ h_t = \alpha_0 + \sum_{j=1}^{p} \beta_j h_{t-j} + \sum_{i=1}^{q} \alpha_i \varepsilon_{t-i}^2 + \gamma D_{t-1} \varepsilon_{t-1}^2 \end{cases} \qquad (2-17)$$

其中，D_{t-1} 是虚拟变量，为非对称效应项。该模型认为好消息引起市场上升（$\varepsilon_{t-1}>0$），坏消息引起市场下跌（$\varepsilon_{t-1}<0$），且当 $\varepsilon_{t-1}>0$ 时 $D_{t-1}=0$；当 $\varepsilon_{t-1}<0$ 时 $D_{t-1}=1$。只要 $\gamma\neq0$ 就存在杠杆效应。根据式（2-17）可得资产边际收益的分布函数如下：

$$\Pr(r_{t+1}\leqslant r)=\Pr(a_{t+1}\leqslant r-\mu)$$

$$=\Pr\left(\varepsilon_{t+1}\leqslant\frac{r-\mu}{\sqrt{\alpha_0+\alpha_1 a_t^2+\alpha_2\sigma_t^2+\gamma s_t\varepsilon_t^2}}\right)$$

$$=\begin{cases}\Phi\left(\dfrac{r-\mu}{\sqrt{\alpha_0+\alpha_1 a_t^2+\alpha_2\sigma_t^2+\gamma s_t\varepsilon_t^2}}\right),&\text{当 }\varepsilon_t\sim N(0,1)\\[4mm]t_d\left(\dfrac{r-\mu}{\sqrt{\alpha_0+\alpha_1 a_t^2+\alpha_2\sigma_t^2+\gamma s_t\varepsilon_t^2}}\right),&\text{当 }\varepsilon_t\sim T_d\end{cases}\qquad(2-18)$$

已有大量的文献对 GARCH 系列模型展开理论和应用研究，具体可以参考 Chang 等（2011）、Chang 等（2013）、Arouri 等（2015）、王佳妮和文浩（2005）、吴鑫育等（2014）、樊鹏英等（2017）和赵国庆等（2017）。需要说明的是，本书的重点内容是研究期货或期权动态套期保值问题，所以在资产边际收益建模方面采用的是比较传统的 GARCH 族模型，没有针对波动率建模问题做深入的改进研究。

2.6　Copula函数基本理论

套期保值问题的本质是融入衍生品的投资组合问题，而研究组合问题离不开对资产之间相关关系的研究。Copula 函数描述的是变量间的相关性，是一类将联合分布函数与它们各自的边缘分布函数连接在一起的函数，因此也有人将它称为连接函数。Copula 函数相关理论的提出可以追溯到 1959 年，Sklar（1959）通过定理形式将多元分布与 Copula 函数联系起来。由于多元 Copula 函数的理论是由二元 Copula 函数理论逐步加以拓展和丰富起来的,所以有关多元 Copula 函数的理论在这里不多做赘述。本书主要采用的是二元 Copula 函数,以下以二元 Copula 为例对 Copula 函数做简单介绍。关于 Copula 函数更多性质和结论可以参见韦艳华和张世英(2008)的研究。

二元 Copula 函数 $C(\cdot, \cdot)$ 一般来讲是具有以下一系列性质的一个函数:

(1)函数的定义域为区间范围 $[0, 1] \times [0, 1]$。

(2)函数关于每个自变量均单调递增。

(3)对任意变量 $u, v \in [0, 1]$,满足以下条件:

$C(u, 0) = C(0, v) = 0$,$C(u, 1) = u$,$C(1, v) = v$

著名的 Sklar 定理所表达的内容是:假设 $H(\cdot, \cdot)$ 是一个联合分布,它的边际分布函数分别是 $F(\cdot)$ 和 $G(\cdot)$,则存在一个 Copula 函数 $C(\cdot, \cdot)$ 将联合分布函数与其边缘累积分布函数连接起来,即 $H(x, y) = C(F(x), G(y))$。因此,利用 Copula 函数和边际分布即可得到联合分布。

关于 Copula 函数的研究成果已经非常丰富了。例如,Barbi 和 Romagnoli(2014)利用 Copula 函数刻画现货和期货头寸之间的相关结构,构建期货最优套期保值模型。Awudu 等(2016)结合 Copula 函数研究乙醇生产商进出口价格风险对冲问题。Kayalar 等(2017)利用 Copula 函数研究原油与市场指数之间的关系。国内学者马超群等(2013)构建了藤结构 Copula-SV 模型描述单个外汇资产收益率的波动异方差性和外汇资产间的复杂相关性。其他与 Copula 函数相关的理论和实际应用研究可以参见 Crook 和 Moreira(2011)、Colonius(2016)、Bernardi 等(2017)、Oliveira 等(2016)。考虑到本书研究的重点是期权套期保值方法及效率问题,为了满足研究需要,拟采用基本的 Copula-n、Copula-t、Copula-Frank、Copula-Clayton 和 Copula-Gumbel 等 Copula 函数刻画资产收益之间的相关关系。为此,介绍这五个常用的 Copula 函数的分布函数和密度函数。

（1）二维 Copula-n 函数的分布函数和密度函数分别为：

$$C(u_1,\ u_2;\ \theta)=\int_{-\infty}^{\Phi^{-1}(u_1)}\int_{-\infty}^{\Phi^{-1}(u_2)}\frac{1}{2\pi\sqrt{1-\theta^2}}\exp\left(-\frac{x_1^2-2\theta x_1x_2+x_2^2}{2(1-\theta^2)}\right)\mathrm{d}x_1\mathrm{d}x_2$$

$$(2-19)$$

$$D(u_1,\ u_2;\ \theta)=\frac{1}{\sqrt{1-\theta^2}}\exp\left(-\frac{\xi_1^2\theta^2-2\theta\xi_1\xi_2+\xi_2^2\theta^2}{2(1-\theta^2)}\right) \quad (2-20)$$

其中，$\Phi^{-1}(\ \cdot\ )$ 为一维标准正态分布函数 $\Phi(\ \cdot\ )$ 的逆函数；$\xi_1=\Phi^{-1}(u_1)$ 和 $\xi_2=\Phi^{-1}(u_2)$ 分别为标准正态随机变量；$\theta\in[-1,\ 1]$ 为 Copula-n 函数的参数。

（2）二维 Copula-t 函数的分布函数和密度函数分别为：

$$C(u_1,\ u_2;\ \theta)=\int_{-\infty}^{T_\nu^{-1}(u_1)}\int_{-\infty}^{T_\nu^{-1}(u_2)}\frac{1}{2\pi\sqrt{1-\theta^2}}\left[1+\frac{x_1^2-2\theta x_1x_2+x_2^2}{\nu(1-\theta^2)}\right]^{-\frac{\nu+2}{2}}\mathrm{d}x_1\mathrm{d}x_2$$

$$(2-21)$$

$$D(u_1,\ u_2;\ \theta)=\frac{1}{\sqrt{1-\theta^2}}\frac{\Gamma\left(\frac{\nu+2}{2}\right)\Gamma\left(\frac{\nu}{2}\right)}{\left(\Gamma\left(\frac{\nu+2}{2}\right)\right)^2}\frac{\left(1+\frac{\xi_1^2-2\theta\xi_1\xi_2+\xi_2^2}{\nu(1-\theta^2)}\right)^{-\frac{\nu+2}{2}}}{\prod_{i=1}^2\left(1+\frac{\xi_i^2}{\nu}\right)^{-\frac{\nu+2}{2}}}$$

$$(2-22)$$

其中，$T_\nu^{-1}(\ \cdot\ )$ 表示自由度为 ν 的一维 T 分布的逆函数；$\xi_1=T_\nu^{-1}(u_1)$ 和 $\xi_2=T_\nu^{-1}(u_2)$ 分别表示自由度为 ν 的 T 分布变量；$\theta\in[-1,\ 1]$ 为 Copula-t 函数的相关参数。

（3）Copula-Frank 的分布函数和密度函数分别为：

$$C(u_1,\ u_2)=-\frac{1}{\theta}\ln\left[1+\frac{(e^{-\theta u_1}-1)(e^{-\theta u_2}-1)}{e^{-\theta}-1}\right] \quad (2-23)$$

$$D_{12}(u,\ v)=\frac{-\theta(e^{-\theta}-1)e^{-\theta(u+v)}}{[e^{-\theta}-1+(e^{-\theta u}-1)(e^{-\theta v}-1)]^2} \quad (2-24)$$

其中，$\theta\in(-\infty,\ +\infty)\setminus\{0\}$，为 Copula-Frank 函数的参数。

（4）Copula-Clayton 的分布函数和密度函数分别为：

$$C(u_1,\ u_2;\ \theta) = (u_1^{-\theta} + u_2^{-\theta} - 1)^{-\frac{1}{\theta}} \qquad (2-25)$$

$$D(u_1,\ u_2) = (1+\theta)(u_1 u_2)^{-\theta-1}(u_1^{-\theta} + u_2^{-\theta} - 1)^{-2-\frac{1}{\theta}} \qquad (2-26)$$

其中，$\theta \in (0,\ \infty)$ 为 Copula-Clayton 函数的参数。

（5）Copula-Gumbel 的分布函数和密度函数分别为：

$$C(u_1,\ u_2;\ \theta) = \exp\left\{-\left[(-\ln u_1)^{\theta} + (-\ln u_2)^{\theta}\right]^{\frac{1}{\theta}}\right\} \qquad (2-27)$$

$$D(u_1,\ u_2) = \frac{\exp(-S^{\frac{1}{\theta}})(\ln u_1 \ln u_2)^{-\theta-1}(S^{\frac{1}{\theta}} + \theta - 1)}{u_1 u_2 S^{2-\frac{1}{\theta}}} \qquad (2-28)$$

其中，$S = (-\ln u_1)^{\theta} + (-\ln u_2)^{\theta}$，$\theta \in [1,\ \infty)$，为 Copula-Gumbel 函数的参数。

对于以上 Copula 函数中的参数，采用 Patton（2001）提出的两阶段极大似然法来估计 Copula 模型函数的参数值。具体估计方法如下：

首先，由联合分布函数可得样本的似然函数为：

$$H(\alpha) = \prod_{i=2}^{n} D_{12}\left[F_1(x_i,\ \alpha),\ F_2(y_i,\ \alpha)\right] f_1(x_i,\ \alpha) f_2(y_i,\ \alpha) \qquad (2-29)$$

其次，对数似然函数可表示为：

$$\ln H(\alpha) = \sum_{i=1}^{n} \ln D_{12}\left[F_1(x_i,\ \alpha),\ F_2(y_i,\ \alpha)\right] + \sum_{i=1}^{n} \ln f_1(x_i,\ \alpha) +$$
$$\sum_{i=1}^{n} \ln f_2(y_i,\ \alpha) \qquad (2-30)$$

最后，求解对数似然函数的最大值点，即可得到 Copula 函数中未知参数 θ 的最大似然估计值。

本书采用 Copula 函数的目的不是模拟边际分布的相关关系，而是借助 Copula 函数推导出套期保值组合的联合分布函数，并基于此分布函数进一步计算模型的目标函数值，从而求解期权动态套期保值模型的显式解或给出模型的计算步骤。

2.7　隐马尔科夫模型（HMM）

隐马尔科夫模型（Hidden Markov Model，HMM）（Rabiner，1989；de Souza E Silva et al.，2010）包含两个部分，不可观察的状态序列 $I = \{i_1, i_2, \cdots, i_t\}$ 和一个可观测序列 $O = \{o_1, o_2, \cdots, o_t\}$，其中 i_t 和 o_t 表示 t 时刻的状态值和观测值。第一序列是一个马尔科夫过程，第二序列是一个观测值的随机过程，其在任何给定时间的分布完全由马尔科夫链的当前状态决定（见图 2-2）。

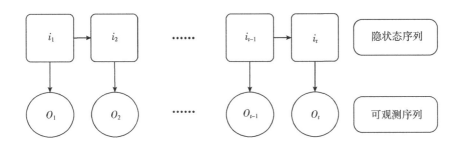

图 2-2　HMM 图解

HMM 所含参数如下：

（1）$A = \{a_{ij}\}$：状态转移概率矩阵；其中 $a_{ij} = P(i_{t+1} = q_j \mid i_t = q_i)$，$1 \leqslant i, j \leqslant N$。

（2）$b_i(O)$：q_i 状态下对应各观测值所处状态的概率密度分布，其中 $b_i(O) \sim N(\mu_i, \sigma_i)$，$1 \leqslant i \leqslant N$。这里使用正态分布的原因是正态分布可以刻画厚尾分布性质（Bae et al.，2014）。

（3）$\pi = \{\pi_i\}$：初始状态概率分布；其中 $\pi_i = P(i_1 = q_i)$，$1 \leqslant i \leqslant N$。

本书将 HMM 参数简记为 $\lambda = (A, \mu, \sigma, \pi)$，且满足 $\sum_{i=1}^{N} \pi_i = 1$，$a_{ij} > 0$，$\sum_{j=1}^{N} a_{ij} = 1$ 等约束条件。可以使用 EM 算法来估计该模型，最有可能的隐状态序列由维特比算法进行全局解码。

本章参考文献

[1] Markowitz H. Portfolio selection [J]. The Journal of Finance, 1952 (7): 77−91.

[2] JohnsonL. L. The theory of hedging and speculation in commodity futures [J]. Review of Economic Studies, 1960 (27): 139−151.

[3] 迟国泰，余方平，刘轶芳. 基于 VaR 的期货最优套期保值模型及应用研究 [J]. 系统工程学报，2008，23 (4): 417−423.

[4] Artzner P F, Delbaen J M. Eber and D. Heath. Coherent measures of risk [J]. Mathematical Finance, 1999, 9 (3): 203−228.

[5] Rockafellar R T, Uryasev S. Conditional value−at−risk for general loss distributions [J]. Journal of Banking & Finance, 2002, 26 (7): 1443−1471.

[6] 迟国泰，余方平，王玉刚. 基于动态规划多期期货套期保值优化模型研究 [J]. 中国管理科学，2010，18 (3): 17−24.

[7] 姚远. 投资组合保险最优化研究及策略分析 [D]. 西南交通大学，2006: 24−28.

[8] Engle R F. Autoregressive conditional heteroscedasticity with estmates of the varinance of united kingdom inflation [J]. Econometrica, 1982 (50): 987−1007.

[9] Bollerslev T. Generalized autoregressive conditional heteroskedasticity [J]. Journal of Econometrics, 1986 (31): 307−328.

[10] Glosten L R, Jagannathan R, Runkle R D. On the relation between the expected value and the volatility of the nominal excess return on stocks [J]. Journal of Finance, 1993, 48 (5): 1779−1801.

[11] Chang C L, Mcaleer M, Tansuchat R. Crude oil hedging strategies using

dynamic multivariate GARCH [J]. Energy Economics, 2011, 33 (5): 912-923.

[12] Chang C L, González-Serrano L, Jimenez-Martin J A. Currency hedging strategies using dynamic multivariate GARCH [J]. Mathematics & Computers in Simulation, 2013, 94 (11): 164-182.

[13] Arouri M E H, Lahiani A, Nguyen D K. World gold prices and stock returns in China: Insights for hedging and diversification strategies [J]. Economic Modelling, 2015 (44): 273-282.

[14] 王佳妮, 文浩. GARCH 模型能否提供好的波动率预测 [J]. 数量经济技术经济研究, 2005, 22 (6): 74-87.

[15] 吴鑫育, 马超群, 汪寿阳. 随机波动率模型的参数估计及对中国股市的实证 [J]. 系统工程理论与实践, 2014, 34 (1): 35-44.

[16] 樊鹏英, 兰勇, 陈敏. 高频数据下基于 PGARCH 族模型的 VaR 估计方法及应用 [J]. 系统工程理论与实践, 2017, 37 (8): 2052-2059.

[17] 赵国庆, 姚青松, 刘庆丰. GARCH 族的模型平均估计方法. 数量经济技术经济研究, 2017 (6): 104-118.

[18] Sklar A. Fonctions de re'partition a'n dimensions et leurs marges [M]. Publications de l'Institut de Statistique de l'Universite'de Paris, 1959 (8): 229-231.

[19] 韦艳华, 张世英. Copula 理论及其在金融分析上的应用 [M]. 北京: 清华大学出版社, 2008.

[20] Barbi M, Romagnoli S. A Copula-based quantile risk measure approach to estimate the optimal hedge ratio [J]. Journal of Futures Markets, 2014, 34 (7): 658-675.

[21] Awudu I, Wilson W, Dahl B. Hedging strategy for ethanol processing with copula distributions [J]. Energy Economics, 2016 (57): 59-65.

[22] Kayalar D E, Küçüközmen C C, Selcuk-Kestel A S. The impact of crude oil prices on financial market indicators: Copula approach [J]. Energy Economics, 2017 (61): 162-173.

［23］马超群，金凤，杨文昱，邓岭．基于藤结构 Copula-SV 模型的外汇投资组合风险分析［J］．统计与决策，2013（6）：152-156.

［24］Crook J，Moreira F. Checking for asymmetric default dependence in a credit card portfolio：A copula approach［J］．Journal of Empirical Finance，2011，18（4）：728-742.

［25］Colonius H. An invitation to coupling and copulas：With applications to multi sensory modeling［J］．Journal of Mathematical Psychology，2016（74）：2-10.

［26］Bernardi M，Durante F，Jaworski P. CoVaR of families of copulas［J］．Statistics & Probability Letters，2017（120）：8-17.

［27］Oliveira R T A D，Assis T F O D，Firmino P R A，et al. Copulas-based time series combined forecasters［J］．Information Sciences An International Journal，2016，376（C）：110-124.

［28］Patton A J. Modeling time-varying exchange rate dependence using the conditional copula［R］．Department of Economics，University of California，San Diego，2001.

［29］Rabiner L R. A tutorial on hidden Markov models and selected applications in speech recognition［J］．Proceedings of the IEEE，1989，77（2）：257-286.

［30］de Souza E Silva E G，Legey L F L，de Souza E Silva E A. Forecasting oil price trends using wavelets and hidden Markov models［J］．Energy Economics，2010，32（6）：1507-1519.

［31］Bae G I，Kim W C，Mulvey J M. Dynamic asset allocation for varied financial markets under regime switching framework［J］．European Journal of Operational Research，2014，234（2）：450-458.

第 3 章

复杂市场因子驱动下股票市场风险管理

金融市场的复杂性和不确定性主要源于丰富的市场内部交易信息和广泛的外部因素影响，为此，本章提出了组合因素驱动方法预测沪深 300 和标普 500 指数和股指期货的实际波动率。与传统的 HAR 模型和 GARCH 族模型相比，基于本章所提出的预测方法，能达到更好的事前套期保值效果。

3.1 引言

期货套期保值的主要环节是确定最佳套期保值比率（OHR），即期货头寸与风险敞口大小的比例。最小方差套期（MVH）是确定 OHR 的传统技术，用于对冲现货未来的价格风险。MVH 模型源于 Johnson（1960）和 Stein（1961），他们选择了一个最佳的期货头寸来最小化现货期货投资组合的方差。MVH 模型已被学术界和从业者广泛使用，感兴趣的读者可以在 Lien 和 Tse（2002）、Dark（2005）和 Wang 等（2015）的研究文献中找到相关评述。众所周知，静态套期保值和动态套期保值是两个基本的套期保值框架。在静态套期保值方案中，套期保值比率最初是固定的，后续不会重新调整。尽管它们很简单，但最小方差框架下的静态套期保值模型有一些明显的缺点，因为它们假设现货和期货之间的关系是恒定的，而忽略了现货和期货收益率之间方差的时变特征，这与众所周知的资产回报的动态性质相矛盾。在实践中，OHR 是随现货和期货价格的波动而变化的。基于此，有学者提出了大量的动态套期保值模型来计算时变套期保值率。其中，GARCH 族模型已被广泛用于预测事前套期保值的波动率。对使用GARCH 族模型进行动态套期保值研究感兴趣的读者可以参考 Liu 和 Zhang（2015）、Chen 等（2019）和 Wang 等（2020）的文献。

上述研究主要使用相对低频的数据（大多数情况下为日度数据）来表征现货和期货的时变方差，但无法捕捉价格的日内变化，并且在追溯波动率变化方面相对较慢。高频数据通常被认为比低频数据包含更多的市场信息，基于高频数据获得的波动率具有低频波动率无法比拟的信息优势。它还可以描述金融市场波动的相关特征，并对金融市场波动变化做出更准确的预测。因此，毫不奇怪，日内频率的金融市场数据的广泛可用性激发了关于波动率测度的大量研究，如已实现方差、已实现二次方变差和已实现三次方变差。

高频波动率的预测也是近年来学者们研究的热点问题。例如，Ornelas 和 Mauad（2019）基于高频数据预测汇率波动率；Luo 等（2021）提出了一种新的已实现波动性的替代测量方法，并将所提出的方法应用于预测CSI 300 的已实现方差和收益。由于高频数据包含了大量信息，一些研究通过在 GARCH 方程（称为 GARCH-X）中包含一个已实现的测度来扩展GARCH 族模型，以提高金融市场波动性的预测精度（Sharma 和 Vipul，2016；Wang 等，2020；Chen 等，2021）。

在应用方面，Lai 和 Sheu（2010）提出了一类新的多元波动率模型，以估计风险最小化套期保值率。Markopoulou 等（2016）探索了已实现最小方差套期保值率的动态特性和可预测性，发现已实现套期保值率预测优于使用日度数据的传统方法。Qu 等（2019）进一步利用一些流行的时间序列模型来预测沪深 300 指数期货的 RMVHR，并表明基于 RMVHR 的方法在不同的市场结构和不同的波动率下是稳健的，但他们没有讨论模型对波动率预测性能以及波动率预测与套期保值性能之间的相关性。

　　尽管上述文献说明了利用高频盘中信息的优越性，但它没有考虑金融市场的外部环境信息，这一点同样重要。近年来，考虑外部因素来提高波动率预测的准确性受到了广泛关注。更重要的是，越来越多的预测因子在资产价格波动中显示出显著的可预测性。例如，在市场层面，Zhang（2021）表明交易量信息很好地预测了未来股票的波动，而股票波动已被证明对负回报敏感，因此可能受到杠杆效应的影响。此外，芝加哥期权交易所（CBOE）的波动率指数（VIX）对未来的波动性也有重大影响。在市场外层面，投资者情绪对股票波动率和原油期货波动率具有良好的解释力。同样，投资者关注度、技术指标和经济政策不确定性指数被证明是强有力的波动性预测因子。

　　本章首先通过使用不同类型和来源的波动率预测因子，测试其是否能够提高沪深 300 和期货波动率的预测能力。其次，使用高频数据的信息优势能否对提高套期保值效率起到积极作用，对此阐明了波动率的准确预测与套期保值效率之间的关系。最后，通过应用盘中高频数据和外部市场信息，并计算驱动因素实现的最小方差套期保值率，来检验沪深 300 指数期货的动态套期保值性能。此外，还测试了所提出的模型在不同的市场结构中是否具有一定的稳健性。

　　在解决上述问题的过程中，本章在以下方面做出了贡献：

　　首先，提出了一个因素驱动的已实现波动率的预测模型。以往的研究主要集中在单一因素对单一资产的影响上（Liu 等，2015；Xu 等，2019；Zhang 等，2021；Gong 等，2022），忽略了因素的综合影响。本章考虑了多种类型的外部因素，包括杠杆效应、市场流动性、投资者情绪和技术指标，以预测指数现货和期货的高频波动。基于预测组合，表明因素驱动的预测模型显著改进了 Corsi（2009）的基准 HAR-RV 模型。此外，与许多使用月频率的文献相比，本章进行了更高频率的（每日）因子分析，这在数据频率方面扩展了应用。这一点很重要，因为不同的数据频率可能会导致不同的结果（Gong 等，2022）。

其次，对开发数据驱动的套期保值模型进行了新的尝试。在因素驱动的已实现波动率模型的基础上，进一步优化了套期保值策略，既利用了高频交易数据中的丰富信息，又考虑了外部环境的影响（Dark，2005；Wang等，2015），本章的模型更具有通用性，因为它包含了丰富的市场内部信息和外部信息。这种考虑被证明有助于我们在实证分析中做出决策。

最后，也是重要的一点，本章的结果表明，因子和高频数据驱动模型的套期保值性能优于仅高频数据驱动的模型，如 Chen 等（2019）和 Wang等（2020），并且远远优于低频数据驱动的模式。研究结果在不同的市场条件下都是稳健的，包括新冠疫情的大幅上涨或下跌以及市场异常波动情境。此外，作为另一种稳健性检验，进一步检验本章模型应用于美国市场的模型性能，结果显示了与沪深 300 指数有类似的结论。因此，所提出的方法对跨国样本也是有效的。

3.2　最小方差套期保值策略

常用的 MVHR 模型由 Johnson（1960）开创。所谓 MVHR 是套期保值者为对冲一个单位现货价格风险而购买或出售的期货合约数量。其中，套期保值风险利用套期保值组合的方差表示。

3.2.1　基本框架

本章卖出套期保值是指在沪深 300 指数期货市场上卖出期货，同时买入现货，以抵消现货价格下跌带来的风险。考虑一个套期保值者，他做多标的现货资产，并选择做空 h_t 份期货合约，以最大限度地减少被套期保值组合的方差。

令 r_t^s 和 r_t^f 分别为现货和期货的收益率，套期保值组合的收益率 r_t^p 表示如下：

$$r_t^p = r_t^s - h_t \times r_t^f \tag{3-1}$$

套期保值组合的方差为：

$$\mathrm{Var}(r_p) = \sigma_s^2 - 2h_t\sigma_{s,f} + h_t^2\sigma_f^2 \tag{3-2}$$

其中，σ_s、σ_f 和 $\sigma_{s,f}$ 分别是 r_t^s 和 r_t^f 的方差和协方差。将式（3-2）对 h_t 求最小化，得到 MVHR 如下：

$$h_t^* = \frac{\sigma_{s,f}}{\sigma_f^2} \tag{3-3}$$

若将协方差分解为现货和期货资产的标准差及其相关系数 ρ_t，则最小方差套期保值比率可以写成如下：

$$h_t^* = \rho_t \frac{\sigma_t^s}{\sigma_t^f} \tag{3-4}$$

如果经典线性回归模型的标准假设成立，则 MVHR 的最优线性无偏估计量可由现货收益率对期货收益率的回归产生；如果现货资产和期货资产的收益率完全相关，则通过一比一套期保值策略可使被套期组合的方差等于零。然而，资产之间不存在这种完美相关性，而是存在另一种形式的风险，称为基差风险。基差风险是由现货价格和期货价格之间的偏差而导致的。自然地，关于如何估计现货和期货收益率之间的协方差以及期货收益率的方差来确定 OHR 的问题就被提出了。

常用的方法是使用历史数据建立波动率预测模型并计算相应的套期保值比率。在实践中，考虑到只有对波动率的准确预测才能真正为套期保值者提供套期保值机会，下面将数据分为两部分，利用样本内的数据建立模型，而使用样本外的数据进行模型测试。

3.2.2　套期保值效果测度

为了有效地比较不同模型的套期保值效果，有必要选择适当的评估准则。Liu（2014）、Zhao 等（2019）提出了一些衡量套期保值效果的标准。其中，最广泛使用的标准是由 Castelino（1992）提出的套期保值效率

（HE），公式如下：

$$HE = \frac{\mathrm{Var}(r_s) - \mathrm{Var}(r_p)}{\mathrm{Var}(r_s)} \tag{3-5}$$

HE 越接近 1，$\mathrm{Var}(r_p)$ 与 $\mathrm{Var}(r_s)$ 相比越小，套期保值效果就越好。为了对套期保值性能进行统计推断，本章还使用 Hansen 等（2011）提出的 MCS 检验进一步检验一种策略的样本方差是否与其他策略显著不同。

3.3　波动率的测度方法

波动性被定义为衡量资产价格随时间变化的指标，更高的波动性自然与更大的损失可能性有关。金融业常用的波动性指标有已实现和隐含两种，其中已实现波动率是根据历史价格计算的，通常被称为实际波动率。对于不同频率的数据，测量波动率的方法不同。

3.3.1　低频波动率的测度方法

自 Engle（1982）提出自回归和广义 ARCH 的自回归条件异方差（ARCH）模型及其扩展范式以来，学者们已经提出了大量基于时间的波动率模型。这些模型通常基于日度频率数据。GARCH 族模型已经在许多文献中被提收，本章使用了其中六个 GARCH 模型，分别为 CCC-GARCH、DCC-GARCH、ACCC-GARCH、ADCC-GARCH、DCC-IGARCH 和 DCC-TGARCH。

关于 GARCH 族模型的细节阐述，可以参考 Ma 等（2019）的文献。这里，以 Engle（2002）提出的 DCC-GARCH 为例，描述低频波动率的建模过程。假设现货和期货的收益可以表示如下：

$$\begin{cases} r_t^s = \mu_t^s + \varepsilon_t^s \\ r_t^f = \mu_t^f + \varepsilon_t^f \end{cases} \tag{3-6}$$

其中，ε_t^s 与 ε_t^f 服从二元正态分布，即 $(\varepsilon_t^s, \varepsilon_t^f) \mid \psi_{t-1} \sim N(0, H_t) N$ $(0, H_t)$，r_t^s 和 r_t^f 是第 t 天现货和期货的收益率，φ_{t-1} 是截至 $t-1$ 天的信息。

条件协方差矩阵 H_t 为：

$$H_t = \begin{bmatrix} H_t^s & H_t^{s,f} \\ H_t^{s,f} & H_t^f \end{bmatrix} = \begin{bmatrix} \sqrt{H_t^s} & 0 \\ 0 & \sqrt{H_t^s} \end{bmatrix} \times \begin{bmatrix} 1 & \rho_t^{s,f} \\ \rho_t^{s,f} & 1 \end{bmatrix} \times \begin{bmatrix} \sqrt{H_t^f} & 0 \\ 0 & \sqrt{H_t^f} \end{bmatrix} = D_t R_t D_t$$

$$\tag{3-7}$$

其中，H_t^s 和 H_t^f 分别是第 t 天现货和期货的方差。$H_t^{s,f}$ 表示现货和期货收益率的协方差，$\rho_t^{s,f} = \dfrac{H_t^{s,f}}{\sqrt{H_t^s H_t^f}}$ 是第 t 天两者的相关系数，D_t 是对角矩阵，对角线上的元素为标准差，R_t 是条件相关系数矩阵。

H_t^s、H_t^f 的表达形式为二元 GARCH 族模型：

$$\begin{cases} H_t^s = \beta_0^s + \beta_1^s \varepsilon_{t-1}^s{}^2 + \beta_2^s H_{t-1}^s{}^2 \\ H_t^f = \beta_0^f + \beta_1^f \varepsilon_{t-1}^f{}^2 + \beta_2^f H_{t-1}^f{}^2 \end{cases} \tag{3-8}$$

而条件相关系数矩阵 R_t 为：

$$R_t = \mathrm{diag}(Q_t^{-\frac{1}{2}}) Q_t \mathrm{diag}(Q_t^{-\frac{1}{2}}) \tag{3-9}$$

其中，Q_t 是一个对称的正定矩阵，形式为：

$$Q_t = (1 - \alpha - \beta)\overline{Q} + \alpha Z_{t-1} Z'_{t-1} + \beta Q_{t-1} \tag{3-10}$$

其中，$\overline{Q}$ 是现货和期货收益率的无条件相关系数矩阵。$Z_{t-1} = \begin{pmatrix} \varepsilon_t^s / \sqrt{H_t^s} \\ \varepsilon_t^f / \sqrt{H_t^f} \end{pmatrix}$ 是标准残差向量。参数 α 和 β 是非负尺度参数，满足 $\alpha + \beta \leqslant 1$。这些参数与用于构建动态条件相关性的指数平滑过程相关联。

3.3.2　高频波动率的测度方法

本章基于高频盘中价格的已实现方差（RV）来估计沪深 300 指数和

股指期货收益的潜在波动率。其定义如下：

$$RV_t = \sum_{i=1}^{M} (r_{t,i})^2 \qquad (3-11)$$

其中，RV_t 表示沪深 300 指数和股指期货收益率的日 RV；$r_{t,i}$ 表示 t 日观察到的第 i 个日内区间的对数收益率。对于 5 分钟的频率而言，有 $M = 48$ 个日内收益率。

3.4 已实现波动率的预测模型

GARCH 族模型所建立的波动率模型本质上是关于波动率的递归公式，根据公式可以利用滚动窗口法得到波动率的预测值。GARCH 族模型的相关预测工具箱可以在网上找到。限于篇幅，本书略去了 GARCH 族模型预测波动率的细节，而是主要介绍本书对已实现波动率的预测方法。

为了研究外部因素对股票波动率是否具有预测能力，将 Corsi（2009）提出的 HAR-RV 模型设为基准模型。该模型基于异质市场假说（Heterogeneous Market Hypothesis），其中的异质性来自时间跨度的差异。也就是说，不同类型的市场参与者，如高频交易者和低频交易者，对未来波动率的影响是不同的。HAR-RV 模型的公式如下：

$$\log RV_t = \alpha_0 + \alpha^{(d)} \log RV_{t-1} + \alpha^{(w)} \log RV_{t-1}^{(5)} + \alpha^{(m)} \log RV_{t-1}^{(22)} + \epsilon_t \qquad (3-12)$$

其中，d、w 和 m 分别表示日、周和月的符号，$RV_t^{(m)} = \sum_{n=1}^{m} \dfrac{RV_{t-n+1}}{m}$。

3.4.1 复杂因子驱动的已实现波动率

有效市场假说认为，资产价格反映了现有的市场信息。然而，行为金融理论认为，资产价格还受到投资者情绪和技术指标等外部因素的驱动。

本章使用的高频数据，包含更多的市场信息，更能反映市场动态和走势。此外，行为金融学的大量实证证据表明，影响市场波动的外部因素非常丰富，受此启发，本小节建立了因素驱动的已实现波动率模型。具体来说，首先，参考相关文献，列出潜在的波动率预测因素，包括市场层面和市场外层面的因素。其次，将这些因素嵌入基准 HAR-RV 模型中，进而检验每个因素是否具有边际预测能力。最后，来考虑这些因素的总体影响，进一步开发预测组合模型。

文献表明，影响金融资产价格波动的因素众多（Uygur 和 Tas，2012；Li 等，2020；Zhang 等，2021）。本书考虑以下预测因素以研究因素驱动的已实现波动率对期货套期保值的影响。虽然还有一些其他因素，如经济政策的不确定性（Liu 等，2015）和衡量投资者关注度的搜索量指数（Fang 等，2020），被文献证实会影响未来的波动率，但由于没有来自日度频率的证据，本章不考虑它们。事实上，这些指标对股票波动率的预测能力很弱，这也印证了 Gong 等（2022）的结果。因此，舍弃这些指标以减少预测噪声。

波动率杠杆（LEV）：波动率具有非对称效应，负收益的影响大于正收益。杠杆效应表明，波动性往往随着回报的下降而上升。因此，许多研究考虑了杠杆对未来波动率的影响（Wang 等，2006；Yang 等，2019）。沿用 Yang 等（2019）的方法，本节使用负收益来衡量杠杆效应。

流动性指标（LIQD）：交易量被视为信息流的代表。Uygur 和 Tas（2012）表明，交易信息对未来的波动性具有显著的预测能力。

投资者情绪（IS）：投资者情绪被认为是投资者对资产价值的错误信念（Zhou，2018），它已被证明会影响资产回报率（Huang 等，2015）和波动率（Wang 等，2006；Yang 等，2019）。本节使用中国 ETF 波动率指数（VIX）来衡量投资者情绪，VIX 通常被称为恐惧指数或恐惧指标，它代表了市场对波动率的预期。自 Pan（2019）以来的 VIX 指数表明，它对未来波动率有重大影响。此外，Deeney（2015）使用 VIX 作为投资者情绪的替代指标。

技术指标（TI）：技术指标是基于杠杆、成交量和波动率聚类构建的。按照 Liu 和 Pan（2020）的方法使用日频技术指标。设定的回溯期分别为 1 天、5 天、10 天和 22 天。有关技术指标的构建细节，参阅 Liu 和 Pan（2020）。

股票市场不确定性指数（EMU）：基于新闻的股票市场不确定性指数是由 Baker 等（2019）提出的。此外，Dutta 等（2021）发现 EMU 可以很好地预测波动性。

对于 LIQD、IS 和 EMU，使用其替代指标的对数变化来考虑时间序列的平稳性。此外，请注意技术指标（TI）是用 3 种效应构建的，每种效应有 4 个回溯期。因此，总共有 12 个单一技术指标。

3.4.2　组合预测方法

为了分析波动率因子的预测能力，将其纳入 HAR－RV 模型。形式上，扩展模型 HAR－RV－F 为：

$$\log RV_t = \mu + \theta^{(d)} \log RV_{t-1} + \theta^{(w)} \log RV_{t-1}^{(5)} + \theta^{(m)} \log RV_{t-1}^{(22)} + \delta Z_{t-1} + \epsilon_t \tag{3-13}$$

其中，关键变量是 $Z \in \{ LEV,\ LIQD,\ IS,\ TI,\ EMU \}$。

本章的目的是提高期货和现货波动率的预测精度。因此，重点是在预测模型中考虑更多有效的预测信息。然而，如果使用"厨房水槽"模型，过度拟合问题是预测的主要挑战（Lin 等，2018）。为此，研究主要集中于具有稳健预测性能的预测组合方法。

$\hat{\mu}_k$、$\hat{\theta}_k^{(d)}$、$\hat{\theta}_k^{(w)}$、$\hat{\theta}_k^{(m)}$ 和 $\hat{\delta}_k$ 是第 k 个预测器模型利用到 t 时刻为止的信息得到的估计系数，$k = 1,\ 2,\ \cdots,\ K$。K 是波动率预测因子的数量。根据一些权重方案将单个预测结果进行组合，得到最终预测结果，可被表示如下：

$$\log \widehat{RV}_{t|t-1}^C = \sum_{k=1}^{K} w_{k,\ t-1} \log \widehat{RV}_{k,\ t|t-1} \tag{3-14}$$

其中，C 是根据 $t-1$ 时间给定的权重 w_{t-1} 确定的组合形式。

几种预测组合可被用作竞争模型。

第一种简单的规则是平均组合（Mean Combination），通过对所有个体预测的平均，显示如下：

$$\log\widehat{RV}_{t|t-1}^{MC} = \frac{1}{K}\left(\log\widehat{RV}_{t|t-1,1} + \log\widehat{RV}_{t|t-1,2} + \cdots + \log\widehat{RV}_{t|t-1,K}\right) \qquad (3-15)$$

$$w_{k,t-1} = \frac{1}{K}$$

类似地，第二种简单加权法是利用单个预测的中位值进行加权（Median Combination），其公式如下：

$$\log\widehat{RV}_{t|t-1}^{MEDC} = Median\left\{\log\widehat{RV}_{t|t-1,1}, \ \log\widehat{RV}_{t|t-1,2}, \ \cdots, \ \log\widehat{RV}_{t|t-1,K}\right\} \qquad (3-16)$$

第三种是基于均值组合方法的裁剪均值（Trimmed Mean）。由于其可以丢弃一些异常预测值，因此优于均值组合，具有较强的稳健性。这是由因子 τ 实现的，其数学表达式如下：

$$\log\widehat{RV}_{t|t-1}^{TMC} = \left[K(1-2\tau)\right]^{-1}\sum_{k=\tau K+1}^{(1-\tau)K}\widetilde{RV}_{t|t-1,\ k} \qquad (3-17)$$

其中，序列 $\{\widetilde{RV}_k\}_{k=1}^{K}$ 是序列 $\{\log\widehat{RV}_k\}_{k=1}^{K}$ 由小到大的一阶。在实证分析中，τ 取值为 0.1，即分别舍弃了上下 10% 的预测值。

第四种处理异常值的组合是截尾均值（Winsorizeal Mean），使用了相对于修剪均值组合更柔和的线。这种方法在一定程度上限制异常值，而不是删除异常值。具体如下：

$$\log\widehat{RV}_{t|t-1}^{WMC} = \frac{1}{K}\left[\lambda K\widetilde{RV}_{t|t-1,\ \lambda K+1} + \sum_{k=\lambda K+1}^{K-\lambda K}\widetilde{RV}_{t|t-1,\ k} + \lambda K\widetilde{RV}_{t|t-1,\ K-\lambda K}\right]$$

$$(3-18)$$

其中，λ 也是一个裁剪因子（即上下 $100\lambda\%$ 个百分点都是被删掉的），在实证分析中取值为 0.1，$\widetilde{RV}_i$ 是 $\{\widetilde{RV}_k\}_{k=1}^{K}$ 的第 i 个秩序统计量。这个度量包括第 (λK) 个最小预测和第 (λK) 个最大预测，让它们等于第 $(\lambda K+1)$ 个最小预测和第 $(\lambda K+1)$ 个最大预测。

第五种是"逆排名"（Inverse Rank；Aiolfi 和 Timmermann，2006），根据预测模型的表现对它们进行排名。更具体地说，模型的均方预测误差越大，其秩越高。这个组合可以用下面的公式表示：

$$\log \widehat{RV}_{t|t-1}^{IRC} = \sum_{k_1=1}^{K} \log \widehat{RV}_{t|t-1, k_1} \times \frac{\mathrm{Rank}_{k_1}^{-1}}{\sum_{k_2=1}^{K} R_{k_2}^{-1}} \qquad (3-19)$$

其中，Rank_k 表示根据均方预测误差的大小给出的模型 k 的秩。

第六种组合方法是基于估计残差的绩效预测组合（Bates Granger），其计算公式如下：

$$\log \widehat{RV}_{t|t-1}^{BGC} = \sum_{k_1=1}^{K} \log \widehat{RV}_{t|t-1, k_1} \times \frac{\hat{\sigma}_{t-1, k_1}^{-2}}{\sum_{k_2=1}^{K} \hat{\sigma}_{t-1, k_2}^{-2}} \qquad (3-20)$$

其中，$\hat{\sigma}_{t-1,k}$ 是利用截至 $t-1$ 时间的信息对第 k 个预测的估计残差。

与 Bates 和 Granger（1969）研究类似，第七种也是最后一种是 Newbold 和 Granger（1974）的基于绩效的预测组合（Newbold Granger），它表现出一种基于均方预测误差的新的组合形式。作者使用了标准化条件 $e'w = 1$。

$$\log \widehat{RV}_{t|t-1}^{NGC} = F_{N \times K} \times \frac{\Sigma^{-1} e}{e' \Sigma^{-1} e} \qquad (3-21)$$

其中，Σ 是预测矩阵 $F_{N \times K}$ 的均方预测误差矩阵，e 是 $K \times 1$ 维度的 $(1, 1, \cdots, 1)'$ 向量。

除预测组合外，还考虑了两种降维方法来考察多因素驱动的实际波动率的样本外表现。主成分分析（PCA）和偏最小二乘法（PLS）是处理高维问题的流行技术（Gong 等，2022）。对于主成分分析，使用第一个主成分 PCA1 和一个加权主成分 PCA，其中权重是特征值。对于偏最小二乘法，目标变量设置为 d 对数实现方差。需要注意的是，在预测上使用这些降维方法，然后将降维信息合并到 HAR-RV 模型中。在样本外分析中，为了获得真正的事前预测，仅使用估计窗口中的数据计算 PLS、PCA 和 PCA1。换句话说，仅根据样本内数据递归地估计这些减少的成分。

需要注意的是，动态因子驱动对冲方法的新颖性体现在两个方面。一方面，在构建对冲模型时，大量研究主要集中在低频波动率模型上，如 Chen（2019）、Wang 等（2020），而本书则集中在高频波动率模型上。与低频波动率相比，使用高频数据计算的已实现波动率是对实际波动率的一致且有效的估计。此外，以 5 分钟为单位进行采样，这减少了市场微观结构噪声的影响（Xiu，2010）。另一方面，在模型中考虑了许多外部因素，将其他交易信息和外部环境的解释力纳入其中。在预测组合的基础上，有用信息得到了很好的利用。

3.5　实证检验

本章的实证工作有两个方面。首先，检验了所提出的同时包含日内信息和外部市场信息的方法的预测能力，相对于其他一些传统模型，本章研究了基于因素驱动的已实现波动性的最小方差套期策略的样本外套期保值性能。其次，在不同的市场结构和条件下，包括上升和下降趋势以及新冠疫情大流行期间，测试了所提出方法的稳健性。

3.5.1　数据

本章使用的数据与沪深 300 指数期货和现货市场有关。用于构建已实现波动率、杠杆率指标和技术指标的交易数据，包括收盘价和交易量，都是从 Wind 数据库中获得的。波动率指数数据来自美国联邦储备委员会经济数据。EMU 数据可从经济政策不确定性网站下载原始数据集，时间区间为 2019 年 6 月 17 日至 2021 年 12 月 7 日。经过数据清理、计算、整理和合并，最终实证分析的全样本期为 2019 年 7 月 22 日至 2021 年 1 月 15 日。样本外期为 2021 年 1 月 16 日至 12 月 7 日。

将每日对数收益率 r_t 定义如下：

$$r_t = \ln\left(\frac{p_t}{p_{t-1}}\right) \tag{3-22}$$

其中，p_t 是指数在时间点 t 的收盘价。沪深 300 股指期货和现货的市场收益率和绝对收益率如图 3-1 所示。

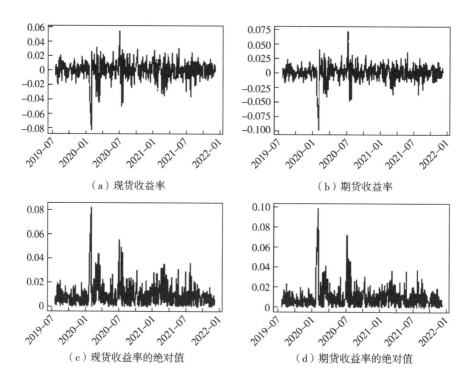

（a）现货收益率　　　　　　　　　（b）期货收益率

（c）现货收益率的绝对值　　　　　　（d）期货收益率的绝对值

图 3-1　沪深 300 股指期货和现货的市场收益率和绝对收益率

在图 3-1 中可以看出，现货指数和期货收益率都具有被称为波动率集群的典型事实证据。因此，检验了收益平方是否具有序列相关性，这就是 ARCH 效应，如表 3-1 所示。表中序列相关性的 Ljung-Box 检验（即平方残差）和残差中的 ARCH 效应（即 ARCH 检验）的估计结果证实了序列相关性和异方差的有力证据。

表 3-1　沪深 300 指数现货和期货的描述性统计

指标		现货	期货
描述性统计	Mean 均值	4.430E-04	4.420E-04
	Maximum 最大值	5.513E-02	7.201E-02
	Minimum 最小值	-8.209E-02	-9.825E-02
	Std. dev 标准差	0.012447	0.012689
	Skewness 偏度	-0.744765	-0.679663
	Kurtosis 峰度	4.529885	8.355154
统计检验	JB test	554.562	1744.8324
	LB Q（10）	19.595**	6.4414
	LB Q2（10）	27.040***	25.263***
	ARCH test	2.608***	2.490***

注：＊＊表示 5%置信水平，＊＊＊表示 1%置信水平。

关于 GARCH 族模型及其广义模型，已有大量文章对动态套期保值策略进行了研究。在不失一般性的情况下，本章选择了两个对称的 MV-GARCH 族模型（以下简称 CCC-GARCH 和 DCC-GARCH）和两个不对称的 MVGARCH 族模型（以下简称 ACCC-GARCH 或 ADCC-GARCH）。在稳健性测试部分，还采用了 DCC-IGARCH 和 DCC-TGARCH 模型。通过 Ljung-Box 检验，发现所使用的 6 个模型的残差不能在 5%显著性水平上拒绝滞后 1、3、5 和 7 的自相关零假设。所有模型的恩格尔检验的残差序列的平方也不能在 5%显著性水平上拒绝滞后 4、6、8 和 10 的 ARCH 效应的零假设。因此，所有候选模型都是适用的。

3.5.2　波动率模型的预测精度

本章采用提前一步进行滚动窗口预测，以获得预测的波动率。具体而言，将 2019 年 7 月 22 日至 2021 年 1 月 15 日作为第一个预测窗口，对 2021 年 1 月 16 日进行预测。然后，估计窗口向前滚动，将 2019 年 7 月 23 日至 2021 年 1 月 16 日作为第二个估计窗口，对 2021 年 1 月 17 日进行预测。在对所有 458 个样本交易日做出预测之前，估计窗口一直在向前滚动。

通过比较基准 HAR 模型和因素驱动实现的波动率模型评价样本外预测性能。为了评估上述模型的预测准确性，主要使用了四个传统的评估准则来比较样本外预测性能。关于预测精度评估水平，分别选择平均绝对误差（MAE）、均方根误差（RMSE）、平均绝对百分比误差（MAPE）和方向对称性（DS）如下：

$$MAE = \frac{1}{n} \sum_{t=1}^{T} |RV_{r,t} - RV_{f,t}| \tag{3-23}$$

$$RMSE = \sqrt{\frac{1}{n} \sum_{i=t}^{T} (RV_{r,t} - RV_{f,t})^2} \tag{3-24}$$

$$MAPE = \frac{1}{n} \sum_{t=1}^{T} \frac{|RV_{r,t} - RV_{f,t}|}{RV_{r,t}} \tag{3-25}$$

$$DS = \frac{1}{T} \sum_{t=1}^{T} d_t \times 100\% \tag{3-26}$$

$$d_t = \begin{cases} 1, & \text{若} \sim (RV_{r,t} - RV_{r,t-1})(RV_{f,t} - RV_{r,t-1}) > 0 \\ 0, & \text{否则} \end{cases} \tag{3-27}$$

其中，T 是测试集中的样本总数，$RV_{r,t}$ 和 $RV_{f,t}$ 分别是第 t 日已实现波动率的实际值和预测值。

表 3-2 左侧显示了各模型在传统评价标准（MAE、RMSE、MAPE 和 DS）下的预测误差。从中可以看出，所提出的组合预测方法对因子驱动的已实现波动率的预测准确率明显高于基准模型，在三个准则中，Newbold Granger 方法的预测准确率最高，其次是逆秩方法。重要的是，这一结果在现货和期货波动率方面都得到了证实。

作为另一种稳健性检验，本章进一步从统计角度评估了水平预测性能和方向预测性能。即，采用 DM 检验和 MCS 检验来检验所有模型的统计显著性。DM 检验和 MCS 检验的主要过程见 Hansen 等（2011）的文献。

在这里，使用 Patton（2011）开发的稳健损失函数，因为本章没有观测到真实的波动率，而是使用了一个不完美的代理变量（有噪声）。这个稳健损失函数的具体做法是：

$$L(RV_r, \ RV_f, \ b)$$

$$= \begin{cases} \sum_{t=1}^{T} \left[\dfrac{RV_{r,t}^{(b+2)} - RV_{f,t}^{(b+2)}}{(b+1)(b+2)} - \dfrac{(RV_{r,t} - RV_{f,t})RV_{f,t}^{(b+1)}}{(b+1)} \right] /T, & b \neq -1, -2 \\[4mm] \sum_{t=1}^{T} \left(RV_f - RV_{r,t} + RV_{r,t} \ln \dfrac{RV_{r,t}}{RV_{f,t}} \right) /T & b = -1 \\[4mm] \sum_{t=1}^{T} \left(\dfrac{RV_{r,t}}{RV_{f,t}} - \ln \dfrac{RV_{r,t}}{RV_{f,t}} - 1 \right) /T & b = -2 \end{cases}$$

$$(3-28)$$

其中，标量参数 b 由人工设定。当 $b = -2$ 时，可获得 QLIKE 损失函数。按照惯例，在下面的分析中分别取值为 -2、-1 和 1。由于低频 DCC 模型的预测性能远不如基准 HAR 模型和因子驱动的已实现波动率模型，所以没有在表 3-2 中列出低频 DCC 模型的不可比较结果。

表 3-2 样本外预测效果

模型	Traditional evaluation			patton2011 loss function			
	MAPE	RMSE	MAE	DS	$b=-2$	$b=-1$	$b=1$
Panel A：CSI 300 stock index spot							
Benchmark	0.4158	0.0084	0.0041	0.6565	0.1692	0.1879	1.0531
Mean combination	0.4116	0.0083	0.0041	0.6543	0.1675	0.1850	1.0371
Median combination	0.4132	0.0083	0.0041	0.6499	0.1689	0.1871	1.0512
Trimmed mean	0.4123	0.0083	0.0041	0.6543	0.1682	0.1860	1.0433
Winsorized mean	0.4121	0.0083	0.0041	0.6543	0.1682	0.1859	1.0423
Inverse rank	0.4052	0.0081	0.0040	0.6696	0.1645	0.1787	1.0011
Bates Granger	0.4115	0.0083	0.0041	0.6543	0.1675	0.1849	1.0367
Newbold Granger	**0.3821**	**0.0078**	**0.0038**	**0.7177**	**0.1558**	**0.1646**	**0.9515**
PCA	0.4198	0.0084	0.0041	0.6565	0.1698	0.1890	1.0627
PCA1	0.4196	0.0083	0.0041	0.6411	0.1682	0.1863	1.0501
PLS	0.4216	0.0084	0.0042	0.6346	0.1730	0.1922	1.0625

续表

模型	Traditional evaluation			patton2011 loss function			
	MAPE	RMSE	MAE	DS	b=−2	b=−1	b=1
Panel B：CSI 300 stock index futures							
Benchmark	0.4551	0.0118	0.0055	0.6740	0.1813	0.2625	3.2554
Mean combination	0.4513	0.0117	0.0055	0.6630	0.1776	0.2568	3.2122
Median combination	0.4533	0.0118	0.0055	0.6652	0.1797	0.2602	3.1993
Trimmed mean	0.4526	0.0117	0.0055	0.6674	0.1787	0.2589	3.2377
Winsorized mean	0.4526	0.0117	0.0055	0.6652	0.1786	0.2588	3.2101
Inverse rank	0.4462	0.0117	0.0054	0.6718	0.1709	0.2443	3.0258
Bates Granger	0.4512	0.0113	0.0055	0.6630	0.1775	0.2566	3.2097
Newbold Granger	**0.4293**	**0.0107**	**0.0051**	**0.6871**	**0.1538**	**0.2144**	**2.8878**
PCA	0.4534	0.0118	0.0055	0.6696	0.1886	0.2655	3.4393
PCA1	0.4569	0.0120	0.0056	0.6783	0.1811	0.2646	3.3634
PLS	0.4575	0.0119	0.0056	0.6696	0.1820	0.2656	3.2471

在表 3-2 中，发现损失函数（Patton，2011）的结果再次被证实，因素驱动的已实现波动率的预测精度高于传统的 HAR 模型。其中，所有组合模型的性能都优于 HAR 模型。注意到基于性能的组合方法，如 Newbold Granger 和 Inverse Rank，相对于其他天真的组合具有更高的预测精度。Newbold Granger 组合是排名最高的类型。这是自然的，因为组合的权重来源于历史预测的准确性。然而，降维模型的预测能力相对较差。一种可能的解释是，一些因素对预测未来波动性无效，因此被作为噪声添加到模型中。此外，现货市场预测精度较高的模型在期货市场也有较好的表现。

为了检验各种模型预测精度的统计显著性，使用 Hansen（2011）的模型置信集程序来研究结果的统计显著度，如表 3-3 所示。关于现货的已实现波动率预测，除 PCA1 模型外，所有其他模型都通过了 MCS 测试，P 值均达到 0.7 以上。关于期货已实现的波动率预测，所有模型都能通过 MCS 测试。因此，本章的高频波动率预测模型具有良好的预测能力。仍然可以看出，组合模型作为一个整体优于基准模型，并且因素驱动的模型具有更好的预测能力。

表 3-3　预测表现的 MCS 检验

模型	$\alpha = 0.01$		$\alpha = 0.05$		$\alpha = 0.1$	
	Rank	MCS	Rank	MCS	Rank	MCS
Panel A：CSI 300 stock index spot						
Benchmark	9	0.8739	9	0.8332	9	0.8356
Mean combination	7	0.9793	7	0.9655	7	0.9671
Median combination	8	0.9241	8	0.8885	8	0.8869
Trimmed mean	10	0.7814	10	0.7226	10	0.7163
Winsorized mean	4	0.9968	4	0.9930	4	0.9931
Inverse rank	2	1.0000	2	1.0000	2	1.0000
Bates Granger	6	0.9846	6	0.9751	6	0.9740
Newbold Granger	1	1.0000	1	1.0000	1	1.0000
PCA	5	0.9879	5	0.9799	5	0.9807
PCA1	11	0.1230	—	—	—	—
PLS	3	0.9981	3	0.9949	3	0.9951
Panel B：CSI 300 stock index futures						
Benchmark	4	0.9745	4	0.9752	4	0.9762
Mean combination	8	0.8314	8	0.8328	8	0.8329
Median combination	3	0.9886	3	0.9881	3	0.9888
Trimmed mean	11	0.5821	11	0.5395	11	0.5570
Winsorized mean	10	0.6427	10	0.6084	10	0.6282
Inverse rank	1	1.0000	1	1.0000	1	1.0000
Bates Granger	6	0.9183	6	0.9148	6	0.9247
Newbold Granger	9	0.7218	9	0.7121	9	0.7246
PCA	2	0.9970	2	0.9973	2	0.9977
PCA1	7	0.8381	7	0.8381	7	0.8364
PLS	5	0.9357	5	0.9371	5	0.9368

至此，已经回答了本章提出的第一个问题：利用不同类型和来源的波动率预测因子可以提高沪深 300 现货和期货波动率的预测能力。并且，本章提出的方法对于提高已实现波动率的预测精度是有效可行的。

3.5.3 套期保值效果比较

根据因子驱动模型、传统 HAR 模型和普通 GARCH 族模型预测的波动率，对沪深 300 股指期货进行动态套期保值，并计算套期保值绩效指标套期保值有效性（HE）：与未套期保值的投资组合相比，评价套期保值的风险降低程度。

按照 Qu 等（2019）的研究，根据高频数据计算对冲效率，其结果如下：

$$HE = E(HE_t) \tag{3-29}$$

$$HE_t = \frac{RV_t^s - RV_t^P}{RV_t^s} \tag{3-30}$$

其中，RV_t^s 是 t 日现货的已实现方差，RV_t^P 指的是 t 日套期保值投资组合的已实现方差，计算公式如下：

$$RV_t^P = \sum_{i=1}^{M} (r_{t,i}^P)^2 \tag{3-31}$$

其中，M 表示一天日内中对数收益率的总数。

$$r_{t,i}^P = r_{t,i}^s - h_t r_{t,i}^f \tag{3-32}$$

更高的 HE 是首选，因为这意味着投资组合风险被大大降低。为了更客观地比较本章已实现波动率模型和 GARCH 族模型的套期保值性能，当根据等式（3-4）计算套期保值头寸时，所有模型都使用统一的相关系数，可以表示为：

$$
\begin{cases}
h_t = \rho_t^{s,f} \dfrac{RV_t^s}{RV_t^f} & \text{（因子驱动模型）} \\[2ex]
h_t = \rho_t^{s,f} \dfrac{\sigma_t^s}{\sigma_t^f} & \text{（GARCH 族模型）}
\end{cases}
\tag{3-33}
$$

其中，选择了常用的 DCC-GARCH 模型来预测相关系数 $\rho_t^{s,f}$，该相关系数可通过滚动窗口的 1 步提前预测获得。

$$rho_t^{history} = \dfrac{\sqrt{\sum\limits_{i=1}^{t}\left(r_i^s - \bar{r}_t^s\right)\left(r_i^f - \bar{r}_t^f\right)}}{\sqrt{\sum\limits_{i=1}^{t}\left(r_i^s - \bar{r}_t^s\right)^2}\sqrt{\sum\limits_{i=1}^{t}\left(r_i^f - \bar{r}_t^f\right)^2}}$$

（1）样本外总跨度的套期保值效果评估。

基于不同预测模型的 HE 值，计算步骤如下：首先，使用不同的方法预测现货和期货的日波动率。然后，获得套期保值比率。将套期比率代入套期保值组合收益率式（3-32），并计算被套期投资组合的收益序列和净现货序列的已实现方差。结果如图 3-2 所示。

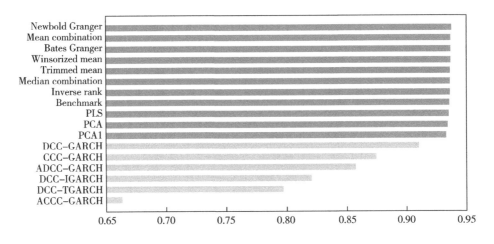

图 3-2　整个样本外套期保值效果

图 3-2 显示了基于样本外跨度的 458 个单日预测的套期保值效果发现，基于本章提出的方法所预测的波动率得到的套期保值效率接近0.8，远高于基于低频波动率模型。有 5 个模型比基准模型具有更好的套期保值效率，分别是均值组合、修剪均值、Winsorized 均值、逆秩、Bates Granger 和 Newbold Granger。此外还发现不同因素驱动的模型在对冲性能上

几乎没有差异。因此，通过使用 MCS 测试，在统计意义上进一步评估套期保值性能。MCS 测试的主要过程可以在 Hansen 等（2011）的文献中找到。MCS 检验结果如表 3-4 和表 3-5 所示。

表 3-4　沪深指数 CSI 300 对冲效果检验

模型	α = 0.01		α = 0.05		α = 0.1	
	Rank	MCS	Rank	MCS	Rank	MCS
1 : 1	—	—	—	—	—	—
Benchmark	7	0.7800	7	0.7486	7	0.7131
Median combination	6	0.8540	6	0.8260	6	0.7932
Mean combination	12	0.3448	12	0.3032	10	0.2750
Trimmed mean	4	0.9472	4	0.9299	4	0.9166
Winsorized mean	3	0.9623	3	0.9524	3	0.9399
Inverse rank	**2**	**1.0000**	**2**	**1.0000**	**2**	**1.0000**
Bates Granger	5	0.9210	5	0.9077	5	0.8859
Newbold Granger	**1**	**1.0000**	**1**	**1.0000**	**1**	**1.0000**
PCA	14	0.2536	14	0.2361	11	0.2041
PCA1	11	0.4778	11	0.3952	9	0.4229
PLS	13	0.2671	13	0.2495	12	0.1992
CCC-GARCH	8	0.4926	8	0.4472	8	0.4229
DCC-GARCH	15	0.2536	—	—	—	—
ACCC-GARCH	9	0.4778	9	0.4343	—	—
ADCC-GARCH	10	0.4778	10	0.3952	—	—

注：α 表示不同的置信水平，Rank 是模型排序，数字越小表示模型越好；MCS 是 MCS 检验的 P 值。

表 3-5　不同模型的对冲效果对比

模型	α = 0.01		α = 0.05		α = 0.1	
	Rank	MCS	Rank	MCS	Rank	MCS
1 : 1	—	—	—	—	—	—

续表

模型	$\alpha=0.01$		$\alpha=0.05$		$\alpha=0.1$	
	Rank	MCS	Rank	MCS	Rank	MCS
Benchmark	7	0.7221	7	0.7245	7	0.6492
Mean combination	10	0.4853	10	0.4664	9	0.4082
Trimmed mean	4	0.9399	4	0.9361	4	0.9105
Median combination	6	0.8936	6	0.8951	6	0.8478
Bates Granger	5	0.9311	5	0.9276	5	0.9016
Inverse rank	2	1.0000	2	1.0000	2	1.0000
Newbold Granger	1	1.0000	1	1.0000	1	1.0000
Winsorized mean	3	0.9498	3	0.9454	3	0.9282
PCA	15	0.2305	14	0.1960	12	0.1698
PCA1	12	0.4853	12	0.4446	10	0.4082
PLS	13	0.2877	13	0.2761	11	0.2404
CCC-GARCH	8	0.5332	8	0.4973	8	0.4545
DCC-GARCH	14	0.2797	—	—	—	—
ACCC-GARCH	9	0.5127	9	0.4762	—	—
ADCC-GARCH	11	0.4853	11	0.4446	—	—

注：同表 3-4。

从表 3-4 中可以得出以下结果：

1）在 1% 的显著水平下，高频和低频模型都能通过 MCS 测试。在 5% 的显著水平下，除 DCC-GARCH 模型外，所有波动率模型都能通过了 MCS 测试。在 10% 显著水平下，只有高频波动率模型和 CCC-GARCH 低频模型能够通过 MCS 测试。在所有显著水平下，基准套期保值策略都无法通过 MCS 测试。

如前文所述，CSI300 指数与指数期货之间的相关性达到 0.993 左右。从理论上讲，1∶1 的套期保值策略（也称为天真策略）可以达到预期的套期保值效果。然而，这种天真对冲策略的性能是最差的，在任意一个显著水平下，天真对冲模型都未能通过测试。结果表明，即使现货和期货之间的相关系数很高，1∶1的套期保值策略也可能是不可取的。

2）总体而言，基于已实现波动率的套期保值有效性高于通过 GARCH 族模型计算的低频波动率得到的有效性。该结果回答了本章预设的第二个问题：基于高频波动率的套期保值效果优于低频波动率。研究结果表明，具有日内高频信息的动态套期保值比率可以为风险管理者和套期保值者提供实质性的收益，将市场内交易信息纳入套期保值模型显著提高了方差减少的有效性。

3）因素驱动的已实现波动率模型在套期保值有效性准则方面优于HAR 基准模型。研究结果回答了本章预设的最后一个问题：市场外部因素对已实现波动率预测准确性的影响不容忽视。通过考虑这些因素，不仅可以提高预测精度，还可以提高套期保值性能。此外，本章提出的组合预测方法是可行和有效的。最佳的套期保值效果来自逆秩和 Newbold Granger 方法，它们也是预测精度最高的模型，且波动率的准确预测与套期保值效率之间的关系是正向的（见表3-6）。

表3-6　沪深 300 指数对冲效果的 DM 检验

模型	DM_1∶1	DM_benchmark	DM ccc	DM dcc	DM accc	DM adcc
1∶1	—	5. 34726 (0. 00000)	0. 19749 (0. 84353)	0. 40397 (0. 68642)	−0. 98772 (0. 32381)	−3. 24115 (0. 00128)
benchmark	−5. 34726 (0. 00000)	—	−3. 14103 (0. 00179)	−3. 06817 (0. 00228)	−3. 55468 (0. 00042)	−4. 05187 (0. 00006)
Mean combination	−5. 49806 (0. 00000)	−1. 83535 (0. 06710)	−3. 19992 (0. 00147)	−3. 12790 (0. 00187)	−3. 60409 (0. 00035)	−4. 06828 (0. 00006)
Trimmed mean	−5. 50258 (0. 00000)	−1. 85988 (0. 06354)	−3. 20277 (0. 00146)	−3. 13080 (0. 00186)	−3. 60705 (0. 00034)	−4. 07040 (0. 00006)
Median combination	−5. 28083 (0. 00000)	0. 14874 (0. 88183)	−3. 12369 (0. 00190)	−3. 05094 (0. 00241)	−3. 54001 (0. 00044)	−4. 04521 (0. 00006)
Bates Granger	−5. 50062 (0. 00000)	−1. 85190 (0. 06468)	−3. 20111 (0. 00146)	−3. 12910 (0. 00187)	−3. 60522 (0. 00035)	−4. 06867 (0. 00006)
Inverse rank	−5. 68566 (0. 00000)	−1. 61735 (0. 10649)	−3. 26574 (0. 00117)	−3. 19431 (0. 00150)	−3. 66470 (0. 00028)	−4. 08889 (0. 00005)

续表

模型	DM_1：1	DM_benchmark	DM ccc	DM dcc	DM accc	DM adcc
Newbold Granger	-5.43499 (0.00000)	-0.58596 (0.55819)	-3.24178 (0.00127)	-3.16582 (0.00165)	-3.65350 (0.00029)	-4.06858 (0.00006)
Winsorized mean	-5.53415 (0.00000)	-1.83709 (0.06685)	-3.21357 (0.00140)	-3.14169 (0.00179)	-3.61645 (0.00033)	-4.07391 (0.00005)
PCA	-5.13761 (0.00000)	1.47016 (0.14221)	-2.89288 (0.00400)	-2.81900 (0.00503)	-3.32804 (0.00095)	-3.94881 (0.00009)
PCA1	-5.35065 (0.00000)	1.63207 (0.10335)	-3.11720 (0.00194)	-3.04324 (0.00248)	-3.51277 (0.00049)	-4.03823 (0.00006)
PLS	-5.24065 (0.00000)	1.52463 (0.12804)	-3.10174 (0.00204)	-3.02940 (0.00259)	-3.50053 (0.00051)	-4.03104 (0.00007)
ccc	-0.19749 (0.84353)	3.14103 (0.00179)	—	0.94529 (0.34501)	-1.92770 (0.05451)	-4.12254 (0.00004)
dcc	-0.40397 (0.68642)	3.06817 (0.00228)	-0.94529 (0.34501)	—	-2.19320 (0.02880)	-4.18196 (0.00003)
accc	0.98772 (0.32381)	3.55468 (0.00042)	1.92770 (0.05451)	2.19320 (0.02880)	—	-4.04641 (0.00006)
adcc	3.24115 (0.00128)	4.05187 (0.00006)	4.12254 (0.00004)	4.18196 (0.00003)	4.04641 (0.00006)	—

（2）子期间的套期保值评估。

个人和机构投资者由于各自特定目的，其套期保值期限可能不同。为此，本章讨论了不同时间跨度的套期保值效果。结合图3-2和表3-4的结果，可以得出结论，均值组合、修剪均值、Winsorized 均值、逆秩、Bates Granger 和 Newbold Granger 等模型的性能优于其他模型。本节比较了这5种模型与传统模型在不同时间段的套期保值性能。例如，选择的时间段为20天，使用式（3-29），估计样本中第1天到第20天的套期保值效率，然后计算第21天到第40天的套期效率，直到计算出最后一个时间段的套期保值效率。本节的四个时间段，D1（20天）、D2（30天）、D3（60天）、D4（90天）如图3-3所示。对于每个时间跨度图，横轴表示时间点，纵轴表示套期保值效率。

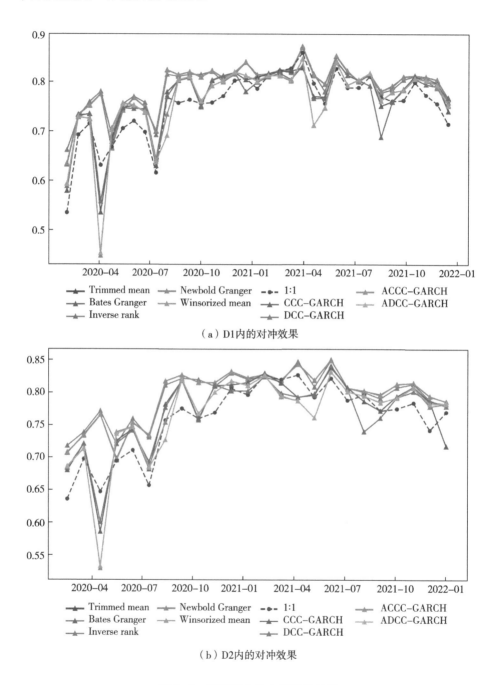

（a）D1内的对冲效果

（b）D2内的对冲效果

图3-3　子区间内的套期保值效果

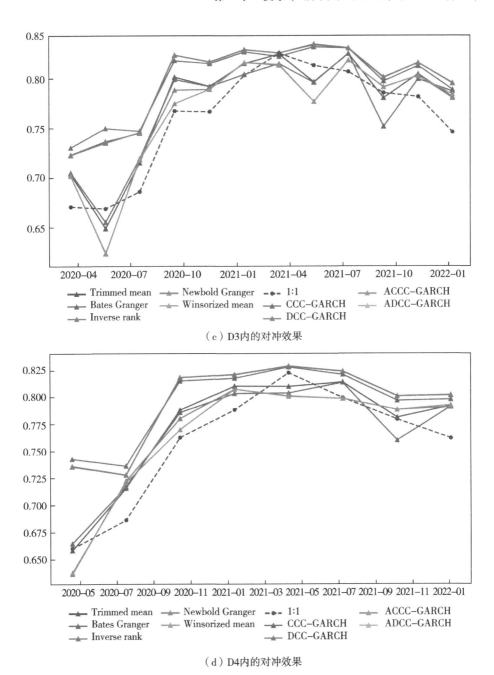

（c）D3内的对冲效果

（d）D4内的对冲效果

图 3-3　子区间内的套期保值效果（续）

从图 3-3 可以发现，在不同的时间跨度内，因素驱动模型的套期保值效率显著高于传统模型。随着时间跨度的增加，因子驱动模型的套期优势更加明显，表明本章提出的套期模型适用于套期期限较长的套期保值者。

3.5.4 稳定性检验

（1）不同市场条件下的模型性能。

为了重新检验因子驱动法在不同市场条件下的稳健性，选取几个样本外时期大幅上涨和下跌的时间段，检验所提出模型的稳健性。下跌跨度为 [2020-01-16，2020-02-03]、[2020-03-05，2020-03-23] 和 [2021-02-10，2021-12-07]（分别称为下跌 1、下跌 2 和下跌 3）。上升跨度为 [2020-02-03，2020-03-05] 和 [2020-03-23，2021-02-10]（分别称为上升 1、上升 2 和上升 3）。在 COVID-19 大流行期间，全球经济和金融活动受到冲击，股票市场经历了大幅波动。该时间跨度提供了一个机会，可以在市场极度波动时期考察不同策略的对冲表现。因此，基于 2020 年 1 月 15 日至 4 月 8 日的样本期进行了稳健性检验。

表 3-7 展示了每个模型在不同市场状态下的套期保值性能。为了从统计学的角度进一步比较不同模型的套期保值效果，对不同模型获得的套期保值效率进行了 MCS 测试，测试结果如表 3-8 所示。需要注意的是，除了呈现研究结果在不同市场条件下的稳健性外，还讨论了波动率模型的稳健性。因此，DCC-IGARCH 和 DCC-TGARCH 族模型也添加到要比较的模型中。

表 3-7 不同模型的对冲效率

模型	Downside 1	Upside 1	Downside 2	Upside 2	Downside 3	COVID-19
1：1	0.5418	0.6285	0.6616	0.7478	0.7916	0.6618
Benchmark	0.6437	0.6838	0.7741	0.7839	0.8158	0.7404
Mean combination	0.6400	0.6822	0.7750	0.7847	0.8158	0.7398
Median combination	0.6452	0.6829	0.7742	0.7838	0.8156	0.7400

续表

模型	Downside 1	Upside 1	Downside 2	Upside 2	Downside 3	COVID-19
Trimmed mean	0.6424	0.6825	0.7749	0.7847	0.8158	0.7399
Winsorized mean	0.6422	0.6825	0.7750	0.7848	0.8158	0.7399
Inverse rank	0.6401	0.6824	0.7752	0.7856	0.8160	0.7402
Bates Granger	0.6401	0.6822	0.7750	0.7847	0.8158	0.7398
Newbold Granger	0.6734	0.6939	0.7917	0.7875	0.8130	0.7471
PCA	0.5771	0.6636	0.7716	0.7840	0.8136	0.7306
PCA1	0.6375	0.6853	0.7717	0.7834	0.8119	0.7396
PLS	0.6389	0.6834	0.7701	0.7837	0.8132	0.7391
CCC-GARCH	0.5813	0.6634	0.5973	0.7656	0.7990	0.6569
DCC-GARCH	0.5920	0.6661	0.6070	0.7636	0.7913	0.6639
ACCC-GARCH	0.5965	0.6629	0.4973	0.7613	0.7938	0.6328
ADCC-GARCH	0.5965	0.6649	0.5023	0.7585	0.7943	0.6343
DCC-IGARCH	0.5914	0.6326	0.6661	0.7648	0.7951	0.6577
DCC-TGARCH	0.5982	0.6661	0.6870	0.7663	0.7977	0.6807

表 3-8　不同市场条件下不同模型套保效率的 MCS 检验

模型	Downside 1		Upside 1		Downside 2		Upside 2		Downside 3		COVID-19	
	Rank	MCS	Rank	MCS	Rank	MCS	Rank	MCS	Rank	MCS	Rank	MCS
1∶1	—		—		—		—		—		—	
Benchmark	3	0.5897	3	1.0000	3	0.1171	9	0.5009	3	0.9975	8	0.5239
Mean combination	5	0.5897	12	0.6064	5	0.1138	11	0.4087	1	1.0000	16	0.2104
Median combination	2	0.5897	7	0.9982	7	0.0920	5	0.6933	8	0.2658	13	0.4664
Trimmed mean	8	0.5897	10	0.6622	4	0.1138	6	0.6316	6	0.8811	10	0.5089
Winsorized mean	10	0.2510	9	0.7725	2	0.1171	7	0.5935	2	0.9999	9	0.5128
Inverse rank	7	0.5897	2	1.0000	8	0.0890	1	1.0000	5	0.9864	3	0.6350
Bates Granger	6	0.5897	8	0.9925	6	0.1138	8	0.5903	4	0.9910	7	0.5499
Newbold Granger	1	1.0000	1	1.0000	1	1.0000	2	0.9999	—	—	1	1.0000
PCA	4	0.5897	6	0.9984	—	—	10	0.4087	9	0.2510	2	0.7114

模型	Downside 1		Upside 1		Downside 2		Upside 2		Downside 3		COVID-19	
	Rank	MCS	Rank	MCS	Rank	MCS	Rank	MCS	Rank	MCS	Rank	MCS
PCA1	11	0.1679	5	1.0000	9	0.0714	4	0.9029	7	0.8811	12	0.4691
PLS	9	0.5055	4	1.0000	10	0.0523	3	0.9029	10	0.0938	14	0.4613
CCC-GARCH	—	—	11	0.6584	—	—	—	—	—	—	15	0.3810
DCC-GARCH	—	—	—	—	—	—	—	—	—	—	4	0.5876
ACCC-GARCH	—	—	—	—	—	—	—	—	—	—	5	0.5876
ADCC-GARCH	—	—	13	0.4929	—	—	—	—	—	—	6	0.5806
DCC-IGARCH	—	—	—	—	—	—	—	—	—	—	—	—
DCC-TGARCH	—	—	—	—	—	—	—	—	—	—	11	0.5076

从表 3-7 和表 3-8 中可以发现，尽管不同状态下的套期保值结果略有不同，但总体结论是一致的，套期保值效果较好的模型是本章提出的套期保值模型，除下行 3 外，Newbold Granger 是套期保值性能最好的模型。上述证据表明，因素驱动的套期保值策略可以始终优于传统的一对一套期保值策略，即基于基准 HAR 模型和传统 GARCH 族模型，并验证了因子驱动套期保值策略的稳健性。此外，研究结果的稳健性也独立于基准波动率模型的选择。换句话说，无论使用什么模型来获得模型驱动的头寸，使用本章提出的因素驱动模型所获得的套期保值效果总是优于低频模型。

（2）美国股市的模型表现。

为了检验上述结果是否可扩展到不同的市场结构，本章进一步证明了所提出的方法在发达市场中的可行性。更具体地说，选择了美国市场标准普尔 500 指数的样本进行稳健性检验（美国标准普尔 500 的高频数据可从网站下载 https://gfis.info/en/home）。数据集的时间段为 2018 年 12 月 24 日至 2022 年 7 月 1 日。与中国市场一致，使用滚动窗口进行样本外分析，滚动窗口大小设置为 120。图 3-3 直观地显示了不同模型对全样本的套期保值效率。

图 3-4 以及表 3-9 和表 3-10 报告了标准普尔 500 指数的样本外预测

性能和套期保值效果评估。图 3-4 直观地显示了不同模型对全样本的套期保值效率。

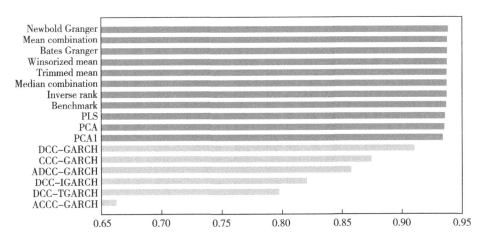

图 3-4　S&P 500 股指整个时间跨度内的套期保值效果

图 3-4 发现，Newbold Granger 模型获得了最好的套期保值效果。考虑内部和外部市场影响的高频波动率模型获得的套期保值效应优于基准模型。相比之下，低频波动率模型得到的套期保值结果并不令人满意。表 3-9 显示了在预测准确性和套期保值有效性方面的结果。与沪深 300 指数类似，从统计角度对整个样本进行了比较分析。

从表 3-9 中可以看出，Newbold Granger 模型在整个样本区间内的性能是一致的，即 Newbold Granger 模型在波动率预测方面具有最高的准确性，在套期保值方面具有最高的效率。表 3-9 中的结果仍然很好地支持了本章的观点，即考虑影响因素的已实现波动率模型优于基准模型，高频波动率模型在套期保值有效性方面优于低频波动率模型。此外，还测试了所提出的模型和方法在不同市场条件下的稳健性，测试结果如表 3-10 所示。

表3-9　S&P 500 股指样本外波动率预测及套期保值效果

模型	Forecasting performance of S&P 500 index spot						Forecasting performance of S&P 500 index futures						Hedging efect evaluation of S&P 500 index					
	α=0.01		α=0.05		α=0.1		α=0.01		α=0.05		α=0.1		α=0.01		α=0.05		α=0.1	
	Rank	MCS	Rank	MCS	Rank	MCS	Rank	MCS	Rank	MCS	Rank	MCS	Rank	MCS	Rank	MCS	Rank	MCS
Benchmark	8	1.00	8	1.00	8	1.00	8	1.00	8	1.00	8	1.00	8	1.00	8	1.00	8	1.00
Mean combination	3	1.00	3	1.00	3	1.00	3	1.00	3	1.00	3	1.00	2	1.00	2	1.00	2	1.00
Median combination	9	1.00	9	1.00	9	1.00	9	1.00	9	1.00	9	1.00	6	1.00	6	1.00	6	1.00
Trimmed mean	6	1.00	6	1.00	6	1.00	7	1.00	7	1.00	7	1.00	5	1.00	5	1.00	5	1.00
Winsorized mean	5	1.00	5	1.00	5	1.00	6	1.00	6	1.00	6	1.00	4	1.00	4	1.00	4	1.00
Inverse rank	2	1.00	2	1.00	2	1.00	2	1.00	2	1.00	2	1.00	7	1.00	7	1.00	7	1.00
Bates Granger	4	1.00	4	1.00	4	1.00	4	1.00	4	1.00	4	1.00	3	1.00	3	1.00	3	1.00
Newbold Granger	**1**	**1.00**	**1**	**1.00**	**1**	**1.00**	**1**	**1.00**	**1**	**1.00**	**1**	**1.00**	**1**	**1.00**	**1**	**1.00**	**1**	**1.00**
PCA	7	1.00	7	1.00	7	1.00	5	1.00	5	1.00	5	1.00	10	1.00	10	1.00	10	1.00
PCA1	11	1.00	11	1.00	11	1.00	10	1.00	10	1.00	11	1.00	11	1.00	11	1.00	11	1.00
PLS	10	1.00	10	1.00	10	1.00	11	1.00	11	1.00	10	1.00	9	1.00	9	1.00	9	1.00
CCC-GARCH	16	0.02	—	—	—	—	14	0.01	—	—	—	—	12	0.14	12	0.15	12	0.14
DCC-GARCH	13	0.03	—	—	—	—	12	0.02	—	—	—	—	13	0.12	13	0.13	13	0.12
ACCC-GARCH	15	0.02	—	—	—	—	13	0.01	—	—	—	—	—	—	—	—	—	—
ADCC-GARCH	14	0.02	—	—	—	—	15	0.01	—	—	—	—	14	0.11	14	0.11	14	0.10
DCC-IGARCH	17	0.02	—	—	—	—	—	—	—	—	—	—	—	—	—	—	—	—
DCC-TGARCH	12	0.05	—	—	—	—	—	—	—	—	—	—	—	—	—	—	—	—

表 3-10 S&P 500 股指不同市场行情下的套期保值效果

模型	Upside 1			Upside 2			COVID-19		
	HE	Rank	MCS	HE	Rank	MCS	HE	Rank	MCS
Benchmark	0.9054	—	—	0.9387	7	0.3759	0.9395	—	—
Mean combination	0.9067	2	1.0000	0.9393	3	0.8828	0.9399	2	1.0000
Median combination	0.9061	—	—	0.9388	8	0.2836	0.9395	—	—
Trimmed mean	0.9066	4	0.9777	0.9391	5	0.7246	0.9397	5	1.0000
Winsorized mean	0.9067	5	0.9737	0.9391	6	0.7241	0.9397	4	1.0000
Inverse rank	0.9063	6	0.9408	0.9388	9	0.1393	0.9391	6	1.0000
Bates Granger	0.9067	3	1.0000	0.9392	4	0.7968	0.9398	3	1.0000
Newbold Granger	0.9097	1	1.0000	0.9402	1	1.0000	0.9401	1	1.0000
PCA	0.9037	7	0.7325	0.9382	—	—	0.9392	—	—
PCA1	0.9026	—	—	0.9361	—	—	0.9366	8	1.0000
PLS	0.9040	8	0.0837	0.9377	2	1.0000	0.9378	7	1.0000
CCC-GARCH	0.8602	—	—	0.8644	—	—	0.8468	—	—
DCC-GARCH	0.9030	—	—	0.9091	—	—	0.8914	—	—
ACCC-GARCH	0.5323	—	—	0.6796	—	—	0.7200	—	—
ADCC-GARCH	0.8425	—	—	0.8577	—	—	0.8613	9	0.0719
DCC-IGARCH	0.8127	—	—	0.8195	—	—	0.8277	—	—
DCC-TGARCH	0.7706	—	—	0.8007	—	—	0.8264	—	—

注：上涨区间和下跌区间分别是 [2019-10-11, 2020-02-20] 和 [2020-03-23, 2022-01-04]，COVID-19 的区间是 [2020-08-01, 2021-03-01]。

表 3-10 中的结果进一步表明，本章构建的波动率预测模型和套期保值方法是稳健的。因此，建议投资者在对冲标普 500 指数风险时采用基于多因素已实现波动率的策略。

综上所述，基于标普 500 样本的结果，仍然可以得出与沪深 300 市场相同的结论。基于不同模型获得的波动性进行套期保值，从评估结果中仍然可以看出，因素驱动的套期保值策略仍然表现最好，Newbold Granger 模型表现最好。在不同的市场情景下，因素驱动的套期保值策略仍然优于基于基准 HAR 模型和传统 GARCH 族模型的策略。

3.6 本章小结

在风险管理实践中，如何确定最优套期保值比率对于投资者和投资组合管理者来说至关重要。本章比较了动态因素驱动的套期保值方法与传统套期保值模型的性能，该方法使用了高频现货和期货价格的信息内容以及广泛的外部因素影响，检验了基准 HAR 模型、传统 GARCH 族模型，以及所提出的对沪深 300 指数期货进行事前动态套期保值的因素驱动模型。以套期保值有效性作为评估标准，在样本外预测期以及不同市场条件下进行了套期保值绩效比较。

结果表明，在总时间跨度和不同的市场结构中，因素驱动模型的动态套期保值性能优于传统方法，本章研究为传统套期保值模型提供了新的线索。例如，将市场内部信息和丰富的外部因素纳入高频数据的已实现指标中，可以提高波动性预测能力和动态套期保值性能。基于最小方差框架下因素驱动模型的套期保值策略在一致性和显著性方面优于传统套期保值策略。本章研究结果对不同的套期保值范围、不同的市场条件（包括异常市场波动和不同的 GARCH 族模型）都是稳健的。

本章的实证结果对股票指数和相关股票的套期保值者等从业者有一些重要影响。与不进行套期保值相比，进行套期保值可以降低现货价格的风险。关于套期保值策略，套期保值率应根据日内高频数据而非每日数据预测的波动率来决定。这是因为日内数据更多地捕捉到了微观市场行为，如果基于每日数据，这些行为将被忽视。从这个角度来看，高频数据是一种可以挖掘的信息资源。建议投资者更多地关注高频数据背后隐藏的市场信息。此外，因子驱动的高频实现波动率模型在预测准确性和套期保值有效性方面都优于基准已实现波动率。这表明在做出决策时，不能忽视内部和外部市场因素，建议投资者考虑尽可能多的因素来影响他们的投资决策。实证结果表明，期货市场在提供对冲价格风险的金融工具方面发挥着重要作用。建议政策制定者和监管机构加强监管，防止过度投机等非理性交易，防控市场风险，确保市场规范平稳运行。同时，还要做好各方面机构的套期保值服务，促进市场交易的流动性。

本章提出的因素驱动模型，不仅具有良好的预测能力，而且在对冲应用中表现良好。建议市场参与者和学术研究人员将该模型用于波动性预测和资产风险规避。本章研究为投资者、风险管理者和研究人员提供了深入的信息。然而，这项研究仍有一些局限性，如主要使用线性计量经济模型，这些模型在捕捉非线性特征方面存在显著不足。因此，可以使用机器学习技术等非线性方法来提高波动率预测和套期保值的有效性。此外，尽管研究使用了来自中国和美国的样本，但所提出的方法在其他国际市场上是否有效仍然值得研究。

本章参考文献

［1］ Johnson L L. The theory of hedging and speculation in commodity futures ［J］. The Review of Economic Studies，1960（27）：139-151.

［2］ Stein J. The simultaneous determination of spot and futures prices ［J］. American Economic Review，1961（51）：1012-1025.

［3］ Lien D D，Tse Y K. Some recent developments in futures hedging ［J］. Journal of Economic Surveys，2002（16）：357-396.

［4］ Dark J. A critique of minimum variance hedging ［J］. Accounting Research Journal，2005（18）：40-49.

［5］ Wang Y，Wu C，Yang L. Hedging with futures：Does anything beat the naïve hedging strategy？［J］. Management Science，2015（61）：2870-2889.

［6］Liu L, Zhang T. Economic policy uncertainty and stock market volatility ［J］. Finance Research Letters, 2015 (15): 99-105.

［7］Chen R, Leistikow D, Wang A. Futures minimum variance hedge ratio determination: An ex-ante analysis ［J］. North American Journal of Economics and Finance, 2019, doi: 10. 1016/j. najef. 2019. 02. 002.

［8］Wang J, Jiang Y, Zhu Y J Y. Prediction of volatility based on real-izedgarch-kernel-type models: Evidence from china and the U. S. ［J］. Economic Modelling, 2020 (91): 428-444.

［9］Wang J, Zhou M, Jin X, Guo X, Qi L, Wa X. Variance minimization hedging analysis based on a time-varying markovian DCC-GARCH model ［J］. IEEE Transactions on Automation Science and Engineering, 2020 (17): 621-632.

［10］Ornelas J, Mauad R. Implied volatility term structure and exchange rate predictability ［J］. International Journal of Forecasting, 2019 (35): 1800-1813.

［11］Luo X, Tao Y, Zou K. A new measure of realized volatility: Inertial and reverse realized semivariance ［J］. Finance Research Letters, 2021 (29): 102658.

［12］Sharma P, Vipul. Forecasting stock market volatility using realized GARCH model: International evidence ［J］. The Quarterly Review of Economics and Finance, 2016 (59): 222-230.

［13］Chen C, Watanabe T, Lin E. Bayesian estimation of realized GARCH-type models with application to _ nancial tail risk management ［J］. Econometrics and Statistics, 2021, doi: 10. 1016/j. ecosta. 2021. 03. 006.

［14］Lai Y, Sheu H. The incremental value of a futures hedge using realized volatility ［J］. The Journal of Futures Markets, 2010 (30): 874-896.

［15］Markopoulou C, Skintzi V, Refenes A. Realized hedge ratio: Predict-ability and hedging performance ［J］. International Review of Financial Analysis,

2016 (45)：121-133.

［16］Qu H, Wang T, Zhang Y, Sun P. Dynamic hedging using the realized minimum-variance hedge ratio approach-examination of the CSI 300 index futures ［J］. Pacific-Basin Finance Journal, 2019 (57) . doi：10. 1016/j. pacfin. 2018. 08. 002.

［17］Zhang W, Gong X, Wang C, Ye X. Predicting stock market volatility based on textual sentiment：A nonlinear analysis ［J］. Journal of Forecasting, 2021 (40)：1479-1500.

［18］Liu Y, Li J S H, Ng A C Y. Option pricing under GARCH models with hansen's skewedt sistributed innovations ［J］. North American Journal of Economics and Finance, 2015 (31)：108-125.

［19］Xu Q, Bo Z, Jiang C, Liu Y. Does google search index really help predicting stock market volatility? evidence from a modied mixed data sampling model on volatility ［J］. Knowledge-Based Systems, 2019 (166)：170-185.

［20］Gong X, Zhang W, Wang J, Wang C. Investor sentiment and stock volatility：New evidence ［J］. International Review of Financial Analysis, (p. 102028) ,2022, doi：10. 1016/J. IRFA. 2022. 102028.

［21］Corsi F. A simple approximate long-memory model of realized volatility ［J］. Journal of Financial Econometrics, 2009 (7)：174-196.

［22］Gong X, Zhang W, Xu W, Li Z. Uncertainty index and stock volatility prediction：Evidence from international markets ［J］. Financial Innovation, 2022 (8)：1-44.

［23］Liu W H. Optimal hedge ratio estimation and hedge e_ectiveness with multivariate skew distributions ［J］. Applied Economics, 2014 (46)：1420-1435.

［24］Zhao L T, Meng Y, Zhang Y J, Li Y T. The optimal hedge strategy of crude oil spot and futures markets：Evidence from a novel method ［J］. International Journal of Finance & Economics, 2019 (24)：186-230.

［25］Castelino M G. Hedge e_ectiveness: Basis risk and minimum-variance hedging ［J］. Journal of Futures Markets, 1992 (12): 187-201.

［26］Hansen P R, Lunde A, Nason J M. The model confidence set ［J］. Econometrica, 2011 (79): 453-497.

［27］Engle R F. Autoregressive conditional heteroscedasticity with estimates of the variance of United Kingdom ination ［J］. Econometrica: Journal of the Econometric Society, 1982: 987-1007.

［28］Ma R, Deng C, Cai H, Zhai P. Does shanghai-hong kong stock connect drive market comovement between Shanghai and Hong Kong: A new evidence ［J］. The North American Journal of Economics and Finance, 2019 (50): 100.

［29］Engle R. Dynamic conditional correlation: A simple class of multivariate garch models ［J］. Journal of Business and Statistics, 2002 (20): 339-350.

［30］Uygur U, Tas O. Modeling the e_ects of investor sentiment and conditional volatility in international stock markets ［J］. Journal of Applied Finance and Banking, 2012 (2): 239.

［31］Li T, Ma F, Zhang X, Zhang Y. Economic policy uncertainty and the Chinese stock market volatility: Novel evidence ［J］. Economic Modelling, 2020 (87): 24-33.

［32］Fang J, Gozgor G, Lau C -K M K M, Lu Z. The impact of Baidu Index sentiment on the volatility of China's stock markets ［J］. Finance Research Letters, 2020 (32): 101099.

［33］Wang Y H, T S J, Aneel K. The relationships between sentiment, returns and volatility ［J］. International Journal of Forecasting, 2006 (22): 109-123.

［34］Yang C, Gong X, Zhang H. Volatility forecasting of crude oil futures: The role of investor sentiment and leverage effect ［J］. Resources Policy, 2019 (61): 548-563.

［35］Zhou G. Measuring investor sentiment ［J］. Annual Review of Financial

Economics, 2018 (10): 239-259.

[36] Huang D, Jiang F, Tu J, Zhou G. Investor sentiment aligned: A powerful predictor of stock returns [J]. The Review of Financial Studies, 2015 (28): 791-837.

[37] Pan Z, Wang Y, Liu L, Wang Q. Improving volatility prediction and option valuation using vix information: A volatility spillover GARCH model [J]. Journal of Futures Markets, 2019 (39): 744-776.

[38] Deeney P, Cummins M, Dowling M, Bermingham A. Sentiment in oil markets [J]. International Review of Financial Analysis, 2015 (39): 179-185.

[39] Liu L, Pan Z. Forecasting stock market volatility: The role of technical variables [J]. Economic Modelling, 2020 (84): 55-65.

[40] Baker S R, Bloom N, Davis S J, Kost K J. Policy news and stock market volatility [J]. Technical Report National Bureau of Economic Research, 2019 (1).

[41] Dutta A, Bouri E, Saeed T. News-based equity market uncertainty and crude oil volatility [J]. Energy, 2021 (222): 119930.

[42] Lin H, Wu C, Zhou G. Forecasting corporate bond returns with a large set of predictors: An iterated combination approach [J]. Management Science, 2018 (64): 4218-4238.

[43] Aiolfi M, Timmermann A. Persistence in forecasting performance and conditional combination strategies [J]. Journal of Econometrics, 2006 (135): 31-53.

[44] Bates J M, Granger C W. The combination of forecasts [J]. Journal of the Operational Research Society, 1969 (20): 451-468.

[45] Newbold P, & Granger C W. Experience with forecasting univariate time series and the combination of forecasts [J]. Journal of the Royal Statistical Society: Series A (General), 1974 (137): 131-146.

［46］Xiu D. Quasi-maximum likelihood estimation of volatility with high frequency data ［J］. Journal of Econometrics，2010（159）：235-250.

［47］Patton A J. Volatility forecast comparison using imperfect volatility proxies ［J］. Journal of Econometrics，2011（160）：246-256.

第4章

非线性风险因子下股票市场风险管理

复杂环境下，市场预期等非基本面因素对短期汇率的解释力度比过去大大增加，成熟货币的特征在人民币上逐渐体现，人民币汇率开始呈现一种非线性随机游走的状态。在此情形下，非线性损益的期权则更适合作为防范风险的工具。本章考虑期权预算约束，建立期权最优动态套期保值模型，研究多标的资产组合的期权套期保值问题。

4.1 引言

对于一般投资者而言，其利用期权套期保值的初衷是有效控制投资风险，使所投资的资产保值升值。例如，现货的需求方最担心的是价格上涨，为了降低价格上涨造成的损失，通常选择买入看涨期权进行套期保值。当现货价格上涨时，期权的盈利能够弥补现货采购成本的增加；当价格下跌时，期权买方放弃行权，降低现货成本的同时保留了利润，此时的最大损失为期权权利金。通过买入期权套期保值甚至可以避免一些期权套期保值失败的案例发生。例如，曾经经历套期保值失败的中信泰富和中国国航两家公司仅仅从保值避险角度出发，出于避免澳元上涨或航油上涨目的，则完全可以购买看涨期权，其最大的损失无非为权利金这一"保险费"。中国国航套期保值失败还有一个主要原因是中国国航航油套期保值量为其年需求量的50%上下，使其实际拥有所需保值量3倍的衍生产品。由此可见，这两家公司的操作均背离了套期保值原则，从而带来了新的敞口风险。因此，如何做出正确的套期保值决策是投资者面临的现实问题。

利用期货管理风险的理论比较成熟，相对而言，期权套期保值相关的研究就显得比较薄弱。Bajo 等（2015）指出，虽然期权被广泛地用于对冲风险[①]，但利用期权套期保值的研究不多。因此，利用期权套期保值在理论方法方面还存在很大的研究空间。

首先，一个现实问题是：既然期货（远期）和期权都可以用于套期保值，那么不同衍生品在套期保值方面的效果如何，孰更占优？这个问题引起了很多学者就期货和期权套期保值效果进行对比研究。Battermann 等（2000）比较了风险厌恶型企业利用期权和期货套期保值的优劣。研究结果显示，期货套期保值效果优于期权。但这一结论又被 Hau（2005）通过反例推翻了。Tien 和 Tse（2002）在最小化下偏矩风险目标下也比较了期权和期货的对冲效率问题。Benninga 和 Oosterhof（2004）在不完全的市场环境下给出了期货和期权无偏的定义，并为期权套期保值提供了条件。

其次，有很多学者在研究期货套期保值问题时主要探讨期货套期保值的完全对冲定理和分离定理这两个著名定理成立的条件。其中完全对冲定理是指当期货市场无偏时，期货头寸与现货头寸相等；分离定理是指利用期货套期保值即可完全对冲现货头寸风险。例如，Battermann 等（2000）推导出最优套期保值比率是资产固有头寸恒定比例的必要条件和充分条件。Wong（2013）证明了当现货和汇率期货市场均存在且无偏时，分离定理是成立的。这意味着没有其他衍生工具比期货更优，即期权是冗余的。但这个结论并不是恒成立的。一方面，当期货市场不是无偏或存在基差时，期权套期保值发挥了作用（Broll 和 Wahl，1998；Broll 等，2015）。

---

① 指已有很多文献研究风险中性对冲策略。

由于期货的价格与标的资产价格呈现线性关系，因此利用期货对冲线性风险是合适的。当存在非线性风险时，学者们针对期权套期保值问题展开了研究。Wong（2003）研究了企业面临汇率风险时两个定理存在的条件，发现当企业的风险暴露呈现凸性时，需要用到期权套期保值。Wong（2015）研究了竞争性出口企业在收益和汇率风险都存在的条件下，无偏期货在企业贸易中的套期保值作用。通过研究发现由于收入受到冲击影响，使分离定理和全对冲定理都不成立。另一方面，认为期货优于期权的相关研究中所面临的风险主要是线性风险。相对于线性衍生工具期货，在对冲非线性风险时非线性的期权具有独特的优势。Lapan 和 Moschini（1995）指出当风险暴露非线性时利用非线性衍生工具可以更有效地对冲风险。Vercammen（1995）研究了偏度价格分布下期权的套期保值问题，指出期权的不对称收益适用于对冲偏度价格风险。Broll 等（2001）通过研究风险由于基差的存在导致汇率现货和期货存在非线性关系，使期权套期保值得以发挥作用。Wong（2002）指出利用期权对冲的一个主要原因是价格和汇率相乘产生了非线性风险。Osaki 等（2017）假设企业的偏好是平滑模糊的，且面临着模糊的价格和背景风险，此时利用期权套期保值是最优的。又如，Wong（2014）研究得出竞争性企业面临的价格和背景风险相关时，期货套期保值的两个定理不成立，利用期权对冲非线性风险是有必要的。Darren（2001）、Topaloglou 等（2011）得出了相同的观点。众所周知，在实际投资实践中，非线性风险是普遍存在的，这为期权套期保值可行性提供了理论支撑条件。

还有一些学者将期权视为一种可投资的金融资产，研究融入期权的投资组合问题。Scheuenstuhl 和 Zagst（2008）基于均值方差和风险缺口偏好研究了融入期权和股票的投资组合问题。Melnikov 和 Smirnov（2012）基于最小化 CVaR 构建期权套期保值策略，研究具有初始财富和成本约束两种情形下的最优套期保值策略。Lin（2012）研究巨灾期权的套期保值过程。Cui 等（2013）等用近似参数 VaR 构建非线性投资组合选择问题。Shackleton 和 Voukelatos（2013）研究 2008 年国际金融危机前后希腊期权市场的对冲效率问题。Carr 等（2014）提出了一种新的定价算子，保证看跌期权平价模型匹配期权的买入和持有策略。Afonso 和 Pedro（2017）在指数期权存在错估的情况下建立期权组合策略。融入期权的投资组合模型也被学者们广泛地应用于实际问题中。如 Willems 和 Morbee（2010）研究市场不完全时期权对电力部门套期保值和投资的影响。Fonseca 和 Gottschalk（2014）分析了两次危机中，信贷衍生品和股票衍生品市场之间能够在多大程度上实现了有效的交叉套期保值。Szolgayová 等（2014）研究风险厌恶型企业利用碳补贴期权作为风险对冲工具，提出 R&D 新的风险管理方法。更多从投资组合角度研究期权套期保值问题的研究可以参考 Mitra（2013）、Daveloose 等（2016）。国内也有学者建立融入期权的投资组合模型。庞淑娟（2013）研究了以期权为基础的投资组合保险问题，通过期权定价来确定风险资产和无风险资产的比例。王蕾顾和孟迪（2013）假设投资对象中包含一个欧式看涨期权，应用随机控制理论探讨了一般保险公司的比例再保险与投资决策问题。王一多和张蜀林（2013）用期权 Delta 值方法构造了基于 B–S 假设的股票期权，并对融入期权的投资组合效果进行实证分析。

值得注意的是，若将期权作为一种特殊的金融资产融入投资组合，随着市场的变化，投资者往往会调整期权和其他被组合的金融资产的头寸以达到预期目标。然而，从现实需求来看，有一种情形是：可能投资者所持有的现货头寸由于某些原因而不能像投资组合资产那样自由地调整头寸，如农业生产中的农产品数量、某企业与国外签订的订单，还有些资产被限制交易或不能完全可分地进行交易等情况下需要通过调整期权头寸来对现货进行套期保值。从这个角度来说，期权套期保值最早被国外学者应用于研究农业生产领域风险管理问题。Aradhyula 和 Choi（1993）研究农业生产不确定情形下期货和期权的套期保值问题。Sakong 等（1993）将期权套期保值应用于对冲农业生产的价格风险。Ahn 等（1997）较早地从一般金融投资者角度研究期权套期保值问题。随后，期权套期保值方法被 Wong 等学者广泛地应用于企业生产和风险管理问题中。例如，Wong 和 Xu

（2010）考虑流动性风险情形下构建了期权套期保值模型。Wong（2012）假设企业的偏好是状态依赖的，构建期权套期保值模型研究期权在对冲非线性风险方面的表现。Wong 和 Yi（2013）建立一个连续时间模型研究风险中性的企业期权套期保值问题。Bajo 等（2015）考虑基差风险，构建期货期权套期保值模型对冲产出和价格风险。Capiński（2015）基于 CVaR最小化研究了融入期权的套期保值问题。国内学者陈荣达和余乐安（2009）提出了一种多元厚尾分布情形下的外汇期权组合非线性 VaR 模型。刘定国（2017）改变期权领域 Delta 套期保值的单一模式，将二元GARCH 族模型和 Copula-GARCH 族模型引入国际棉花期权与期货的套期保值，并对几种套期保值方式进行对比研究。

　　以上这些研究虽然从一般投资者或企业的角度研究了期权套期保值问题，但都是在静态阶段情形下展开研究的。而构建静态套期保值模型的假定前提是模型的相关变量恒定不变，这与实际市场环境是动态变化的事实不符。为了克服静态套期保值模型的不足，动态套期保值模型也就应运而生。

4.2　风险厌恶型效用函数下期权套期保值模型的构建与求解

　　假设投资者是风险厌恶型的，投资者欲保值升值的对象是某个资产的组合，建立多标的组合的期权动态套期保值理论模型。然后证明模型解的唯一存在性，给出期权最优头寸的算法步骤。为此，先给出本章的假设条件：

　　假设 1：假设市场是完备的，$(\Omega, \mathcal{F}, \mathcal{P})$ 为完全滤波空间，$\mathcal{P}$ 为真实概率。在投资期内市场无摩擦且不存在套利机会，不考虑红利的影响。N

个标的资产价格服从随机微分方程如下：

$$\mathrm{d}S_t = I_{S_t} \boldsymbol{\mu}_t \mathrm{d}t + I_{S_t} \boldsymbol{\sigma}_t \mathrm{d}Z_t \tag{4-1}$$

其中，$\mathrm{d}S_t = (\mathrm{d}S_{1t}, \mathrm{d}S_{2t}, \cdots, \mathrm{d}S_{Nt})^T$，$\boldsymbol{\mu}_t = (\mu_{1t}, \mu_{2t}, \cdots, \mu_{Nt})^T$，$\mathrm{d}Z_t = (\mathrm{d}Z_{1t}, \mathrm{d}Z_{2t}, \cdots, \mathrm{d}Z_{Nt})^T$，$I_{S_t}$ 表示对角元素为 $S_{it}(i = 1, 2, \cdots, N)$ 的 $N \times N$ 维的对角阵。Z_{it} 表示标准布朗运动，$\boldsymbol{\sigma}_t$ 为协方差矩阵，假设其可逆。

假设 2：假设市场上每个标的资产都对应存在 N 种期权，且期权市场是无限可分的。

假设 3：在期权套期保值中只考虑买入期权支付期权金的成本约束，不考虑期权交易手续费。

根据假设 1 和假设 2 可得，看跌期权的价格服从随机微分方程如下：

$$\mathrm{d}P_t = \left(I_{\frac{\partial P_t}{\partial S_t}} I_{S_t} \boldsymbol{\mu}_t + \frac{\partial P_t}{\partial t} + \frac{1}{2} \sigma_t^2 I_{S_t^2} \frac{\partial^2 P_t}{\partial S_t^2} \right) \mathrm{d}t + I_{\frac{\partial P_t}{\partial S_t}} \boldsymbol{\sigma}_t I_{S_t} \mathrm{d}Z_t \tag{4-2}$$

其中，$I_{\frac{\partial P_t}{\partial S_t}}$ 表示对角元素为 $\frac{\partial P_{it}}{\partial S_{it}}$ 的对角矩阵。

Harrison 和 Pliska（1981）证明了在市场完备的条件下，存在唯一的等价概率测度 $\mathcal{Q}$，使在无风险折现率下资产价格服从鞅过程。其中测度 $\mathcal{Q}$ 的构建过程如下：

$$\frac{\mathrm{d}\mathcal{Q}}{\mathrm{d}\mathcal{P}} \Big| \mathcal{F} = \alpha_T = \exp\left\{ -\int_0^T (\boldsymbol{\sigma}_t^{-1} \boldsymbol{\eta}_t)^T \mathrm{d}Z_t - \frac{1}{2} \int_0^T | \boldsymbol{\sigma}_t^{-1} \boldsymbol{\eta}_t |^2 \mathrm{d}t \right\} \tag{4-3}$$

为了计算简便，与 Lioui 和 Poncet（2004）类似，假设风险市场价格 $\boldsymbol{\kappa}_t = \boldsymbol{\sigma}_t^{-1} \boldsymbol{\eta}_t$ 是确定的，因此有：

$$\alpha_T = \exp\left\{ -\int_0^T \boldsymbol{\kappa}_t^T \mathrm{d}Z_t - \frac{1}{2} \int_0^T | \boldsymbol{\kappa}_t |^2 \mathrm{d}t \right\} \tag{4-4}$$

由 Gisanov 定理可得随机过程 $Z_t^* = Z_t + \int_0^t \boldsymbol{\kappa}_s \mathrm{d}s$ 在等价鞅测度 $\mathcal{Q}$ 下服从布朗运动。

4.2.1 最优期权套期保值模型

为了对冲现货价格下跌的风险，投资者也可以买进欧式看跌期权进行套期保值。记投资者在 t 时刻持有的期权头寸为 $\boldsymbol{h}_t = (h_1(t)，h_2(t)，\cdots，h_N(t))^T$。设 $\boldsymbol{P}_t = (P_1(t)，P_2(t)，\cdots，P_N(t))^T$ 为 t 时刻期权价格。买入欧式期权进行套期保值时，投资者需要支付期权金。那么，在 $[0，T]$ 内期权总损益为：

$$Y_t = \int_0^t \mathrm{e}^{r(t-s)} \boldsymbol{h}_s^T \mathrm{d}\boldsymbol{P}_t \qquad (4\text{-}5)$$

于是，t 时刻期权套期保值总财富表示为 $W_t = \boldsymbol{D}^T \boldsymbol{S}_t + Y_t - \boldsymbol{P}_t^T \boldsymbol{h}_t$。利用 Itö 引理有：

$$\mathrm{d}Y_t = rY_t \mathrm{d}t + \boldsymbol{h}_t^T \mathrm{d}\boldsymbol{P}_t \qquad (4\text{-}6)$$

由式（4-2）和式（4-6）得到：

$$\mathrm{d}W_t = \left(\boldsymbol{D}^T \boldsymbol{I}_{S_t} \boldsymbol{\mu}_t + rY_t + \boldsymbol{h}_t^T \left(\boldsymbol{I}_{\frac{\partial P_t}{\partial S_t}} \boldsymbol{I}_{S_t} \boldsymbol{\mu}_t + \frac{\partial \boldsymbol{P}_t}{\partial t} + \frac{1}{2} \boldsymbol{\sigma}_t^2 \boldsymbol{I}_{S_t^2} \frac{\partial^2 \boldsymbol{P}_t}{\partial \boldsymbol{S}_t}\right)\right) \mathrm{d}t +$$
$$(\boldsymbol{D}^T \boldsymbol{I}_{S_t} \boldsymbol{\mu}_t \boldsymbol{\sigma}_t + \boldsymbol{h}_t^T \boldsymbol{I}_{\frac{\partial P_t}{\partial S_t}} \boldsymbol{\sigma}_t \boldsymbol{I}_{S_t}) \mathrm{d}\boldsymbol{Z}_t \qquad (4\text{-}7)$$

建立期权最优套期保值模型如下：

$$(\mathrm{P}_1).\begin{cases} \max\limits_{W_T} E^P(U(W_T)) \\ \text{s. t. } E^Q(W_T \mathrm{e}^{-rT}) = W_0 \end{cases} \qquad (4\text{-}8)$$

其中，$W_T = \boldsymbol{D}^T \boldsymbol{S}_T + Y_T - \boldsymbol{P}_T^T \boldsymbol{h}_T$。

假定投资者用于购买期权的最大预算为 C，那么模型（P_1）中可增加期权头寸满足的约束条件为 $\boldsymbol{P}_t^T \boldsymbol{h}_t \leqslant C$。

4.2.2　最优套期保值模型的求解

在求解模型（P_1）之前先证明模型的解是存在的，并且是唯一的。

定理 1：当投资者效用函数满足 $U'(W_T) > 0$，$U''(W_T) < 0$，市场不存在套利机会且是完备时，优化问题如下：

$$(\mathrm{P}_2).\begin{cases} \max E^P(U(W_T)) \\ \text{s. t } E^Q(W_T) = W_0 \end{cases} \qquad (4\text{-}9)$$

存在唯一鞍点和最优解。

证明： 利用拉格朗日乘子法，问题（P_2）可转化成：

（P_3）．$\max L(\lambda, W_T) = E(U(W_T)) - \lambda\{E^Q(W_T) - W_0\}$

若 $\hat{\lambda} > 0$，$\hat{W}_T > 0$ a.s. 且（$\hat{\lambda}$，$\hat{W}_T$）是一个鞍点，则对任意 $\lambda > 0$ 有：

$$E(U(W_T)) - \hat{\lambda}\{E^Q(W_T) - W_0\} \leq E(U(\hat{W}_T)) - \hat{\lambda}\{E^Q(\hat{W}_T) - W_0\}$$
$$\leq E(U(\hat{W}_T)) - \lambda\{E^Q(\hat{W}_T) - W_0\}$$

从而，问题（P_2）的约束条件可转化为：

$$\begin{cases} E^Q(\hat{W}_T) = W_0 \\ E(U(W_T)) \leq E(U(\hat{W}_T)) \end{cases}$$

于是，若（$\hat{\lambda}$，$\hat{W}_T$）是问题（P_2）的一个鞍点当且仅当

$$\begin{cases} E^Q(\hat{W}_T) = W_0 \\ E(U(W_T)) - \hat{\lambda}\{E^Q(W_T) - W_0\} \leq E(U(\hat{W}_T)) - \hat{\lambda}\{E^Q(\hat{W}_T) - W_0\} \end{cases} \qquad (4-10)$$

进一步地，式（4-10）等价于：

$$\begin{cases} E^Q(\hat{W}_T) = W_0 \\ E(U(W_T)) - \hat{\lambda}\dfrac{\mathrm{d}Q}{\mathrm{d}\mathcal{P}}W_T \leq E(U(\hat{W}_T)) - \hat{\lambda}\dfrac{\mathrm{d}Q}{\mathrm{d}\mathcal{P}} \end{cases} \qquad (4-11)$$

定义 U 的对偶函数 V 为：

$$V(y) = \sup_{x>0}[U(x) - xy], \quad y > 0$$

设 F 是函数 U' 的逆函数，于是有 $F = -V'$，则 $U(x)$ 的最大值在 $x = F(y)$ 时达到，即

$$V(y) = U(F(y)) - yF(y)$$

对任意给定的 $\hat{\lambda}$，令 $\hat{W}_T = F\left(\hat{\lambda}\dfrac{\mathrm{d}Q}{\mathrm{d}\mathcal{P}}\right)$，当 $\hat{\lambda} > 0$ 且满足 $E\left[\dfrac{\mathrm{d}Q}{\mathrm{d}\mathcal{P}}F\left(\hat{\lambda}\dfrac{\mathrm{d}Q}{\mathrm{d}\mathcal{P}}\right)\right] = W_0$，即当 $E^Q(\hat{W}_T) = W_0$ 时式（4-11）成立。已知（$\hat{\lambda}$，$\hat{W}_T$）是一个鞍点，则 $\hat{W}_T$ 是问题（P_2）的解。又由 $U''(W_T) < 0$ 可知，效用函数是严凹的。因此，问题（P_2）的鞍点和最优解是唯一的。

根据定理 1 的证明思路，以下给出模型（P_1）的求解步骤：

步骤 1：将约束条件转化为 $\mathcal{P}$ 测度下的等式形式为：

$$E^{Q}(W_{T}e^{-rT}) = E^{P}(\alpha_{T}W_{T}e^{-rT}) = W_{0}$$

步骤 2：构造拉格朗日函数 $L = E(U(W_{T})) + \lambda(W_{0} - \alpha_{T}W_{T}e^{-rT})$，利用拉格朗日乘子法求出 W_{T} 的表达式。

步骤 3：利用等价鞅测度和 $E^{Q}(W_{T}e^{-r(T-t)}) = E^{P}(\alpha_{T}W_{T}e^{-r(T-t)}) = W_{t}$，类似地得到 W_{t} 的表达式。

步骤 4：将步骤 3 得到的 W_{t} 的表达式进行微分得到 dW_{t}，对比 dW_{t} 的表达式和式（4-7）得到期权头寸 $\boldsymbol{h}_{t}$ 的显示表达式。

步骤 5：由于步骤 4 得到的期权头寸是模型（P_{1}）的最优解。又模型（P_{1}）关于决策变量是严凹的，那么具有约束条件 $\boldsymbol{P}_{t}^{T}\boldsymbol{h}_{t} \leqslant C$ 的期权最优套期保值模型的解为 $\boldsymbol{h}_{t}^{*} = \min\left(\boldsymbol{h}_{t}, \dfrac{C}{\boldsymbol{P}_{t}}\right)$。

步骤 6：将步骤 5 计算得到的最优头寸代入目标函数计算套期保值最大效用函数或最大收益。

自此，建立了风险厌恶型投资者利用期权进行套期保值的最优模型，并给出了模型的一般求解步骤。这里需要指出的是，风险厌恶型投资者的效用函数有很多种，但是考虑到等价鞅测度式（4-3）的指数形式，为了推导方便，接下来在负指数效用函数下给出最优套期保值模型的显式解。而又考虑到基于末期财富的负指数效用函数关于末期财富递增，实证部分利用基于效用函数所得到的最优头寸分析收益情况。

4.3　负指数效用函数下期权最优套期保值策略

负指数效用函数广泛地被学者们用于刻画投资者的效用函数。例如，Liu（2004）给出了负指数效用函数下连续时间的最优投资组合策略。Bodnar 等（2015）解释了利用负指数效用函数研究了多阶段投资组合问题。另外，根据等价鞅测度的指数形式，本章选用符合边际效用递减规律的负指数型效用函数作为决策的目标函数来确定套期保值头寸。投资者的目标是最大化期末财富效用，其表达式为 $U(W_T) = -e^{-\gamma W_T}$，$\gamma$ 为投资者的风险厌恶系数，γ 的取值越大，表明投资者风险厌恶程度越高。由于持有多种现货（即持有多种现货组合）的情形是持有一种现货的一般情形，不失一般性，这里假设投资者仅持有一种现货，利用期权对其进行套期保值。以下定理给出了期权最优头寸的显式表达式。

定理 2： 假设投资者打算利用期权套期保值，其效用函数为基于末期财富 W_T 的负指数效用函数 $U(W_T) = -e^{-\gamma W_T}$。若期权套期保值财富过程满足式（4-7），购买期权的预算满足约束条件 $\boldsymbol{P}_t^T \boldsymbol{h}_t \leqslant C$，则使效用函数最大的最优期权套期保值策略为：

$$h_t^* = \min\left(\frac{e^{-r(T-t)}(\mu_t - r) - DS_t \gamma \sigma_t^2}{\dfrac{\partial P_t}{\partial S_t} \gamma \sigma_t^2}, \ \frac{C}{P_t} \right)$$

进一步地，若标的资产价格服从对数正态分布，则 $\dfrac{\partial P_t}{\partial S_t} = e^{-r(T-t)}(N$

$(d_1) - 1)$，$d_1 = \dfrac{\ln\left(\dfrac{S_t}{K}\right) + \left(r + \dfrac{1}{2}\sigma_t^2\right)(T-t)}{\sigma_t \sqrt{T-t}}$。其中，$T$ 为到期日时长，K 为期

权的敲定价格，$N(d_1)$ 表示标准正态分布的分布函数。

证明： 先求出无约束下最优套期保值模型的解。根据 $\mathcal{P}$ 测度与 $\mathcal{Q}$ 等价鞅测度的关系，可以得到 $\mathcal{P}$ 测度下最优套期保值模型为：

$$\begin{cases} \max E^{\mathcal{P}}(-e^{-\gamma W_T}) \\ \text{s. t. } E^{\mathcal{P}}(W_T \alpha_T e^{-eT}) = W_0 \end{cases} \tag{4-12}$$

由鞍点定理及 $U(x) = -e^{-\gamma x}$ 的单调性，式（4-12）刻画的模型的解等价于存在 Lagrange 乘子 $\lambda > 0$，使最优决策是下列问题的解：

$$\max\{ -e^{-\gamma W_T} + \lambda(W_0 - W_T \alpha_T e^{-eT}) \}$$

令 $L = -e^{-\gamma W_T} + \lambda(W_0 - W_T\alpha_T e^{-eT})$，则由 $\dfrac{\partial L}{\partial W_T} = \gamma e^{-\gamma W_T} - \lambda\alpha_T e^{-rT}$ 有：

$$W_T = -\frac{1}{\gamma}\ln\frac{\lambda}{\gamma} + \frac{1}{\gamma}(rT - \ln\alpha_T) \tag{4-13}$$

由等价鞅测度原理可得：

$$W_0 e^{rT} = E^{\mathbb{Q}}(W_T)$$

$$= -\frac{1}{\gamma}\ln\frac{\lambda}{\gamma} + \frac{1}{\gamma}(rT - E^{\mathbb{Q}}(\ln\alpha_T)) \tag{4-14}$$

将式（4-4）代入式（4-14）①，得到：

$$W_0 e^{rT} = -\frac{1}{\gamma}\ln\frac{\lambda}{\gamma} + \frac{1}{\gamma}\left(rT + \frac{1}{2}\int_0^T \kappa_t^2 dt + E^{\mathbb{Q}}\left(\int_0^T \kappa_t dZ_t\right)\right) \tag{4-15}$$

又因为，

$$E^{\mathbb{Q}}\left(\int_0^T \kappa_t dZ_t\right) = E^{\mathbb{Q}}\left(\int_0^T \kappa_t (dZ_t^* - \kappa_t dt)\right)$$

$$= E^{\mathbb{Q}}\left(\int_0^T \kappa_t dZ_t^* - \int_0^T \kappa_t^2 dt\right)$$

而在 $\mathbb{Q}$ 测度下 $E^{\mathbb{Q}}\left(\int_0^T \kappa_t dZ_t^*\right) = 0$，所以式（4-15）的等价形式为：

$$W_0 e^{rT} = -\frac{1}{\gamma}\ln\left(\frac{\lambda}{\gamma}\right) + \frac{1}{\gamma}\left(rT - \frac{1}{2}\int_0^T \kappa_t^2 dt\right) \tag{4-16}$$

结合式（4-13）和式（4-16）有：

$$W_T = W_0 e^{rT} + \frac{1}{\gamma}\int_0^T \kappa_t dZ_t^*$$

类似地，在 t 时刻利用等价鞅测度有 $W_t e^{rt} = E^{\mathbb{Q}}(W_T e^{rT} \mid \mathcal{F}_t)$，从而有：

$$W_t = e^{r(T-t)} E^Q(W_T \mid \mathcal{F}_t)$$

$$= e^{r(T-t)} E^Q\left(W_0 e^{rT} + \frac{1}{\gamma}\left(\int_0^t \kappa_s dZ_s^* + \int_t^T \kappa_s dZ_s^*\right) \mid \mathcal{F}_t\right)$$

$$= e^{r(T-t)}\left(W_0 e^{rT} + \frac{1}{\gamma}\left(\int_0^t \kappa_s dZ_s^* + E^Q \int_t^T \kappa_s dZ_s^*\right) \mid \mathcal{F}_t\right)$$

---

① 这里取对数运算显示出选择负指数效用函数的优点。

$$= \mathrm{e}^{r(T-t)} \left(W_0 \mathrm{e}^{rT} + \frac{1}{\gamma} \int_0^t \kappa_s \mathrm{d}Z_s^* \right)$$

因此，t 时刻的财富可以表示如下：

$$W_t = W_0 \mathrm{e}^{rt} + \frac{r}{\gamma} \mathrm{e}^{-r(T-t)} \int_0^t \kappa_s \mathrm{d}Z_s^* \tag{4-17}$$

对式（4-17）微分可得：

$$\mathrm{d}W_t = \left(W_0 r \mathrm{e}^{rt} + \frac{r}{\gamma} \mathrm{e}^{r(T-t)} \int_0^t \kappa_s \mathrm{d}Z_s^* + \kappa_t^2 \right) \mathrm{d}t + \frac{1}{\gamma} \mathrm{e}^{r(T-t)} \kappa_t \mathrm{d}Z_t \tag{4-18}$$

根据一价定律有：若市场不存在套利机会，则两种初始财富和风险相同的最优策略的期望收益相同。通过对照式（4-7）和式（4-18）的第二项得到 t 时刻期权最优套期保值头寸为：

$$h_t = \frac{\dfrac{\mathrm{e}^{r(T-t)}(\mu_t - r)}{S_t \gamma \sigma_t^2} - D}{\dfrac{\partial P_t}{\partial S_t}}$$

又因为最优套期保值模型关于决策变量是严凹的，所以具有约束条件 $P_t^T h_t \leqslant C$ 的期权最优套期保值策略的显式表达式如定理 2 所示。特别地，当标的资产价格服从对数正态分布时，$\dfrac{\partial P_t}{\partial S_t}$ 即为 BS 公式中的希腊字母 Delta 值。

4.4 实证分析

上证 50ETF 期权是我国国内第一只正式交易的场内期权，利用其套期保值的效果如何，是学者们关心的一个热点问题。结合上证 50ETF 期权开展套期保值研究有利于为研究未来将被推出的其他品种期权的风险管理问题提供理论和实践参看。因此，本节利用华夏上证 50ETF 及与之对应的上证 50ETF 期权数据进行实证分析，研究期权套期保值的效果，并分析模型参数和购买期权的预算对套期保值策略的影响。为了检验模型的鲁棒性，通过增大标的资产价格波动率，检验期权在对冲市场风险方面的套期保值效果。具体计算步骤如下：

步骤 1：选取实证分析数据，对数据进行同步化处理。

步骤 2：建立 GARCH 族模型一步滑动预测模型参数。

步骤 3：根据定理 2 得到每个时刻持有的期权头寸 h_i。

步骤 4：对于期权套期保值而言，期初以 p_1 买入 h_1 份看跌期权。到 $t=2$ 时刻，持有期权头寸为 h_2。当 $h_2 > h_1$ 时，表示以 p_2 又买入 $h_2 - h_1$ 份看跌期权。反之，则卖出 $h_2 - h_1$ 份看跌期权。如此下去，可以计算出套期保值期间期权交易的损益。

步骤 5：到期日时若期权为实值期权，则期权套期保值总损益为步骤 4 期权交易总损益加上 $(K - S_T) h_T$。

4.4.1　数据的选取与处理

我国目前正式上市的金融类期权只有上证 50ETF 期权一个品种。根据数据的可得性，本章选择上证 50ETF 期权进行实证分析。在研究过程中需要解决的一个问题是期权定价问题。若标的资产价格服从对数正态分布，则期权价格可以利用 BS 公式求出。经检验发现上证 50ETF 在 2015 年 4 月 15 日至 9 月 23 日的价格服从对数正态分布。因此，为了计算方便，选取这段时间的上证 50ETF、认沽期权（1000040，简称期权 40）的日交易数据进行实证分析。取无风险利率 $r = 1.87\%$，到期日 $T = 108$ 天。用于实证分析的数据取自 Wind 数据库。

4.4.2　参数一步滑动预测

在最优套期保值策略显式表达式中，标的资产收益率和波动率是两个重要的参数。波动率的预测模型主要有 Engle 提出的自回归条件异方差

（ARCH）模型，计算时间序列在每一时刻的条件方差，得到动态波动率。已有很多学者提出了推广的 GARCH 族模型。例如，Zhou（2015）通过实证对比研究了各种套期保值模型的效率。Dark（2015）提出了 FIEGARCH 和 FIAPARCH 模型。谢赤等（2013）采用中国市场现货价格和期货价格数据，对比分析几种 GARCH 族模型套期保值效果。虽然这些学者对 GARCH 族模型进行了推广，但是并不意味着传统的 GARCH 族模型就失去使用价值。郑振龙和黄薏舟（2010）通过研究发现，在预测期限较短时，GARCH（1，1）模型所含信息较多。本章研究的套期保值时间区间为 108 天，属于短期建模。因此，实证部分选取上证 50ETF 标的从 2011 年 1 月 4 日到 2015 年 9 月 23 日的 1148 个历史数据，通过 GARCH 族模型一步滑动预测出标的资产波动率和收益率。为此，先检验 GARCH 族模型的适用性。通过对数据对数化得到上证 50ETF 的对数收益率如图 4-1 所示。

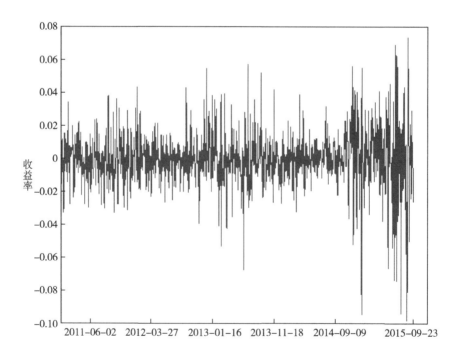

图 4-1　上证 50ETF 标的对数收益率

从图 4-1 可以看出，上证 50ETF 对数收益率呈现出典型的聚集性。考虑采用 GARCHA 模型进行波动率建模。图 4-2 描述了 GARCH（1，1）模型拟合的条件标准差和标准差。

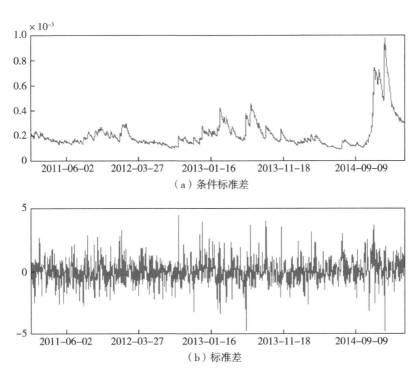

（a）条件标准差

（b）标准差

图 4-2　GARCH（1，1）模型拟合的标准差和残差

为了进一步说明 GARCH（1，1）模型的适用性，表 4-1 给出了上证 50ETF 波动率利用 GARCH（1，1）模型建模的参数估计及统计分析结果。

表 4-1　GARCH（1，1）参数估计及统计分析[①]

参数	估计值	标准差	统计量	p 值	Q 统计
C	4. 365e-5	3. 983e-4	Ljung	0. 2	14. 067

① 表格中数值 ab±c 表示 $a \times b^{\pm c}$，下同。

续表

参数	估计值	标准差	统计量	p 值	Q 统计
K	2.28e−6	7.081e−7	Engles	0.394	18.307
GARCH	0.943	0.008			
ARCH	0.051	0.007			
LLF	3.227e+3				
AIC	−6.445e+3				
BIC	−6.426e+3				

由表 4−1 发现，利用 Ljung−Box 检验和 Engle−检验显示 GARCH（1，1）模型拟合的残差在置信度 5% 下不能拒绝原假设。通过最大似然估计出的模型参数是显著的。于是，GARCH（1，1）模型可用于本章所选取研究区间内预测上证 50ETF 波动率，并且根据参数的估计结果得到所建立的模型如下：

$$\sigma_t^2 = 2.28e{-}6 + 0.051 \times \varepsilon_{t-1}^2 + 0.943 \times \sigma_{t-1}^2$$

在决策过程中，除计算波动率外，更重要的是预测未来的波动率。通过测试发现虽然 GARCH 族模型在波动率拟合上效果较好，但一般利用 GARCH 族模型多步预测波动率效果较差，而一步预测的精度较高。为了检验利用 GARCH（1，1）模型对波动率进行一步预测的效果，基于 2011 年 1 月 4 日至 2015 年 4 月 14 日的历史数据为样本，2015 年 4 月 15 日至 9 月 23 日的数据为检验样本，用 EVIEW5 软件得到 GARCH 族模型拟合的波动率和用一步滑动预测法预测的波动率进行对比，如图 4−3 所示。

从图 4−3 可以看出，基于 GARCH 族模型一步滑动预测上证 50ETF 波动率的效果较好。进一步地，经检验发现在实证分析选取的时间区间内，标的资产上证 50ETF 的价格服从对数正态分布[1]，从而可以基于 GARCH（1，1）模型一步滑动结果结合 BS 公式进而预测期权价格。

---

[1] 标的资产价格服从对数正态分布虽然是一个较高的要求，但本章选取的样本时间区间内，刚好标的资产的价格服从对数正态分布。这样就可以直接利用 BS 公式求出期权价格，从而避免了复杂的期权定价问题。

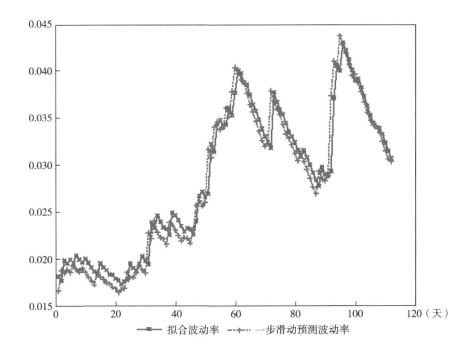

图 4-3　波动率拟合与一步滑动预测对比

4.4.3　实证结果分析

假设投资者当前持有 1000 股上证 50ETF 股票，担心价格下降造成损失，他打算卖出买入看跌期权进行套期保值。投资的初始时刻为 2015 年 4 月 15 日，此时标的价格为 3.15 元。投资期末时刻为 2015 年 9 月 23 日，标的价格为 2.18 元，标的资产价格恰好处于一个下跌过程，在这样的一个时间区间内研究期权套期保值问题正好可以体现期权对冲风险的作用。如果不进行套期保值，投资者将损失 965 元，损失近 31%。由于负指数效用函数关于财富单调递增，所以利用模型所得到的最优期权头寸也可用于分析期权套期保值收益情况。先取定期权预算占资产当前值的 10%，即为 427.95 元，以下分析不同风险厌恶系数下到期日时投资者的损益情况如图 4-4 所示。

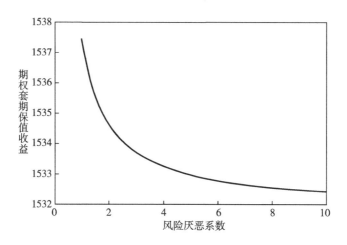

图4-4　不同风险厌恶系数下投资者利用期权套期保值效果

从图4-4中不难看出，不管投资者的风险厌恶系数多少，期权套期保值都带来了较大的正收益。相对于不套期保值损失965元而言，利用期权进行套期保值都达到了降低现货损失的目的。并且，期权套期保值收益随着风险厌恶系数的增加而减少。为了研究期权预算对套期保值的影响，取风险厌恶系数 $\gamma=1$[①]，通过改变期权预算得到期权预算对收益的影响如图4-5所示。

从图4-5中可以看出，随着期权预算的增加，期权套期保值的收益基本上呈增加趋势，这意味着随着预算的增加，期权套期保值的收益增大。因此，建议预算较多的投资者选择期权套期保值。

持有现货头寸的投资者套期保值的一个主要目的是规避现货价格下跌风险。显然，当标的资产价格波动增大时，对投资者而言风险增大。此时更能检验期权套期保值的作用。因此，接下来通过增加现货波动率模拟金融危机研究期权套期保值效果，如图4-6所示。其中，"+0"表示标的资产固有波动率；"+0.01"表示在标的资产固有波动率的基础上增加0.01；如此类推到"+0.04"的情形。

---

① 经检验，风险厌恶系数分别取1、2、5、10，分析结果类似。

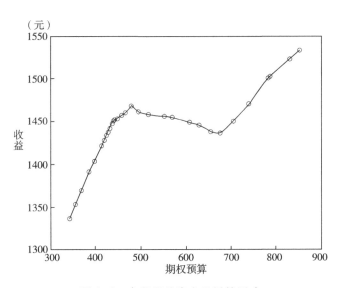

图 4-5　套期保值资金总量的影响

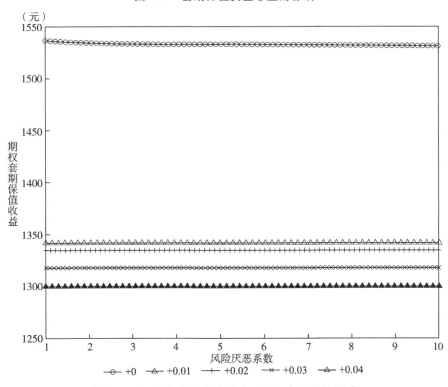

图 4-6　标的资产价格波动率对期权套期保值影响

从图 4-6 中可以发现，随着标的资产价格波动的增大，期权套期保值收益减少[①]。这是因为当标的资产价格波动增大时，期权价格增大，使购买期权的成本增加，导致期权套期保值的收益有所下降，但仍然能带来正的收益，发挥了套期保值的作用。

4.5　本章小结

期权动态套期保值要求投资者根据市场变化选择一个随市场情况变化的、重新平衡的期权头寸对冲风险，以便最大化基于终端财富的期望效用。解决此问题通常采用的方法是利用价值函数求解 Hamilton-Jacobi-Bellman 方程，但获取最优套期保值头寸显式表达式比较困难。已有的研究尚缺乏针对多标的组合的期权套期保值的研究。事实上，投资者打算保值升值的对象可能是单一资产，也可能是多个资产的组合。此外，在期权套期保值中，期权购买成本是影响投资者收益的一个不容忽视的因素。需要说明的是，本章实证部分利用上证 50ETF 期权开展研究，标的资产为上证 50 交易型开放式指数证券投资基金。它的本质是多标的的组合，只是这个组合的价格最后通过标的物合成的指数形式体现。因此，似乎看起来与本章所研究的多标的组合套期保值情形有区别，但这并不影响对本章所构建模型的检验。本章在求解期权最优头寸时，每个标的所对应的期权头寸被认为是独立的，因此可以通过求解每一个标的资产对应的期权头寸最后得到对冲标的组合风险的期权头寸。故本章的实证部分直接采用上证 50ETF 指数作为一个标的资产开展研究，对于其他多品种标的组合问题可以采取逐个求解的办法解决问题。基于以上考虑，本章基于购买期权支付的期权金

---

① 由于数据量级问题，导致图中变化不大，而实际数据是递减的。

预算约束，建立了风险厌恶型效用函数下期权最优套期保值模型，研究多标的组合的风险管理问题。利用等价鞅测度证明了期权最优套期保值模型解的存在性和唯一性。借助 GARCH 族模型一步滑动预测模型参数，进而得到负指数效用函数下期权套期保值策略的显示表达式。最后对上证 50ETF 期权套期保值效果进行实证分析。研究结果表明，若不采取套期保值措施，投资者将面临投资损失（负收益），而利用期权套期保值得到了较好的风险对冲效果。因此，投资者在规避上证 50ETF 价格下跌风险时可以利用上证 50ETF 期权进行套期保值。通过模拟金融危机场景，发现即使在现货波动率较大时利用期权套期保值同样可以获得较大的正收益。这体现了期权套期保值在标的价格波动增大时能提高投资收益以及在对冲投资风险方面的实际作用。

本章参考文献

［1］Bajo E, Barbi M, Romagnobi S. A generalized approach to optimal hedging with option contracts ［J］. The European Journal of Finance, 2015, 21 (9)：713-733.

［2］Battermann H L, Braulke M, Broll U. The preferred hedge instrument ［J］. Economics Letter, 2000 (66)：85-91.

［3］Hau A. A note on the preferred hedge instrument ［A/OL］. Retrieved from Lingnan University. website：http：//commons. ln. edu. hk/ hkibswp/95, 2005.

［4］Lien D, Tse Y K. Hedging downside risk：Futures vs. options ［J］. International Review of Economics & Finance, 2002, 10 (2)：159-169.

［5］Benninga S Z, Oosterhof C M. Hedging with forwards and puts in complete and incomplete markets ［J］. Journal of Banking & Finance, 2004, 28 (1)：1-17.

［6］Wong K P. International trade and hedging under joint price and exchange rate uncertainty ［J］. International Review of Economics and Finance, 2013, 27 (2)：160-170.

［7］Broll U, Wahl J E. Missing risk sharing markets and the benefits of cross-hedging in developing countries ［J］. Journal of Development Economics, 1998, 55（1）: 43-56.

［8］Broll U, Welzel P, Wong K P. Futures hedging with basis risk and expectation dependence ［J］. International Review of Economics, 2015, 62（3）: 213-221.

［9］Wong K P. Currency hedging with options and futures ［J］. European Economic Review, 2003, 47（5）: 833-839.

［10］Wong K P. Export and hedging decisions under correlated revenue and exchange rate risk ［J］. Bulletin of Economic Research, 2015, 67（4）: 371-381.

［11］Lapan H E, Moschini G. The hedging role of options and futures under joint price, basis, and production risk ［J］. International Economic Review, 1995, 36（4）: 1025-1049.

［12］Vercammen J. Hedging with commodity options when price distributions are skewed ［J］. American Journal of Agricultural Economics, 1995, 77（4）:935-945.

［13］Broll U, Chow K W, Wong K P. Hedging and nonlinear risk exposure ［J］. Oxford Economic Papers, 2001, 53（2）: 281-296.

［14］Wong K P. Production decisions in the presence of options: A note ［J］. International Review of Economics & Finance, 2002, 11（1）: 17-25.

［15］Osaki Y, Wong K P, Yi L. Hedging and the competitive firm under ambiguous price and background risk ［J］. Bulletin of Economic Research, 2017, 69（4）: 307-318.

［16］Wong K P. Hedging and the competitive firm under correlated price and background risk ［J］. Decisions in Economics & Finance, 2014, 37（2）: 329-340.

［17］Darren L F. The demand for hedging with futures and options

［J］. The Journal of Futures Markets, 2001, 21 (8): 693-712.

［18］ Topaloglou N, Vladimirou H, Zenios S A. Optimizing international portfolios with options and forwards ［J］. Journal of Banking & Finance, 2011, 35 (12): 3188-3201.

［19］ Scheuenstuhl G, Zagst R. Integrated portfolio management with options ［J］. European Journal of Operational Research, 2008, 185 (3): 1477-1500.

［20］ Melnikov A, Smirnov I. Dynamic hedging of conditional value-at-risk ［J］. Insurance Mathematics & Economics, 2012, 51 (1): 182-190.

［21］ Lin H J. Hedging processes for catastrophe options ［J］. Journal of the Korean Statistical Society, 2012, 41 (4): 491-504.

［22］ Cui X, Zhu S, Sun X, et al. Nonlinear portfolio selection using approximate parametric Value-at-Risk ［J］. Journal of Banking & Finance, 2013, 37 (6): 2124-2139.

［23］ Shackleton M B, Voukelatos N. Hedging efficiency in the Greek options market before and after the financial crisis of 2008 ［J］. Journal of Multinational Financial Management, 2013, 23 (1-2): 1-18.

［24］ Carr P, Fisher T, Ruf J. On the hedging of options on exploding exchange rates ［J］. Finance & Stochastics, 2014, 18 (1): 115-144.

［25］ Afonso F J, Pedro S C. Optimal option portfolio strategies: Deepening the puzzle of index option mispricing ［J］. Journal of Financial & Quantitative Analysis, 2017, 52 (1): 277-303.

［26］ Willems B, Morbee J. Market completeness: How options affect hedging and investments in the electricity sector ［J］. Energy Economics, 2010, 32 (4): 786-795.

［27］ Fonseca J D, Gottschalk K. Cross-hedging strategies between CDS spreads and option volatility during crises ［J］. Journal of International Money & Finance, 2014 (49): 386-400.

［28］Szolgayová J, Golub A, Fuss S. Innovation and risk-averse firms: Options on carbon allowances as a hedging tool ［J］. Energy Policy, 2014, 70（70）: 227-235.

［29］Mitra S. Operational risk of option hedging ［J］. Economic Modelling, 2013, 33（2）: 194-203.

［30］Daveloose C, Khedher A, Vanmaele M. Robustness of quadratic hedging strategies in finance via Fourier transforms ［J］. Journal of Computational & Applied Mathematics, 2016（296）: 56-88.

［31］庞淑娟. 基于期权的投资组合保险模型研究 ［D］. 中国科学院大学, 2013.

［32］王蕾顾, 孟迪. 最优再保险与投资决策: 财富最大化和套期保值的选择 ［J］. 系统管理学报, 2013, 22（6）: 783-790.

［33］王一多, 张蜀林. 我国股票市场期权式交易策略研究 ［C］. 中国管理科学学术年会, 2013.

［34］Aradhyula S V, Choi E K. Production, hedging and speculative decisions with options and futures markets ［J］. American Journal of Agricultural Economics, 1993, 75（3）: 745-747.

［35］Sakong Y, Hayes D, Hallam A. Hedging production risk with options ［J］. American Journal of Agricultural Economics, 1993, 75（2）: 408-415.

［36］Ahn D H, Boudoukh, Richardson M, Whitelaw R F. Optimal risk management using options ［R］. NBER Working Paper, No. 6158, 1997.

［37］Wong K P, Xu J. Liquidity risk and the hedging role of options ［J］. Journal of Futures Markets, 2010, 26（8）: 789-808.

［38］Wong K P. Production and hedging under state-dependent preferences ［J］. Journal of Futures Markets, 2012, 32（10）: 945-963.

［39］Wong K P, Yi L. Irreversibility, mean reversion, and investment timing ［J］. Economic Modelling, 2013, 30（30）: 770-775.

［40］Capiński M J. Hedging conditional value at risk with options ［J］. European Journal of Operational Research，2015，242（2）：688-691.

　　［41］陈荣达，余乐安. 多元混合正态分布情形下的外汇期权组合非线性 VaR 模型［J］. 系统工程理论与实践，2009，29（12）：65-72.

　　［42］刘定国. 国际棉花期权与期货套期保值模型选择［J］. 经济与管理研究，2017，38（3）：61-71.

　　［43］Harrison M，Pliska S. Martingales and stochastic integrals in the theory of continuous trading［J］. Stochastic Processes and Their Applications，1981，11（3）：215-260.

　　［44］Lioui A，Poncet P. General equilibrium real and nominal interest rates ［J］. Journal of Banking & Finance，2004，28（7）：1569-1595.

　　［45］Liu H. Optimal consumption and investment with transaction costs and multiple risky asset［J］. Journal of Finance，2004，59（1）：289-338.

　　［46］Bodnar T，Parolya N，Schmid W. On the exact solution of the multi-period portfolio choice problem for an exponential utility under return predictability ［J］. European Journal of Operational Research，2015，246（2）：528-542.

　　［47］Zhou J. Hedging performance of REIT index futures：A comparison of alternative hedge ratio estimation methods ［J］. Economic Modelling，2015（52）：690-698.

　　［48］Dark J. Futures hedging with Markov switching vector error correction FIEGARCH and FIAPARCH ［J］. Journal of Banking and Finance，2015，61（2）：269-285.

　　［49］谢赤，屈敏，王纲金. 基于 M-Copula-GJR-VaR 模型的黄金市场最优套期保值比率研究［J］. 管理科学，2013，26（2）：90-99.

　　［50］郑振龙，黄薏舟. 波动率预测：GARCH 族模型与隐含波动率［J］. 数量经济技术经济研究，2010（1）：140-150.

第 5 章

基于 Copula-GARCH 方法的交叉汇率风险管理

复杂国际环境下，交叉汇率风险成为我国企业的避险新难题。本章针对进出口贸易中汇率风险管理问题，利用 Copula-GARCH 方法，基于改进的下偏矩风险测度（LPM）提出交叉汇率期权套期保值模型。

5.1 引言

外汇风险又称为汇率风险，即因外汇市场变动引起汇率变动，导致以外币计价的资产遭受损失的风险，其受险主体主要有从事对外经济、贸易、投资及金融服务的企业、企业组织、个人及国家外汇储备的管理与营运部门等。这些主体的经营活动受汇率的影响较大。Choi 和 Prasad（1995）以及 Bodnar 和 Wong（2003）通过研究发现，企业国际化程度和外汇风险之间存在正相关关系。Ito 等（2016）调查研究了日本企业风险暴露与汇率的关系，发现当外汇风险敞口更大时企业更依赖于国外市场的销售。在我国，自 2015 年 8 月人民币汇率中间价形成机制建立以来，人民币进入了新一轮的持续贬值进程。汇率波动引起了企业以外币计价的资产与负债以及未来的经营价值上涨或下降存在很大的不确定性。伴随着汇率市场的波动，未来人民币汇率走势仍不明朗，进出口企业唯有提高汇率风险意识并选择合适的方式对冲风险，加强汇率风险管理才能降低汇率风险带来的损失。

在汇率风险管理方法的相关研究中，学者们提出利用汇率衍生品可以对冲汇率风险。Allayannis 和 Ofek（2001）研究发现，外汇衍生品使用与外汇风险敞口显著负相关，这表明企业的外汇风险对冲交易会平抑外汇风险敞口。Aabo 和 Ploeen（2014）认为高度国际化的企业可通过业务多元化和经营对冲的手段降低运用外汇衍生品进行风险对冲的需求。我国学者斯文深入研究了外汇风险对冲对进口和出口贸易的影响。在进口方面，斯文（2013）利用 Johansen 协整检验发现进口规模、外汇衍生品交易量与人民币汇率之间存在长期均衡关系。在出口方面，斯文（2013）通过构建模型研究发现我国出口贸易受到外汇衍生品使用的正向影响。在汇率风险对冲实践中，汇率期货和期权是两个常用的套期保值衍生工具。Bodnar 和 Gebhardt（1999）通过调查研究发现，越来越多的外贸企业倾向于利用汇率期货或期权套期保值转移汇率风险。尹力博和韩立岩（2014）也表示人民币外汇期权将切实为需求者规避汇率风险服务，为强化外汇市场流动性和市场预期提供有效的操作工具。将汇率期货作为套期保值工具对冲外汇风险的研究较多，如 Adam-Muller（1997）假设可对冲的汇率风险和不可对冲的价格风险正交，建立了汇率期货套期保值模型。Wong（2013）在汇率期货和商品期货市场不同完整性情形下，建立期货套期保值模型对冲出口企业面临的汇率和价格风险。利用汇率期货套期保值的更多研究可以参考马超群和王宝兵（2011）、余湄等（2014）的文献。Benet 和 Luft（1995）以及 Lien 和 Tse（2001）通过实证研究得出期货套期保值优于期权套期保值的结论，但这并不意味着期权就不适用于套期保值。主要原因是，认为期货套期保值优于期权套期保值的相关研究中所涉及的风险是线性的，期货作为线性对冲工具更适合用于对冲线性风险。而期权作为非线性对冲工具更适合用于对冲非线性风险。例如，Wong（2003）将 Adam-Muller 的模型做了进一步的推广，考虑可对冲的汇率风险和不可对冲的价格风险负相关，研究了出口公司同时面临汇率风险和价格风险时期权最优套期保值决策问题。Wong（2012）指出两种不确定性来源以相乘形式出现导致了收益函数有曲率，即产生非线性风险。在这种情形下，利用非线性工具期权进行套期保值效果比期货套期保值更优越。本章研究出口价格随机、汇率也随机的情形下企业的套期保值问题。因此，企业面临的风险也是非线性的，而且利用期货套期保值存在因逐日盯市交易制度所带来的追加保证金不足风险。廖萍康等（2013）指出过高的备用保证金束缚了资金的利用，增加投资者的机会成本，而过低的备用保证金则可能会给投资者带来损失。若买入期权进行套期保值则可以回避逐日盯市风险。基于以上分析，本章建立出口企业汇率期权套期保值模型，研究企业最优出口生产策略和期权头寸等问题。

套期保值组合本质上是含有衍生品的投资组合。组合中的资产关系不一定呈线性关系，需要采用合理的方法度量各资产收益实际分布的相关性。Copula 函数是常用的连接函数，它能把多维随机变量的联合分布通过其一维边际分布连接起来。Copula 函数的研究起源于 Sklar（1959），而韦艳华和张世英（2008）对 Copula 函数进行了详细的介绍。近年来，Copula得到了广泛的研究和应用。Chen 和 Tu（2013）利用条件 Copula 估计套期保值组合的 VaR。Rivieccio 和 Luca（2016）利用经典的 Copula 模型得到基于期望收益和方差的 VaR。Domino 和 Blachowicz（2015）利用 Copula 函数建立国际股票风险投资模型。本章利用 Copula 函数刻画出口价格与汇率之间的相关关系，建立期权套期保值模型。不同于多元 Copula 函数的处理方法，本章用一元函数表示套期保值组合的分布函数。这种处理方法降低了计算的复杂度。

套期保值的一个主要目的是控制和对冲风险。很多学者在不同的风险测度下研究了期权套期保值问题。Ahn 等（1999）基于最小化 VaR 得到了期权套期保值最优头寸的显示表达式。但 VaR 不是一致性测度从而不满足次可加性。为了克服这个问题，Melnikov 和 Smirnov（2012）建立基于

CVaR 的期权套期保值模型。Capinski（2015）考虑了标的与期权的线性组合风险对冲问题，提出看跌期权对冲股票的 CVaR 风险，并将问题转化为线性规划问题进行求解。Bajo 等（2014）研究了企业利用期权套期保值问题，基于最小化 CVaR（也称为 ES）得到最优套期保值策略。不同于已有研究的模拟计算法，本章推导出 CVaR 的解析式，并进一步解析给出模型参数的灵敏度分析。

5.2　交叉汇率期权对冲模型

5.2.1　Copula 函数及其性质

Sklar 定理：令 $F(x_1, x_2)$ 为具有边缘累积分布函数 $F_1(x_1)$ 和 $F_2(x_2)$ 的二维联合累积分布函数，则存在一个 Copula 函数 $C(u_1, u_2)$ 将联合分布函数 $F(x_1, x_2)$ 与其边缘分布函数 $F_1(x_1)$ 和 $F_2(x_2)$ 连接起来：

$$F(x_1, x_2) = C[F_1(x_1), F_2(x_2)] = C(u_1, u_2)$$

借助 Copula 函数的相关性质可以推导出如下结论：

命题 1：假设 X 和 Y 为基于概率空间（Ω，P）上的两个实值随机变量，它们的边际分布分别记为 F_X 和 F_Y。若用 Copula 函数 $C_{X,Y}$ 表示随机变量 X 和 Y 的相关结构，则有：

$$F_{X+Y}(t) = \int_0^1 D_1 C_{X,Y}(w, F_Y(t - F_X^{-1}(w))) \, \mathrm{d}w \tag{5-1}$$

证明：由分布函数的定义可得：

$$F_{X,X+Y}(s, t) = P(X \leqslant s, X+Y \leqslant t)$$

$$= \int_{-\infty}^{s} P(X+Y \leqslant t \mid X = x) \, \mathrm{d}F_X(x)$$

$$= \int_{-\infty}^{s} P(Y \le t - x \mid X = x)\,\mathrm{d}F_X(x)$$

$$= \int_{-\infty}^{s} D_1 C_{X,Y}(F_X(x),\ F_Y(t - x))\,\mathrm{d}F_X(x)$$

$$= \int_{0}^{F_X(s)} D_1 C_{X,Y}(w,\ F_Y(t - F_X^{-1}(w)))\,\mathrm{d}w$$

利用变量代换 $w = F_X(x)$ 有:

$$F_{X,X+Y}(s,\ t) = \int_{0}^{F_X(s)} D_1 C_{X,Y}(w,\ F_Y(t - F_X^{-1}(w)))\,\mathrm{d}w$$

令 $s \to +\infty$,即可得到式(5-1)。

与张高勋等(2014)一样,本节仅考虑 n-Copula、Clayton-Copula、Gumbel-Copula 和 Frank-Copula 等金融研究领域常用的四种 Copula 函数,具体形式如下:

(1) n-Copula 函数。

$$C(u_1,\ u_2;\ \theta) = \int_{-\infty}^{\Phi^{-1}(u_1)} \int_{-\infty}^{\Phi^{-1}(u_2)} \frac{1}{2\pi\sqrt{1 - \theta^2}} \exp\left(-\frac{x_1^2 - 2\theta x_1 x_2 + x_2^2}{2(1 - \theta^2)}\right) \mathrm{d}x_1 \mathrm{d}x_2$$

$$(5-2)$$

其中,$\Phi^{-1}(\cdot)$ 为一维标准正态分布 $\Phi(\cdot)$ 的反函数;$\theta \in [-1,\ 1]$ 为 Copula-n 函数的参数。

(2) Copula-Frank 函数。

$$C(u_1,\ u_2) = -\frac{1}{\theta}\ln\left[1 + \frac{(e^{-\theta u_1} - 1)(e^{-\theta u_2} - 1)}{e^{-\theta} - 1}\right] \qquad (5-3)$$

其中,$\theta \in (-\infty,\ +\infty) \setminus \{0\}$ Copula-Frank 函数的参数。

(3) Copula-Clayton 函数。

$$C(u_1,\ u_2;\ \theta) = (u_1^{-\theta} + u_2^{-\theta} - 1)^{-\frac{1}{\theta}} \qquad (5-4)$$

其中,$\theta \in (0,\ \infty)$ 为参数。

(4) Copula-Gumbel 函数。

$$C(u_1,\ u_2;\ \theta) = \exp\left\{-\left[(-\ln u_1)^\theta + (-\ln u_2)^\theta\right]^{\frac{1}{\theta}}\right\} \qquad (5-5)$$

其中,$\theta \in [1,\ \infty)$ 是参数。

对于 Copula 函数中的参数，本节采用 Patton（2009）提出的两阶段极大似然法估计得到。

5.2.2 交叉汇率期权套期保值模型

国际贸易中面临着汇率的不确定性，本章构建单一出口企业汇率套期保值模型。基于套期保值规避风险的初衷，出口企业决定买入汇率看跌期权对冲汇率风险。企业在决策之时做出预算计划，确定出口量、期权头寸和敲定价格等。在生产结束后出口时，通过权衡实时汇率和期权的敲定价格确定是否行使期权权利。若实时汇率大于敲定汇率，则按实时汇率结算；反之，则按敲定汇率结算。

在建模之前提出如下假设：

（1）0 和 1 两时点出口贸易的决策。在 0 时刻公司确定所购买期权的敲定价格、用于购买期权的预算及期权头寸。

（2）存在汇率期权市场，并且市场上的期权可以无限可分可交易的。

（3）对于出口型公司，买入看跌期权进行套期保值需要支付期权金。假设公司购买期权的预算为 C。所购买的期权敲定价格记为 K，其到期之日与出口之时一致。期权当前价格为 φ（元/份）。公司在当前还要确定购买期权的份数 Y。那么，预算满足的条件为 $\varphi Y \leq C$。

（4）公司在套期保值过程中的初衷为对冲风险，不存在投机和套利行为。

（5）不考虑战争、自然灾害或临时限制出口等因素的影响。

当前产品价格和汇率分别记为 p_0、s_0，在 1 时刻其对应地表示为 p_1、s_1。那么，在 1 时刻公司的利润如下：

$$\Pi = p_1 s_1 - p_0 s_0 + Y(K - s_1)^+ - C \tag{5-6}$$

一般地，用于购买看跌期权的成本不超过公司的预算，即 $\varphi Y \leq C$。Ahn 等（1999）指出为了获得较好的对冲效果，预算一般都会被用完，即预算约束取等号，则约束条件满足 $\varphi Y = C$。

5.3 交叉汇率期权对冲模型求解

在约束条件下，公司在 1 时刻的利润可用如下公式表示：

$$\Pi_1 = p_1 s_1 - p_0 s_0 + \frac{C}{\varphi}(K-s_1)^+ - C \tag{5-7}$$

记公司在 1 时刻的损失 $L = -\Pi_1$。本节选择 CVaR 作为风险测度，根据 Werner（2003）总结的 CVaR 几种不同表示形式，则公司的决策目标函数可描述如下：

$$\mathrm{CVaR}_\alpha(L) = Q_L(\alpha) + \frac{1}{\varepsilon} E\left[L - Q_L(\alpha)\right]^+ \tag{5-8}$$

其中，$Q_L(\alpha)$ 为损失 L 的 α 分位数，$\varepsilon = 1-\alpha \in (0, 1]$ 表示公司的风险规避度（ε 越小，表示公司越害怕风险）。

假设公司的目标是最小化以 CVaR 度量的风险，基于以上分析，建立出口企业汇率期权套期保值模型（P_1）如下：

$$\min_{Y, K} \mathrm{CVaR}_\alpha(L)$$

$$\mathrm{s.\,t}\ \varphi Y = C$$

命题 2：公司损失 L 的 α 分位数 $Q_L(\alpha)$ 满足如下条件：

$$F_{p_1 s_1 + \frac{C}{\varphi}(K-s_1)}\left(C + p_0 s_0 - Q_L(\alpha)\right) + F_{p_1 s_1}\left(C + p_0 s_0 - Q_L(\alpha)\right) = 2 - \alpha \tag{5-9}$$

$$Q_L(\alpha) < C + p_0 s_0 \tag{5-10}$$

其中，$L = -\left(p_1 s_1 - p_0 s_0 + \frac{C}{\varphi}(K-s_1)^+ - C\right)$。

证明：L 的分布函数可表示如下：

$$F_L(l) = P(L \leqslant l) = P(\{L \leqslant l\} \cap \{s_1 < K\}) + P(\{L \leqslant l\} \cap \{s_1 \geqslant K\}) \tag{5-11}$$

因为，

$$\{L \leqslant l\} \Leftrightarrow \left\{ -\left(p_1 s_1 - p_0 s_0 + \frac{C}{\varphi}(K-s_1)^+ - C \right) \leqslant l \right\}$$

$$\Leftrightarrow \left\{ C + p_0 s_0 - l \leqslant p_1 s_1 + \frac{C}{\varphi}(K-s_1)^+ \right\}$$

所以，一方面有：

$$\{L \leqslant l\} \cap \{s_1 < K\} = \begin{cases} s_1 < K, \ l > C + p_0 s_0 \\ p_1 s_1 + \dfrac{C}{\varphi}(K-s_1) \geqslant C + p_0 s_0 - l, \ l \leqslant C + p_0 s_0 \end{cases} \quad (5\text{-}12)$$

另一方面有：

$$\{L \leqslant l\} \cap \{s_1 \geqslant K\} = \begin{cases} s_1 \geqslant K, \ l \geqslant C + p_0 s_0 \\ p_1 s_1 \geqslant C + p_0 s_0 - l, \ l < C + p_0 s_0 \end{cases} \quad (5\text{-}13)$$

将式（5-12）和式（5-13）代入式（5-11），可得：

$$F_L(l) = \begin{cases} 1, \ l \geqslant C + p_0 s_0 \\ \overline{F}_{p_1 s_1 + \frac{C}{\varphi}(K-s_1)}(C + p_0 s_0 - l) + \overline{F}_{p_1 s_1}(C + p_0 s_0 - l), \ l < C + p_0 s_0 \end{cases} \quad (5\text{-}14)$$

其中，$\overline{F}(\,\cdot\,) = 1 - F(\,\cdot\,)$。

由分位数的定义知：

$$F_L(Q_L(\alpha)) = P(L \leqslant Q_L(\alpha)) = \alpha, \ \alpha \in (0, 1]$$

若 $Q_L(\alpha) > C + p_0 s_0$，则由（5-9）有 $F_L(Q_L(\alpha)) = 1$，这与 $F_L(Q_L(\alpha)) = \alpha < 1$ 矛盾。因此，当 $Q_L(\alpha) \leqslant C + p_0 s_0$ 时有：

$$\overline{F}_{p_1 s_1 + \frac{C}{\varphi}(K-s_1)}(C + p_0 s_0 - Q_L(\alpha)) + \overline{F}_{p_1 s_1}(C + p_0 s_0 - Q_L(\alpha)) = \alpha$$

即，有 $F_{p_1 s_1 + \frac{C}{\varphi}(K-s_1)}(C + p_0 s_0 - Q_L(\alpha)) + F_{p_1 s_1}(C + p_0 s_0 - Q_L(\alpha)) = 2 - \alpha$ 成立。

命题 3：记 $Y_1 = p_1 s_1 + \dfrac{C}{\varphi}(K-s_1)$，$Y_2 = p_1 s_1$，则由式（5-8）刻画的 $\mathrm{CVaR}_\alpha(L)$ 可表示成如下形式：

$$\mathrm{CVaR}_\alpha(L) = Q_L(\alpha) + \frac{1}{\varepsilon}\left[\pi_{Y_1}(C + p_0 s_0 - Q_L(\alpha)) + \pi_{Y_2}(C + p_0 s_0 - Q_L(\alpha)) \right]$$

$$(5\text{-}15)$$

其中，$\pi_X(x) = E(x-X)^+$。

证明： 由式（5-11）有：

$$\text{CVaR}_\alpha(L) = Q_L(\alpha) + \frac{1}{\varepsilon}\left[E\left\{\left[L-Q_L(\alpha)\right]^+ I_{s_1<K}\right\} + E\left\{\left[L-Q_L(\alpha)\right]^+ I_{s_1 \geqslant K}\right\}\right]$$

而，

$$\left[L-Q_L(\alpha)\right]^+ I_{s_1<K} = \begin{cases} \left[L-Q_L(\alpha)\right] I_{s_1<K}, & L>Q_L(\alpha) \\ 0, & L \leqslant Q_L(\alpha) \end{cases}$$

$$= \begin{cases} C+p_0 s_0 - Q_L(\alpha) - Y_1, & Y_1 < C+p_0 s_0 - Q_L(\alpha) \\ 0, & Y_1 \geqslant C+p_0 s_0 - Q_L(\alpha) \end{cases}$$

$$= \pi_{Y_1}(C+p_0 s_0 - Q_L(\alpha)) \tag{5-16}$$

同理，

$$\left[L-Q_L(\alpha)\right]^+ I_{s_1 \geqslant K} = \begin{cases} C+p_0 s_0 - Q_L(\alpha) - Y_2, & Y_2 < C+p_0 s_0 - Q_L(\alpha) \\ 0, & Y_2 \geqslant C+p_0 s_0 - Q_L(\alpha) \end{cases}$$

$$= \pi_{Y_2}(C+p_0 s_0 - Q_L(\alpha)) \tag{5-17}$$

由式（5-16）和式（5-17）可得式（5-15）成立。

综上所述，当给定预算时模型（P_1）可以表示如下：

$$(\text{P}_2) \quad \min_K Q_L(\alpha) + \frac{1}{\varepsilon}\left[\pi_{Y_1}(C+p_0 s_0 - Q_L(\alpha)) + \pi_{Y_2}(C+p_0 s_0 - Q_L(\alpha))\right]$$

$$\tag{5-18}$$

其中，约束条件满足式（5-9）和式（5-10）。

令 $F(y_1)$ 和 $f(y_1)$ 分别表示 Y_1 的分布函数和密度函数；$F(y_2)$ 和 $f(y_2)$ 分别表示 Y_2 的分布函数和密度函数。于是，可将目标函数表示成积分形式：

$$\text{CVaR}_\alpha(L) = Q_L(\alpha) + \frac{1}{\varepsilon}\int_{-\infty}^{C+p_0 s_0 - Q_L(\alpha)} (C+p_0 s_0 - Q_L(\alpha) - y_1) f(y_1)\,\mathrm{d}y_1 +$$

$$\frac{1}{\varepsilon}\int_{-\infty}^{C+p_0 s_0 - Q_L(\alpha)} (C+p_0 s_0 - Q_L(\alpha) - y_2) f(y_2)\,\mathrm{d}y_2$$

将目标函数式（5-18）对 K 求导有：

$$\frac{\partial \mathrm{CVaR}_\alpha(L)}{\partial K} = \frac{\partial Q_L(\alpha)}{\partial K}\left\{1 - \frac{1}{\varepsilon}\left[F_{Y_1}(C + p_0 s_0 - Q_L(\alpha)) + F_{Y_2}(C + p_0 s_0 - Q_L(\alpha))\right]\right\}$$

基于式（5-9）可得：

$$\frac{\partial \mathrm{CVaR}_\alpha(L)}{\partial K} = \frac{\partial Q_L(\alpha)}{\partial K}\left(1 - \frac{2-\alpha}{\varepsilon}\right) \tag{5-19}$$

又因为 $\alpha = 1 - \varepsilon$，则由式（5-19）有：

$$\frac{\partial \mathrm{CVaR}_\alpha(L)}{\partial Q_L(\alpha)} = -\frac{1}{\varepsilon}\frac{\partial Q_L(\alpha)}{\partial K}$$

即方程 $\dfrac{\partial \mathrm{CVaR}_\alpha(L)}{\partial K} = 0$ 与 $\dfrac{\partial Q_L(\alpha)}{\partial K} = 0$ 同解。又因为 $\mathrm{CVaR}_\alpha(L)$ 为凹函数，因此模型（P_2）等价于：

$$\max_K Q_L(\alpha)$$

（P_3）　$F_{Y_1}(C + p_0 s_0 - Q_L(\alpha)) + F_{Y_2}(C + p_0 s_0 - Q_L(\alpha)) = 2 - \alpha$

$$Q_L(\alpha) < C + p_0 s_0$$

要求解模型（P_3）需要先求出 Y_1 和 Y_2 的分布函数。为了方便地利用 Black-Scholes 公式得到期权价格，Ahn 等（1999）、Bajo（2014，2015）在研究期权套期保值问题时假设价格等随机变量服从对数正态分布。考虑到数据的可得性，特别国内尚缺少汇率期权市场，因此难以获取到期权的实际数据。本节参考上述学者的处理方法，假设出口商品价格和汇率分别服从对数正态分布：

$$dp_1 = p_1(\mu_{p_1}\mathrm{d}t + \vec{\sigma}_{p_1} d\vec{W}_t) \tag{5-20}$$

$$ds_1 = s_1(\mu_{s_1}\mathrm{d}t + \vec{\sigma}_{s_1} d\vec{W}_t) \tag{5-21}$$

其中，$\vec{\sigma}_{p_1} = (\sigma_{p_1}, 0)$，$\vec{\sigma}_{s_1} = (0, \sigma_{s_1})$，$\vec{W}_t = \begin{pmatrix} W_t^{p_1} \\ W_t^{s_1} \end{pmatrix} \sim N\left(\begin{pmatrix} 0 \\ 0 \end{pmatrix}, \begin{pmatrix} 1 & \rho \\ \rho & 1 \end{pmatrix}t\right)$。

利用 Itö 引理可得 $p_1 s_1$ 满足以下过程：

$$d(p_1 s_1) = p_1 s_1(\mu_{p_1 s_1}\mathrm{d}t + \sigma_{p_1 s_1} d\widetilde{W}_t)$$

其中，$\mu_{p_1s_1}=\mu_{p_1}+\mu_{s_1}+\rho\sigma_{p_1}\sigma_{s_1}$，$\sigma_{p_1s_1}=\sqrt{\sigma_{p_1}^2+\sigma_{s_1}^2+2\rho\sigma_{p_1}\sigma_{s_1}}$，$\widetilde{W}_t=\dfrac{\sigma_{p_1}}{\sigma_{p_1s_1}}W_t^{p_1}+\dfrac{\sigma_{s_1}}{\sigma_{p_1s_1}}W_t^{s_1}$。于是，$\ln(p_1s_1)\sim N(m_{p_1s_1},\ v_{p_1s_1}^2)$

其中，$m_{p_1s_1}=\ln(p_0s_0)+\left(\mu_{p_1s_1}-\dfrac{1}{2}\sigma_{p_1s_1}^2\right)T$，$v_{p_1s_1}=\sigma_{p_1s_1}\sqrt{T}$。从而，$Y_2=p_1s_1$ 的分布函数如下：

$$F_{Y_2}(x)=\Phi(d_2(x)) \qquad (5-22)$$

其中，$\Phi(\cdot)$ 表示标准正态的分布函数：

$$d_2(x)=\frac{1}{\sigma_{p_1s_1}\sqrt{T}}\left(\ln\frac{x}{p_0s_0}-\left(\mu_{p_1s_1}-\frac{1}{2}\sigma_{p_1s_1}^2\right)T\right)$$

接下来确定 $Y_1=p_1s_1-\dfrac{C}{\varphi}s_1+\dfrac{C}{\varphi}K$ 的分布函数。由式（5-22）可得 s_1 的分布函数为：

$$F_{s_1}(x)=\Phi(d_3(x)) \qquad (5-23)$$

其中，$d_3(x)=\dfrac{1}{\sigma_{s_1}\sqrt{T}}\left(\ln\dfrac{x}{s_0}-\left(\mu_{s_1}-\dfrac{1}{2}\sigma_{s_1}^2\right)T\right)$。从而，$\dfrac{C}{\varphi}s_1$ 的分布函数可表示如式（5-24）所示：

$$F_{\frac{C}{\varphi}s_1}(x)=F_{s_1}\left(\frac{\varphi}{C}x\right)=\Phi\left(d_3\left(\frac{\varphi}{C}x\right)\right)=\Phi(d_4(x)) \qquad (5-24)$$

其中，$d_4(x)=\dfrac{1}{\sigma_{s_1}\sqrt{T}}\left(\ln\dfrac{x}{s_0C/\varphi}-\left(\mu_{s_1}-\dfrac{1}{2}\sigma_{s_1}^2\right)T\right)$

根据命题 1 的结论，可以得到：

$$F_{Y_1}(t)=F_{p_1s_1-\frac{C}{\varphi}s_1+\frac{C}{\varphi}K}(t)=\int_0^1 D_1C_{p_1s_1,\frac{C}{\varphi}s_1}\left(w,\ F_{\frac{C}{\varphi}s_1}\left(t-\frac{C}{\varphi}K-F_{p_1s_1}^{-1}(w)\right)\right)\mathrm{d}w$$

由于单调递增随机变量函数的 Copula 函数不变，因此，

$$F_{Y_1}(t)=\int_0^1 D_1C_{p_1s_1,\ s_1}\left(w,\ F_{\frac{C}{\varphi}s_1}\left(t-\frac{C}{\varphi}K-F_{p_1s_1}^{-1}(w)\right)\right)\mathrm{d}w \qquad (5-25)$$

通过以上分析，给出模型（P_3）的求解步骤如下：

步骤一：通过历史数据确定 p_1s_1 和 s_1 的 Copula 函数 $C_{p_1s_1,s_1}$（u_1，u_2）。

步骤二：设定相关参数，根据式（5-22）和式（5-23）得到 $Y_2 = p_1s_1$ 和 $\dfrac{C}{\varphi}s_1$ 的分布函数。

步骤三：将前两步的计算结果代入式（5-25）得到 Y_1 的分布函数。

步骤四：将 Y_1 和 Y_2 的分布函数代入模型（P_3）的约束条件一中，进而求解模型。

步骤五：改变模型参数，重复步骤一到步骤四进行参数敏感性分析。

5.4　交叉汇率期权对冲模型的应用

在实证分析中，本章利用国际现货铂金价格和人民币汇率数据实证分析铂金出口企业最优套期保值策略，并运用数值模拟技术分析敲定价格、套期保值成本和风险厌恶系数的灵敏度。

5.4.1　数据来源

实证分析数据来自 Wind 数据库。对于出口型企业而言，汇率下跌不利于其将外币收入兑换成本币。近一年来美元兑人民币持续走高，在很多投资者看来，几乎到了回落的临界点。在这样的压力走势下，出口企业担心未来回落下跌是有理由的。因此，为了检验本章所建立模型在汇率下跌阶段的适用性，同时考虑模型中出口价格和汇率的对数正态分布的假设，本节选取样本数据为 2011 年 6 月 30 日至 2014 年 1 月 30 日美元兑人民币汇率数据和现货铂金以美元计的月度数据（为了缩小两列数据的量级，将现货铂金数据换算成美元/克）。在置信水平 0.05 下 Lillietest 检验结果如表 5-1 所示。

表 5-1　分布检验

$\alpha = 0.05$	H	P	LSTAT	CV
汇率	0	0.3910	0.1101	0.1541
现货铂金	0	0.5000	0.0989	0.1541

从表 5-1 可以看出，测试逻辑值 H = 0，P 值大于 0.05，测试值小于临界值。进一步地，经过计算得到在实证分析时间区间内，美元兑人民币汇率服从均值为 1.8338，标准差为 0.0203 的对数正态分布；现货铂金价格服从均值为 3.9890，标准差为 0.0815 的对数正态分布。

5.4.2　交叉汇率相关结构分析

利用平方欧式距离和 AIC、BIC 值检验四种 Copula 函数对相关结构的度量效果如表 5-2 所示。

表 5-2　各种 Copula 函数的拟合效果

Copula 函数	n-Copula	Clayton-Copula	Gumbel-Copula	Frank-Copula
距离	0.0559	0.0578	0.0578	0.0643
AIC	−5.1705	2	2.0001	−4.4863
BIC	−3.7365	3.1340	4.2196	−3.0523

从表 5-2 可以看出，n-Copula 适合用于拟合汇率和现货铂金价格之间的相关结构。由式（5-2）可得：

$$D_1(u_1, u_2) = \frac{1}{2\pi\sqrt{1-\theta^2}} \int_{-\infty}^{\Phi^{-1}(u_2)} \exp\left(-\frac{\Phi^{-1}(u_1)^2 + t^2 - 2\theta\Phi^{-1}(u_1)t}{2(1-\theta^2)}\right) \mathrm{d}t \cdot$$

$$\sqrt{2\pi} \exp\left(\frac{\Phi^{-1}(u_1)^2}{2}\right)$$

注意到：

$$\int_{-\infty}^{\Phi^{-1}(u_2)} \exp\left(-\frac{\Phi^{-1}(u_1)^2 + t^2 - 2\theta\Phi^{-1}(u_1)t}{2(1-\theta^2)}\right) \mathrm{d}t$$

$$= \int_{-\infty}^{\Phi^{-1}(u_2)} \exp\left(-\frac{(1-\theta^2)\Phi^{-1}(u_1)^2 + (t-\theta\Phi^{-1}(u_1))^2}{2(1-\theta^2)}\right) \mathrm{d}t$$

$$= \exp\left(-\frac{\Phi^{-1}(u_1)^2}{2}\right) \int_{-\infty}^{\Phi^{-1}(u_2)} \exp\left(-\frac{(t-\theta\Phi^{-1}(u_1))^2}{2(1-\theta^2)}\right) \mathrm{d}t$$

$$= \exp\left(-\frac{\Phi^{-1}(u_1)^2}{2}\right) \int_{-\infty}^{\Phi^{-1}(u_2)-\theta\Phi^{-1}(u_1)} \exp\left(-\frac{t^2}{2(1-\theta^2)}\right) \mathrm{d}t$$

因此有：

$$D_1(u_1, u_2) = \Phi\left(\frac{\Phi^{-1}(u_2)-\theta\Phi^{-1}(u_1)}{\sqrt{1-\theta^2}}\right) \tag{5-26}$$

将式（5-26）代入式（5-25）即可化简 Y_1 的分布函数。

5.4.3　交叉汇率期权对冲策略

假设当前时间是 2013 年 12 月 31 日，此时汇率和现货铂金价格分别为 $s_0 = 6.0584$（CNY/USD）$p_0 = 48.30592723$（USD/g）。铂金出口企业打算用一个月后的汇率进行套期保值，并花费当前价值的 1% 用于购买期权，即成本 $C = s_0 p_0 \times 1\%$。按照模型（P_3）的求解步骤，分析不同置信度下出口企业风险测度 CVaR 与敲定价格的关系如图 5-1 所示。

模型中参数 α 可以刻画企业的风险态度，α 越小表示企业决策者越害怕风险。从图 5-1 可以发现，企业风险规避度越大，其 CVaR 风险越小。尽管对于看跌期权而言，敲定价格越大越有利，但是敲定价格大的期权其期权金越大，消耗的成本越多，从而使能购买的期权头寸越少。因此，在期权预算一定的条件下，建议通过购买看跌期权套期保值的投资者不能盲目购买敲定价格高的看跌期权。图 5-1 中的最优敲定价格为 5.997816，其略小于汇率的当前值。从图 5-1 中还可以看出，最优敲定价格不受出口企业风险厌恶态度影响。图 5-2 进一步检验最优敲定价格与企业决策者风险态度的关系。假设企业打算用当前价值的 $d\%$（$C = s_0 p_0 \times d\%$）购买期权。图 5-2 给出了期权最优敲定价格与成本比例关系。

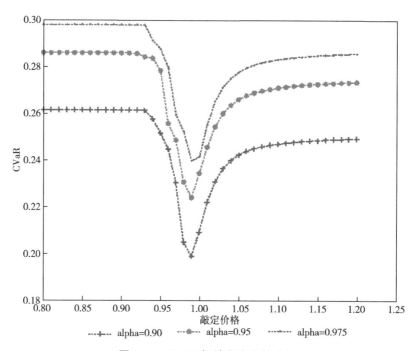

图 5-1 CVaR 与敲定价格的关系

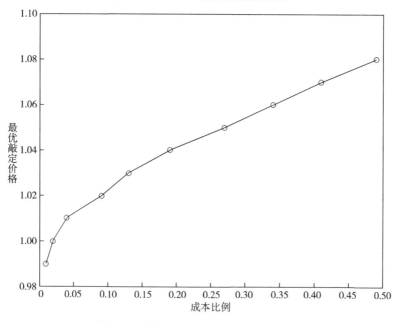

图 5-2 最优敲定价格与成本比例关系

从图 5-2 可以看出，随着企业购买期权的预算增加，其可以选择的最优期权敲定价格越大。这与实际相吻合：对于看跌期权而言，敲定价格越大，期权越有可能被执行，其对投资者越有利。与图 5-1 的结论相比较，当决策者不受预算影响时，其可以选择买入敲定价格较大的看跌期权进行套期保值。图 5-3 给出了最小 CVaR 与期权预算成本的关系。

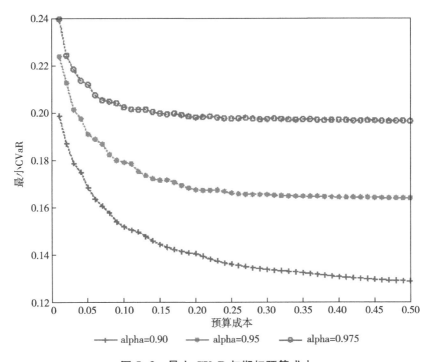

图 5-3　最小 CVaR 与期权预算成本

从图 5-3 可以看出，最小 CVaR 随着期权预算成本的增加而减少。从预算约束的等式可以得出期权头寸 $Y = \dfrac{C}{\varphi}$。当成本 $C = 0$ 时，$Y = 0$，这意味着企业不购买期权套期保值。但从图 5-4 可以发现一旦预算为 0，最小 CVaR 是最大的。图 5-4 也表明了出口企业通过购买看跌期权套期保值是有利的。

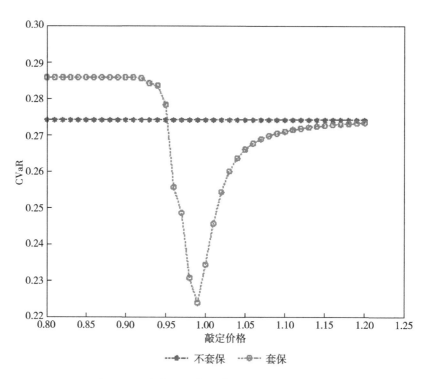

图 5-4　套期保值与不套期保值对比 CVaR

从图 5-4 不难发现，当选择较小的敲定价格时，不利用套期保值的 CVaR 风险较低。这是因为对于看跌期权而言，当敲定价格选择过低时被执行的可能性较小，而买入看跌期权需要支付期权金成本。当选择较大的敲定价格时，利用期权套期保值得到的最小 CVaR 比不套期保值情形下低。因此，利用期权套期保值有利于降低 CVaR 风险。

5.5　国际投资交叉汇率风险管理建议

对于进出口企业而言，商品价格风险和汇率风险是两个主要的风险。

有效地降低出口风险是国际贸易企业需要解决的一个重要问题，特别是美元兑人民币汇率持续走高趋势使出口企业面临汇率下行压力。因此，提出有效的汇率风险管理方法具有实际意义。一般地，进出口商品价格和汇率都是随机变化的，两者又以相乘的形式出现，这就产生了非线性风险。已有研究表明，期权在对冲非线性风险方面具有优势，于是本章建立汇率期权套期保值模型对冲出口贸易中的汇率风险。

首先，考虑企业购买期权的预算成本约束，建立最小化 CVaR 套期保值模型。与已有的模拟方法不同，本章先用 Copula 函数刻画相关结构，并基于 Copula 函数推导出套期保值组合损失的联合分布，进而对模型进行进一步转化。其次，利用等价转换法求解模型，并给出了模型求解的一般步骤。最后，根据铂金价格和美元兑人民币汇率数据，针对铂金出口企业汇率套期保值问题进行实证研究，分别对敲定价格、预算和企业决策者风险规避度进行了灵敏度分析。通过研究发现利用汇率期权套期保值可以降低 CVaR 风险；期权最优敲定价格与企业决策者风险规避度无关；随着预算的增加 CVaR 减少，最优敲定价格增加；而在给定预算下，决策者不要盲目地选择敲定价格大的期权，建议选择敲定价格略小于标的当前价格的期权。本章所建立的理论模型对任意边际分布具有一般适用性，如可以将模型中的对数正态分布用 GARCH 等模型刻画。研究所得到的结果可以为期权套期保值提供理论借鉴，也为不同风险类型的进出口企业确定期权最优敲定价格和预算提出了决策建议。但本章只考虑了购买期权预算成本约束，没有考虑期权交易成本的影响，故未来研究将会进一步考虑交易成本因素。

本章参考文献

［1］Choi J J, Prasad A M. Exchange risk sensitivity and its determinants：A firm and industry analysis of us multinationals［J］. Financial Manage, 1995, 24 (3)：77-88.

［2］Bodnar G M, Wong M H F. Estimating exchange rate exposures：Issues in model structure ［J］. Financial Management，2003，32（1）35-67.

［3］Ito T，Koibuchi S，Sato K，Shimizu J. Exchange rate exposure and risk management：The case of Japanese exporting firms ［J］. Journal of The Japanese and International Economies，2016（41）：17-29.

［4］Allayannis G，Ofek E. Exchange rate exposure，hedging，and the use of foreign currency derivatives ［J］. Journal of International Money and Finance，2001，20（2）：273-296.

［5］Aabo T，Ploeen R. The german humpback：Internationalization and foreign exchange hedging ［J］. Journal of Multinational Financial Management，2014，27（2）：114-129.

［6］斯文. 银行衍生品的信贷扩张效应研究 ［J］. 金融论坛，2013（7）：54-61.

［7］斯文. 我国外汇衍生品市场发展对出口影响的实证分析 ［J］. 世界经济研究，2013（2）：35-41.

［8］Bodnar G M，Gebhardt G. Derivatives usage by US non－financial firms：A comparative survey ［J］. Journal of International Financial Management and Accounting，1999，10（3）：153-187.

［9］尹力博，韩立岩. 国际投资汇率风险的综合套期保值策略研究 ［J］. 中国管理科学，2014，22（2）：1-6.

［10］Adam-Muller，A F A. Export and hedging decisions under revenue and exchange rate risk：A note ［J］. European Economic Review，1997，41（7）：1421-1426.

［11］Wong K P. International trade and hedging under joint price and exchange rate uncertainty ［J］. International Review of Economics and Finance，2013，27（2）：160-170.

［12］马超群，王宝兵. 基于 Copula-GARCH 族模型的外汇期货套期保值比率研究 ［J］. 统计与决策，2011（12）：124-128.

［13］余湄，谢海滨，高茜. 国际投资中的汇率风险对冲问题研究 ［J］.

系统工程理论与实践，2014，34（S）：67-74.

［14］Benet B A, Luft C F. Hedging performance of SPX index options and S&P 500 futures ［J］. Journal of Futures Markets，1995（15）：691-717.

［15］Lien D, Tse Y K. Hedging downside risk：futures versus options ［J］. International Review of Economics and Finance，2001（10）：1059-1069.

［16］Wong K P. Export flexibility and currency hedging ［J］. International Economic Review，2003，44（4）：1295-1312.

［17］Wong K P. Production and futures hedging with state-dependent background risk ［J］. International Review of Economics & Finance，2012，24（3）：177-184.

［18］廖萍康，张卫国，傅俊辉. 考虑机会成本的最优期货备用保证金需求 ［J］. 系统管理学报，2013，22（1）：91-98.

［19］Sklar A. Fonctions de repartition a n dimensions et leurs marges ［J］. Publications de l'Institut Statistique de l'Universite' de Paris，1959（8）：229-231.

［20］韦艳华，张世英. Copula 理论及其在金融分析上的应用 ［M］. 北京：清华大学出版社，2008.

［21］Chen Y H, Tu A H. Estimating hedged portfolio value-at-risk using the conditional copula：An illustration of model risk ［J］. International Review of Economics & Finance，2013（27）：514-528.

［22］Rivieccio G, Luca G D. Copula function approaches for the analysis of serial and cross dependence in stock returns ［J］. Finance Research Letters，2016（17）：55-61.

［23］Domino K, Blachowicz T. The use of copula functions for modeling the risk of investment in shares traded on the Warsaw stock exchange ［J］. Physica a Statistical Mechanics & Its Application，2015，424（11）：142-151.

［24］Ahn D H, Boudoukh J, Richardson M, Whitelaw R F. Optimal risk management using options ［J］. Journal of Finance，1999，54（1）：359-375.

［25］ Melnikov A，Smirnov I. Dynamic hedging of conditional value-at-risk ［J］. Insurance Mathematics & Economics，2012，51（1）：182-190.

［26］ Capinsk M J. Hedging conditional value at risk with options ［J］. European Journal of Operational Research，2015，242（2）：688-691.

［27］ Bajo E，Barbi M，Romagnoli S. Optimal corporate hedging using options with basis and production risk ［J］. North American Journal of Economics and Finance，2014（30）：56-71.

［28］ 张高勋，田益祥，李秋敏. 多元非线性期权定价模型及实证分析 ［J］. 系统管理学报，2014，23（2）：200-207.

［29］ Patton A J. Copula-based Models for financial time series ［C］. Handbook of financial time series. Berlin Heidelberg：Springer，2009.

［30］ Werner H. Conditional Value-at-Risk bounds for compound Poisson risk and a normal approximation ［J］. Journal of Applied Mathematics，2003，3（3）：141-153.

［31］ Bajo E，Barbi M，Romagnobi S. A generalized approach to optimal hedging with option contracts ［J］. The European Journal of Finance，2015，21（9）：713-733.

第 6 章

基于下偏矩的国际投资组合汇率风险管理

本章研究企业在国际投资组合多元化配置中外汇期权的最优套期保值问题。采用核密度估计方法估计下偏矩的风险，并得出一种新的迭代方法估计最优带宽。然后，提出了求解该模型的差分进化算法。对两个样本空间中的四种不同货币进行了深入分析（即测试样本内和样本外预测的对冲效率）。本章检验了货币期权套期保值能否提高国际资产组合的绩效，发现对于国内货币无论是 CHN、CAD、CHF 的投资者还是 JPY 的投资者，只要投资于以美元计价的国际资产，外汇期权套期保值具有显著的优势。为了检验该模型的鲁棒性，还考虑了样本外预测，进一步检验该套期保值模型的有效性。仿真结果表明，货币期权对冲在降低下行风险敞口方面具有优势。风险规避程度越大或目标回报越高的企业，其下行风险越大，但有效边界越小（用平均值/LPM 衡量）。当外汇期权的执行价格增加时，LPM 的风险开始降低，而后变为增加。当投资者用外汇期权对冲汇率风险时，有效边界显著增加。上述结论对样本外检测具有很强的鲁棒性。

6.1　引言

随着全球金融市场的发展，有投资能力和投资需求的企业都可能将资产的一部分进行全球资产配置。从投资的角度来说，绝大部分中国人的资产和风险都集中在人民币，若分散一部分资金在非人民币的资产中，将可能是抵抗风险的有效手段。截至 2016 年底，中国的国际投资净头寸（IIP）为 18005.37 亿美元，占 GDP 的 15.8%。其他国家如日本、加拿大、瑞士等也有积极的国际投资净额（Net Internations Investment Position，NIIP）。这些令人印象深刻的数字表明，当前，国际投资越来越受欢迎。投资者倾向于从事国际投资的主要原因是，多元化资产配置的做法有可能改善其投资的风险回报状况。然而，国际资产多样化配置使投资者又不得不面临着外汇风险。外汇风险（也称汇率风险或货币风险）是指投资者或企业的成本、利润、现金流或市场价值因外汇汇率波动而引起的潜在的上涨或下落的风险。货币汇率的波动可能直接影响到跨国投资的收益。例如，当投资者持有外币计价的资产，若本币升值，将导致外币资产换算成本币后的价值下降，从而减少投资收益；反之，本币贬值则可能增加收益。因此，如何规避汇率风险是国内跨国投资者面临的重要问题。

投资者的本币收入与其相关的汇率紧密相关。为了有效对冲汇率风险，期权和期货是可选的两个常用金融衍生工具。相对于期货，期权套期保值具有其优越性。Brown 和 Toft（2002）、Lapan 和 Moschini（1995）指出，企业风险敞口具有高度非线性特征，这种非线性敞口通过非线性工具能更有效地得到对冲。在金融投资组合的背景下，Topaloglou 等（2011）也证明了非线性工具的出色对冲表现。由于跨国金融资产配置中，投资者末期财富收入通常是随机的，将其兑换成本币时，需要乘以随机汇率。也就是，跨国金融资产配置面临的风险是典型的非线性风险。

很多学者利用外汇期权对冲汇率风险，如 Barjaktarovi 等（2011）研究了如何根据预期的外汇汇率变动使用货币期权合约进行投机或对冲。Bajo 等（2014）考虑生产风险和基差风险的影响，研究公司使用期权的最优对冲策略。既然期货和期权都可以用来对冲风险，哪种对冲工具更具有优越性的问题引起了学者极大的研究兴趣。例如，Lien 和 Tse（2002）基于下偏矩（LPM）比较了货币期货与货币期权的对冲有效性，发现货币期货优于货币期权。Battermann 等（2000）以风险规避型出口企业为例，研究其为了实现最大效用目标时最优对冲工具的选择问题。其研究结果也表明，期货的对冲效果明显优于期权。虽然这些研究结果在一定程度上体现了期货对冲相对于期权对冲的优越性，但这并不意味着期权对冲是无用的。原因在于，持有期货对冲优于期权观点的相关文献针对的是线性风险。Sakong 等（1993）指出线性风险可以用线性工具（如期货或远期）更有效地对冲，而非线性工具则倾向于规避非线性风险。Wong（2002）、Chang 和 Wong（2003）、Bajo 等（2015）也支持这一论断。Zhang 等（2018）检验了出口公司的贸易和期权对冲策略，提出了一种贸易和货币期权对冲模型，旨在将风险测度条件风险价值（CVaR）降至最低。考虑到国际投资组合多元化的普遍性和非线性，本章采用外汇期权对冲汇率风险。

6.2　问题描述

假设一个国外的投资者投资某个国家的 m 个金融资产，金融资产的价格以外币计为 $\tilde{p}_1$，$\tilde{p}_2$，$\cdots$，$\tilde{p}_m$，当前价格分别为 p_{10}，p_{20}，$\cdots$，p_{m0}。假设投资者投资在这些资产的数量为 Q_1，Q_2，$\cdots$，Q_m。初始财富以本币计为 w_0。汇率为 $\tilde{S}$，当前汇率为 S_0。那么当前的财富以外币计为 $W_0 = \dfrac{w_0}{S_0}$。不妨设 $\sum\limits_{k=1}^{m} p_{k0} Q_k = W_0$。

投资期假设为 T，则期末时本币财富为 $\left(\sum\limits_{k=1}^{m} \tilde{p}_k Q_k \right) \tilde{S}$。记每种资产的收益率为 $\tilde{r}_1$，$\tilde{r}_2$，$\cdots$，$\tilde{r}_m$，则投资风险资产财富增量为：

$$\Delta w = \sum_{k=1}^{m} p_{k0} Q_k (r_k + r_s + r_k r_s) S_0 \qquad (6-1)$$

于是期末本币财富可表示如下：

$$W_1 = w_0 + \Delta w \qquad (6-2)$$

投资外币的金融资产最终要兑换成本币，因此面临着汇率风险。投资者担心汇率会下降，买入汇率的看跌期权，敲定价格设为 K，期权当前价格为 φ_0。记期权的收益率如下：

$$r_p = \frac{(K-\tilde{S})^+ - \varphi_0}{\varphi_0} \qquad (6-3)$$

那么，利用 h 份汇率期权套期保值的收益为 $r_p \varphi_0 h$。

综上，在 T 时刻，投资者利用汇率期权套期保值的国际金融资产组合收益为：

$$W_T = w_0 + \sum_{k=1}^{m} p_{k0} Q_k (r_k + r_s + r_k r_s) S_0 + r_p \varphi_0 h \qquad (6-4)$$

投资者的决策是选择最优的期权头寸 h^* 和敲定价格 K^*，使潜在的风险暴露最小。

6.3 最优套期保值模型

6.3.1 LPM 的定义

自引入均值—方差模型以来，方差是投资组合优化中常用的风险度量。然而，风险测度方差把收益超过均值的正向偏差和低于均值的负向偏差都视为风险。这与实际有所不一致。对于未来卖出现货的投资者来说，高于均值的正向偏差显然是有利的。风险价值简称为 VaR，是一种流行的风险度量方法，特别是在银行和大型金融机构中被广泛应用。然而，当损失不是正态分布时，VaR 会因为不稳定和难以进行数值计算而遭受损失。众所周知，损失分布往往表现出"肥尾"或经验离散性。此外，在 Artzner 等（1999）看来，VaR 没有粘连性。另一个尾部可能遇到的损失的量化方法是条件风险值（CVaR）。CVaR 作为一种优化建模工具，在许多方面具有优越的性能。Pflug 和 Someremarks（2000）证明了 CVaR 是一种一致的风险度量，具有许多吸引人的特性，包括凸性。有关 CVaR 的概述，请参见 Ogryczak 和 Ruszczynski（2002）的文献。此外，最小化 CVaR 通常也会导致投资组合的 VaR 较小。除 VaR 和 CVaR 的风险度量外，下行风险是与损失相关的财务风险。也就是说，下行风险是指实际回报低于预期回报的风险，或者是该差额大小的不确定性。LPM（下偏矩）是一种特殊的下行风险度量。一些投资者可能受益于在其投资决策中使用风险度量，特别是当他们关心最小化投资组合的下行风险时。

　　尽管方差、VaR、CVaR 和 LPM 都可以作为风险测度，考虑到更一般性的风险度量，本章选取下偏矩 LPM 作为套期保值风险测度。基于 LPM 最小化得到的套期保值策略，不同风险程度的投资者面临的下偏风险可控（Eftekhari 和 Stachell，1998；Lien 和 Tse，2000）。LPM 测度的本质是低于目标收益的概率，其公式如下：

$$LPM_n = E[\max(0, c - \Pi)]^n$$

$$= \int_{-\infty}^{c} (c - u)^n \mathrm{d}F_\Pi(u) \tag{6-5}$$

　　其中，c 是由投资者确定的目标收益，Π 是随机收益，$F_\Pi(u)$ 为随机收益的分布函数。n 是 LPM 的阶数，且为非负整数，它可以代表投资者的风险厌恶程度，$n<1$ 表明投资者对风险偏好；$n>1$ 意味着投资者对风险厌恶，n 越大表明投资者风险厌恶程度越大。特别地，令 $n=0$，则 LPM 相当于风险价值（VaR）；当 $n=1$ 时，LPM 类似条件风险价值（CVaR）；当 $\theta=0$ 且 $n=2$ 时，LPM 即相当于 Markowitz 的半方差。LPM 被认为是风险测度的一种较好的方法，采用 LPM 检验套期保值绩效有许多优点。首先，LPM 对非正态性具有稳定性（Bawa，1975）。这是 LPM 框架的一个重要优势，因为它不需要假设正态性收益分布，因此可以估计收益分布非正态的资产的尾部概率。其次，非线性预测模型可以揭示非对称信息，解决传统的基于方差的套期保值绩效度量方法存在的不足。

6.3.2 基于 LPM 的期权套期保值模型

根据 LPM_n 的定义，给出期权套期保值模型的目标函数如下：

$$LPM_n = E\left[\max\left(0,\ c - w_0 - \sum_{k=1}^{m} p_{k,0} Q_k(r_k + r_s + r_k r_s)S_0 - r_p \varphi_0 h\right)\right]^n$$

$$(6-6)$$

购买期权对冲风险的另一个优点是，对于购买期权对冲风险的投资者，不需要追加保证金。众所周知，期权空头套期保值使用对象一般是期权发起人或机构投资者，而非广大普通投资者，并且期权空头套期保值会面临因保证金不足导致的资金流动性风险。为了防止逐日盯市风险，本章限制投资者持有的期权头寸为非负。也就是说，对冲模型受不卖空的约束。

与 LPM 的定义相对应，令 $C = c - w_0$，$U = \sum_{k=1}^{m} p_{k,0} Q_k(r_k + r_s + r_k r_s)S_0 - r_p \varphi_0 h$。这样，式（6-6）可重写如下：

$$LPM_n = E[\max(0,\ C - U)]^n \qquad (6-7)$$

利用积分形式，式（6-7）等价于：

$$LPM_n = \int_{-\infty}^{C} (C - y)^n f(y)\,\mathrm{d}y \qquad (6-8)$$

其中，$f(y)$ 是 U 的概率密度函数。

买入期权进行套期保值时所使用的资金仅为期权的权利金，之后无论行情如何变化，投资者无需再被迫追加资金，这便于投资者安排和使用资金，避免出现由于保证金追加不及时而被迫平仓的情况。

从式（6-8）可以看出，计算 $f(y)$ 非常复杂，需要计算套期保值组合的分布函数。为了解决投资组合的分布函数的估计问题，Chen 和 Tang（2005）等采用参数法、半参数法估计 VaR 和 CVaR。为了克服所谓的边界效应，Yu 等（2018）提出了一种基于核分位数估计方法的非参数 CVaR 估计方法；Lien 和 Tse（1998）则采用参数法估计时变的对冲比率。本章的主要目的是给出一个非参数估计框架来研究 LPM 对冲问题。

6.3.3　一种新的迭代带宽估计方法

在统计学中，核密度估计（KDE）是估计随机变量概率密度函数 $f(y)$ 的一种非参数方法。$f(y)$ 的标准核密度估计（Wand 和 Jones，1995）为

$$\hat{f}(y) = (nh)^{-1} \sum_{i=1}^{n} \frac{k(y - Y_i)}{h}，其中 k(\cdot) 为对称核 h 带宽，用以控制光$$

滑度。常用的核函数有均匀、三角形、epanechnikov、高斯等。Silverman（1986）认为核函数的选择对密度函数估计的影响不大，考虑到高斯核函数被广泛应用，本章也选择高斯核函数 $k(z) = (1/\sqrt{2\pi}) \exp(-z^2/2)$。根据一些误差准则，已有研究通过最小化估计值与目标密度之间的差异来计算最优带宽。常用准则如下（Wand 和 Jones，1995）：

均方误差（MSE）：$MSE(\hat{f}(y)) = E\{(\hat{f}_n(y) - f(y))^2\}$。

平均积分平方误差（MISE）：$MISE(\hat{f}(y)) = E\{\int (\hat{f}_n(y) - f(y))^2 dx\}$。

平均积分绝对误差（MIAE）：$MIAE(\hat{f}(y)) = E\{\int |\hat{f}(y) - f(y)| dx\}$。

由于 MSE 或 MISE 准则可以分解为方差和偏差两个部分，因此现在大多数带宽选择的目标是最小化 MSE 或 MISE。然而，由于密度函数 $f(y)$ 未知，上述三种估计方法都不能直接用于实际应用。对此，Silverman（1986）提出了高斯带宽，其中，带宽 h 的估计量如下：

$$h_n = 1.059 \hat{\sigma}_x n^{-1/5} \tag{6-9}$$

其中，$\hat{\sigma}_x = \sqrt{n^{-1} \sum_{i=1}^{n} (Y_i - \overline{Y})^2}$，$Y_1$，$Y_2$，$\cdots$，$Y_n$ 是初始的样本，$\overline{Y}$ 是

样本均值。因为标准正态的假设与分布 $f(y)$ 不符，本章提出新的迭代方法以获取最优带 h^*。

从式（6-9）可以推导出带宽 h_1，进一步得到新的核密度估计如下：

$$\hat{f}_n(y) = \frac{1}{nh_1} \sum_{i=1}^{n} \frac{1}{\sqrt{2\pi}} \exp\left[-\frac{1}{2}\left(\frac{y - Y_i}{h_1}\right)\right] \tag{6-10}$$

样本数据的 AMISE 如下：

$$
\begin{aligned}
AMISE[\hat{f}_n(y)] &= \int MSE[\hat{f}_n(y)]\mathrm{d}x \\
&= \int\{[E(f_n(y)) - f(y)]^2 + \mathrm{VaR}[f(y)]\}\mathrm{d}y \\
&= \frac{1}{nh}\int K^2(t)\mathrm{d}t\int f_n(y)\mathrm{d}y + \frac{h^4}{4}(U_2(k))^2 \cdot \\
&\quad \int[f_n(y)]^2\mathrm{d}y + o\left(\frac{1}{nh}\right) + o(h^4) \\
&\approx \frac{1}{nh}\int K^2(t)\mathrm{d}t\int f_n(y)\mathrm{d}y + \frac{h^4}{4}(U_2(k))^2\int[f_n(y)]^2\mathrm{d}x
\end{aligned}
\tag{6-11}
$$

这里，$U_2(k) = \int t^2 K(t)\mathrm{d}t$。为了最小化 $AMISE[\hat{f}_n(y)]$，令式（6-11）的一阶导为 0，得到：

$$h_0 = \left\{K^2(t)\mathrm{d}t/n(U_2(k))^2\int[\hat{f}_n(y)]^2\mathrm{d}x\right\}^{1/5} \tag{6-12}$$

其中，

$$\int K^2(t)\mathrm{d}t = \int \exp(-t^2)\mathrm{d}t/2\pi = 1/2\sqrt{\pi} \tag{6-13}$$

$$U_2(k) = \int t^2 \exp(-t^2)\mathrm{d}t/\sqrt{2\pi} = 1 \tag{6-14}$$

$$
\begin{aligned}
[\hat{f}_n(y)]^2 &= \left[\frac{1}{nh^3}\sum_{i=1}^{n} K''\left(\frac{x - X_i}{h}\right)\right]^2 \\
&= \sum_{j=1}^{n} \exp\left[-\frac{1}{2}\left(\frac{x - X_j}{h}\right)^2\right]\left[\frac{(x - X_j)^2 - h^2}{h^4}\right]
\end{aligned}
$$

$$= \frac{1}{n^2 h^6} \sum_{i=1}^{n} \sum_{j=1}^{n} \frac{1}{2\pi} \exp\left[-\left((x - X_i)^2 + (x - X_j)^2 \right)/2h^2 \right]$$

$$\left\{ \left[(x - X_i)^2 - h^2 \right]\left[(x - X_j)^2 - h^2 \right]/h^4 \right\} \tag{6-15}$$

由式 (6-15) 左边可以推导出:

$$\left[(x-X_i)^2 - h^2 \right]\left[(x-X_j)^2 - h^2 \right] = x^4 + x^3(-2X_i - 2X_j) +$$

$$x^2 \left[(X_i + X_j)^2 + 2X_i X_j - 2h^2 \right] +$$

$$x \left[-2(X_i + X_j)X_i X_j + 2h^2(X_i + X_j) \right]$$

$$\left[(X_i X_j)^2 - h^2(X_i^2 + X_j^2) + h^4 \right] \tag{6-16}$$

通过代入式 (6-16), 式 (6-15) 等价于:

$$\left[\hat{f}''_n(y) \right]^2 = \frac{1}{2\pi n^2 h^{10}} \left\{ \sum_{i=1}^{n} \sum_{j=1}^{n} \exp\left(- \frac{(X_i - X_j)^2}{4h^2} \right) \exp\left[-\left(\frac{x - \dfrac{X_i + X_j}{2}}{h} \right)^2 \right] \right.$$

$$\left. (A_0 + A_1 x + A_2 x^2 + A_3 x^3 + A_4 x^4) \right\} \tag{6-17}$$

其中,

$$A_0 = (X_i X_j)^2 - h^2(X_i^2 + X_j^2) + h^4 A_1$$

$$= -2(X_i + X_j)X_i X_j + 2h^2(X_i + X_j) A_2$$

$$= (X_i + X_j)^2 + 2X_i X_j - 2h^2 A_3$$

$$= -2X_i - 2X_j A_4$$

$$= 1$$

因此, 可得:

$$\int \left[\hat{f}''_n(y) \right]^2 \mathrm{d}x = \frac{1}{2\pi n^2 h^{10}} \sum_{i=1}^{n} \sum_{j=1}^{n} \exp\left(- \frac{(X_i - X_j)^2}{4h^2} \right)$$

$$= \int \exp\left[-\left(\frac{x - \dfrac{X_i + X_j}{2}}{h} \right)^2 \right] (A_0 + A_1 x + A_2 x^2 + A_3 x^3 + A_4 x^4) \mathrm{d}x$$

$$\tag{6-18}$$

令 $H = \dfrac{X_i + X_j}{2}$。将式（6-13）、式（6-14）和式（6-17）代入式（6-12）可得：

$$h_0 = (nh^9)^{1/5} \times \Xi \tag{6-19}$$

其中，

$$\Xi = \left\{ \sum_{i=1}^{n} \sum_{j=1}^{n} \exp\left(\frac{-(X_i - X_j)^2}{4h^2} \right) \left[\begin{array}{l} A_0 + A_1 H + A_2 \left(\dfrac{h^2}{2} + H^2 \right) + \\[2mm] A_3 H \left(\dfrac{3h^2}{2} + H^2 \right) + \left(\dfrac{3}{4}h^4 + 3h^2 H^2 + H^4 \right) \end{array} \right] \right\}^{-\frac{1}{5}}$$

给定核密度函数，基于式（6-18）和带宽 h_1，得到最优带宽 h_0^*。令 $h_2 = h_0^*$，式（6-10）可重写如下：

$$\hat{f}_n(y) = \frac{1}{nh_2} \sum_{i=1}^{n} \frac{1}{\sqrt{2\pi}} \exp\left[-\frac{1}{2} \left(\frac{y - Y_i}{h_2} \right) \right] \tag{6-20}$$

进一步地有：

$$h_0^* = \left\{ \int K^2(t)\, \mathrm{d}t / n (U_2(k))^2 \int [\hat{f}''_n(y)]^2\, \mathrm{d}x \right\}^{1/5} \tag{6-21}$$

接着，令 $h_3 = h_0^*$，将得到 h_n 通过多次递归计算趋于的稳定值。此时，也得到与稳定值相对应的最佳带宽。

6.3.4 差分进化算法

由于所构建的模型受约束条件的限制，使得该模型具有非线性，难以求解。为了解决这个问题，使用差分进化算法（DE）来解决这个问题。DE 是由 Rainer 和 Kenneth（1995）提出的，在处理优化问题中得到了广泛的应用。Das 等（2009）证明 DE 对于基准和实际问题都是有效的和稳健的。一个最小化的单目标问题可以表示如下：

$$f(X^*) = \min_{x_i \in \Omega} f(x_i), \quad x_i \in P_0 = \prod_{j=1}^{D} [L_j, U_j]$$

其中，f 为目标函数；$x_i = (x_{i,1}, \cdots, x_{i,D})$ 是 D 维向量；x^* 是全局最优解。L_j 和 U_j（$j = 1, \cdots, D$）是 x_i 中第 j 个变量的下界和上界。P_0 是搜索

空间。$x_i^G = (x_{i,1}^G, \cdots, x_{i,D}^G)$ 和 $x^G = (x_1^G, \cdots, x_{NP}^G)$ 表示第 G 代中第 j 个目标向量。

差分进化算法的主要过程包括初始化、突变、交叉和选择四个阶段（Price 等，2005）。

步骤 1（初始化）：给定 F、CR、NP 和最大的迭代次数 $G_{\max}$；初始个体 x_i^0，（$i=1, \cdots, NP$）由 P_0 产生。当前代 G 令为 0。

步骤 2（变异）：初始化操作后，对当前代的每个 x_i^G，编译向量由 v_i^G 迭代产生。Simon（2013）列出了一些常用的突变策略。本章选择的形式如下："DE/rand/1"：$v_i^G = x_{r_1}^G + F \cdot (x_{r_2}^G - x_{r_3}^G)$。

其中，r_1，r_2 和 r_3 是在范围 $[1, 2, \cdots, NP]$ 内随机选择的互斥整数，且与 i 不同，即 $r_1 \neq r_2 \neq r_3 \neq i$；$x_{best}^G$ 是第 G 代中具有最佳适应值的目标向量。

步骤 3（交叉）：对每一个 x_i^G，实验向量如下生成：

$$u_{ij}^G = \begin{cases} v_{ij}^G, & R_j \leq CR \text{ 或 } j = j_{\mathrm{rand}} \\ x_{ij}^G, & \text{否则} \end{cases}$$

其中，R_j 和 j_{rand} 为区间 $[0, 1]$ 内的均匀分布，且在 $[1, D]$ 范围内随机选择的整数。

步骤 4（选择）：带有目标向量 x_i^G 的试验向量 u_i^G 完成，并为下一代选择更好的向量：

$$x_i^G = \begin{cases} u_i^G, & f(u_i^G) \leq x_i^G \\ x_i^G, & \text{否则} \end{cases}$$

步骤 5：重复步骤 2~步骤 4 直到生成数大于允许的最大值 $G_{\max}$。

6.4 实证研究

以下将研究投资者面临汇率风险时的货币期权对冲问题。接着，估计套期保值组合的密度函数，提出模型求解算法。本节提供了一个例子来说明对冲有效性。假设有 4 个外国投资者，其本国货币可能是日元（JPY）、加元（CAD）、瑞士法郎（CHF）或人民币（CNH）。选择多种货币的原因是为了检验汇率期权的对冲有效性。为了进一步检验模型的鲁棒性，基于样本内分析和样本外分析对套期保值模型进行了评估。在样本外检验中，使用 GARCH 族模型来预测汇率的回报率。

6.4.1 数据

假设有一个投资者，其本国货币可能是 CHN、CAD、CHF 或 JPY。投资者希望投资 Invesco DB Base Metals 基金（以下简称 DBB）和苹果股票（AP）两种资产，两项投资资产的价格以美元计。选择指数收盘价的每周时间序列。数据来源于 Wind 数据库，覆盖范围为 2016 年 6 月 9 日至 2017 年 12 月 1 日。在计算相应的收益率之前，消除了以上外汇市场无交易的天数，并使用线性插值法对缺失数据进行填充。

6.4.2 样本内套期保值效率的检验

不失一般性，假定投资者投资了 DBB 和 AP 两种金融资产组合，且 $Q_1 = Q_2 = 1$。首先，基于外汇期权数据[①]，四种外汇期权的敲定价格分别为 $K_1 = 111.60$、$K_2 = 1.2660$、$K_3 = 0.9780$、$K_4 = 6.5850$。通过求解模型，得

---

① 资料来源：https://cn.investing.com/currencies/forex-options。

到不同目标不同风险厌恶程度下的 LPM 值如表 6-1 所示。

表 6-1　不同目标下的 LPM

本币	目标	套期保值			无套期保值		
	c	$n=1$	$n=2$	$n=3$	$n=1$	$n=2$	$n=3$
CHN	0.000	0.114	0.213	0.699	0.179	0.260	0.776
	0.400	0.232	0.342	1.010	0.482	0.506	1.195
	0.800	0.440	0.593	1.534	0.847	1.015	2.046
	1.200	0.766	1.049	2.458	1.222	1.810	3.647
	1.600	1.137	1.778	4.060	1.603	2.896	6.333
	2.000	1.519	2.798	6.671	1.986	4.276	10.441
JPY	0.000	2.625	82.546	3911.859	5.114	170.840	9277.477
	0.400	2.646	82.859	3908.372	5.128	171.151	9293.056
	0.800	2.639	82.715	3929.753	5.141	171.463	9308.664
	1.200	2.655	83.021	3925.940	5.155	171.776	9324.300
	1.600	2.652	83.083	3929.717	5.169	172.089	9339.964
	2.000	2.666	83.110	3960.331	5.183	172.404	9355.657
CHF	0.000	0.070	0.195	1.340	0.088	0.208	1.436
	0.400	2.579	6.926	20.533	2.635	7.218	21.808
	0.800	5.211	27.495	147.663	5.264	28.084	152.459
	1.200	7.853	61.984	492.855	7.909	62.880	503.557
	1.600	10.493	110.431	1166.557	10.550	111.622	1185.539
	2.000	13.133	172.817	2271.399	13.190	174.309	2308.883
CAD	0.000	0.046	0.018	0.012	0.079	0.031	0.020
	0.400	2.248	5.164	12.071	2.454	6.093	15.257
	0.800	4.676	22.038	104.265	4.882	23.970	117.939
	1.200	7.105	50.768	363.150	7.311	53.684	394.593
	1.600	9.540	91.308	875.288	9.747	95.252	931.795
	2.000	11.978	143.746	1728.245	12.184	148.698	1816.317

从表6-1可以看出，四个不同国家的投资者投资美国企业债券和苹果公司股票，目标收益率越大，下偏矩风险越大，风险厌恶程度越大，面临的下偏矩风险也越大。这说明投资者对收益的期望值越高，所面临的风险越大。进一步地，采取汇率套期保值的下偏矩比不采取汇率套期保值的低。

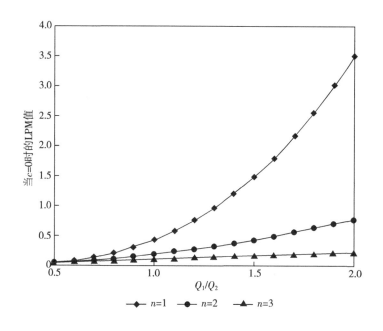

图6-1 风险厌恶系数的影响

从图6-1可以看出，不管Q_1和Q_2的关系如何，风险厌恶系数越大，则LPM值越大。这与表6-1的结论一致。我们知道，对应于某个标的资产的期权有很多种，它们的敲定价格和到期日不同。然而一旦投资者选择期权套期保值，其到期时间是一定的。假设欧式期权的到期时间与投资期限一致。那么，投资者该如何选择敲定价格呢？接下来，分析期权敲定价格对LPM的影响。为了简单起见，假设目标收益$c=0$。分析结果如图6-2所示。

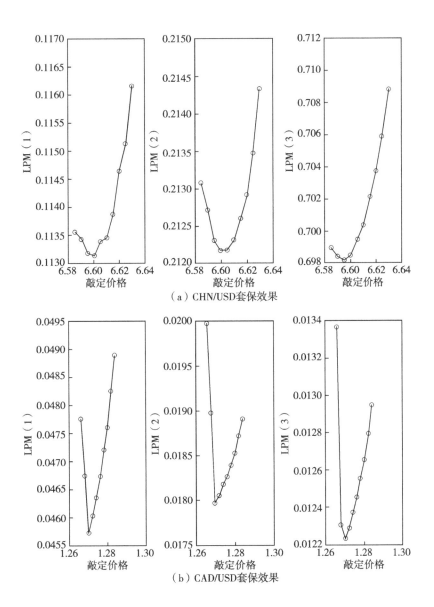

（a）CHN/USD套保效果

（b）CAD/USD套保效果

图 6-2　敲定价格的灵敏度分析

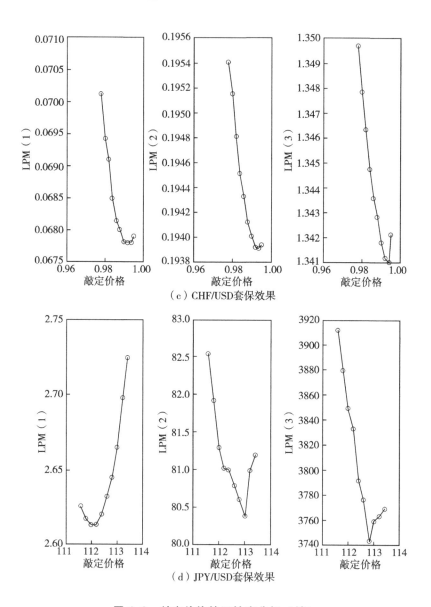

（c）CHF/USD套保效果

（d）JPY/USD套保效果

图6-2　敲定价格的灵敏度分析（续）

从图6-2可以看出，LPM风险首先是下降的，然后随着执行价格的上升而上升。直观上敲定价格越大的期权更具保护性，但投资者也需要为此付出更多的成本购买具有更大敲定价格的看跌期权。因此，建议投资者购买执行价格适中的期权。

以下根据各自投资组合的风险回报情况，与未对冲投资组合相比，研究货币期权的潜在表现。因此，通过比较候选决策策略产生的有效边界，来研究货币对冲的潜在影响（见图 6-3）。具体来说，通过比较有效边界（用收益/风险刻画）来检验对冲工具外汇期权的影响①。

从图 6-3 可以看出，随着目标的增加，有效边界逐渐减小。该结论与实际相符，这是因为当投资者确定的目标收益率较高时，由于风险因素复杂，投资者可能面临越来越大的下行风险。此外，有期权对冲的有效边界比没有期权对冲的高。比较结果表明了期权套期保值的重要性，尤其是目标回报和风险规避都较小的投资者将受益于期权对冲。图 6-3 中得出的结果在图 6-4 中进一步得到验证。

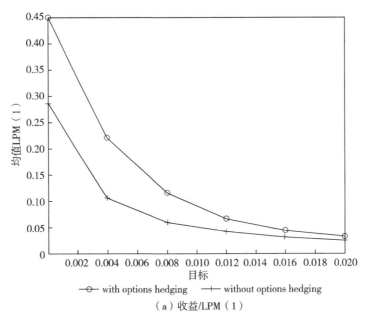

（a）收益/LPM（1）

图 6-3 套与不套情形下目标的灵敏度分析

---

① 由于四种汇率的结果相似，受文章篇幅的限制，接下来的研究仅针对 CHN/USD 汇率展开。

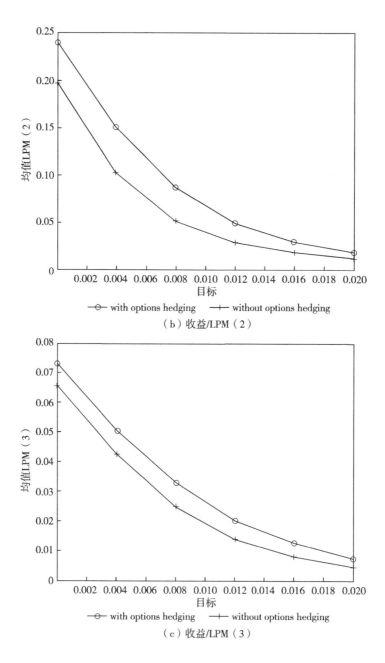

（b）收益/LPM（2）

（c）收益/LPM（3）

图6-3 套与不套情形下目标的灵敏度分析（续）

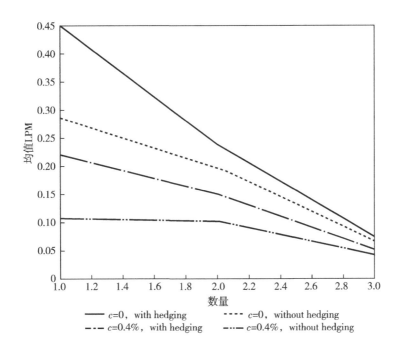

图 6-4　不同目标下风险厌恶系数的影响

图 6-4 表明，当风险规避程度越高时，有效边界越小。在同一目标下，均值/LPM 有效前沿中有期权套期保值优于无期权套期保值。无论有无期权对冲，目标较大的投资者将面临较小的有效边界。因此，图 6-3 和图 6-4 中的结论是一致的。

对于前文的研究假设 $Q_1 = Q_2 = 1$，以下进一步研究不同给定投资组合下的对冲效率。也就是说，改变了 Q_1 和 Q_2 的值，并比较有无汇率期权套期保值情况下的有效边界（见图 6-5）。

从图 6-5 可以发现，对应于国际组合的不同配置，汇率期权对冲的优势是显而易见的。因此，建议跨国投资者在投资外汇资产时，应购买汇率期权，以对冲汇率风险，从而提高有效边界。

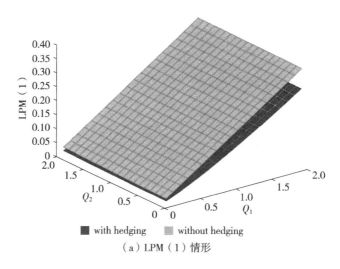

（a）LPM（1）情形

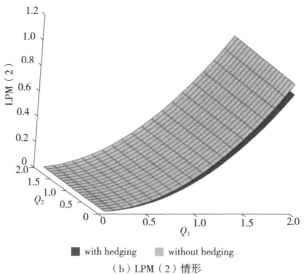

（b）LPM（2）情形

图 6-5　不同组合策略下有无期权套期保值的 LPM 风险

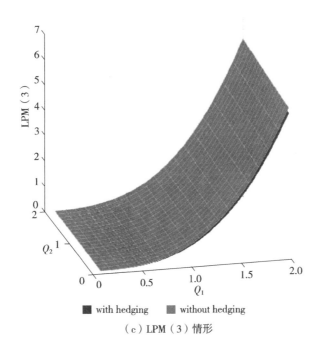

（c）LPM（3）情形

图 6-5 不同组合策略下有无期权套期保值的 LPM 风险（续）

6.4.3 样本外套期保值效率的检验

（1）边际分布。

众所周知，资产收益具有高（低）波动性和高（低）波动性，体现了计量经济学中的聚集性。当预测波动性时，GARCH 族模型在时间序列数据分析中变得非常重要，尤其是在金融应用中。因此，本章的边际模型就基于 GARCH 族模型和 GJR 模型。这些模型的详细定义可参考 Huang 等（2009）。表 6-2 给出了几个模型的拟合效果。

表 6-2 基于 Ljung-Box 和 Engle 检验结果可以发现，GARCH 族模型和 GJR 模型的残差不能拒绝置信水平为 5% 的零假设。此外，采用最大似然估计方法估计的参数具有重要意义。基于 LLF、AIC 和 BIC 三个拟合评价标准（此处拟合评价标准为较大的 LLF 或较小的 AIC 和 BIC），可以得出

GARCH-n、GARCH-t、GJR-n 和 GJR-t 模型分别适合于刻画 CHN、CAD、CHF、JPY、DBB 和 AP 的收益率。表 6-3 给出了与所选模型相关的参数估计。

表 6-2　边际分布的拟合模型

对象	模型	AIC	BIC	LLF
CHN	GARCH-n	−2301.33007	−2282.120492	1154.665035
	GARCH-t	−2425.4459	−2396.631536	1218.925366
	GJR-n	−2299.57185	−2270.757481	1155.785925
	GJR-t	−2421.85073	−2383.431573	1218.722952
CAD	GARCH-n	−1832.51144	−1813.301858	921.0448465
	GARCH-t	−1830.08969	−1801.275324	920.2557187
	GJR-n	−1829.68438	−1800.870014	920.8421913
	GJR-t	−1826.69799	−1788.278836	921.3489972
CHF	GARCH-n	−1606.43588	−1587.226301	807.2179398
	GARCH-t	−1707.25217	−1673.946966	859.6260871
	GJR-n	−1661.4581	−1632.643734	836.7290515
	GJR-t	−1712.36612	−1678.437806	864.1830622
JPY	GARCH-n	−1687.17256	−1658.358187	848.9908697
	GARCH-t	−1689.98174	−1670.77216	849.5862778
	GJR-n	−1686.4282	−1657.613828	849.2140985
	GJR-t	−1686.38018	−1647.961022	851.1900902
DBB	GARCH-n	−1524.52329	−1495.455451	766.2616448
	GARCH-t	−1531.8152	−1505.31371	772.1203318
	GJR-n	−1524.26982	−1503.000836	771.9076021
	GJR-t	−1528.24066	−1489.821505	768.1349097
AP	GARCH-n	−400.958403	−381.7488236	204.4792013
	GARCH-t	−1086.62064	−1057.806273	549.310321
	GJR-n	−612.652935	−583.8385666	312.3264676
	GJR-t	−1082.90651	−1044.487349	549.4532537

表 6-3　模型的参数估计

	参数							
C	K	GARCH	ARCH	AR	MA	DoF	Leverage	
CHN	0.0003196	0.0000007	0.7822743	0.2177255	0.0010866			3.5171685	
CAD	0.0009625	0.0000075	0.8657219	0.0648670					
CHF	0.0001759		0.9260464	0.0893667	0.6242237	0.7707384	7.4319948	0.0817212
JPY	0.0011207	0.0000129		0.7979449	0.1342821	0.0284781	18.4971364	
DBB	0.0016342	0.0000086	0.9249607	0.0448952	0.1094074		28.1861336	
AP	0.0041589	0.0018116	0.0000000	0.0000000	0.0018030			3.2623763	
	标准差							
CHN	0.0001581	0.0000004	0.0679583	0.0954778	0.0559077			0.5316781	
CAD	0.0006117	0.0000071	0.0961469	0.0426161					
CHF	0.0001882		0.0562283	0.0778014	0.1672138	0.1367071	1.7604844	0.0813281
JPY	0.0007455	0.0000092		0.0818506	0.0556190	0.0644211	25.9050438	
DBB	0.0010096	0.0000111	0.0643447	0.0353988	0.0593148		49.0122115	
AP	0.0018574	0.0006091	0.2890582	0.0013003	0.0509748			0.3382645	

（2）样本外套期保值效率检验。

与表 6-1 对应，下面针对风险厌恶系数对比检验外汇期权套期保值与不套期保值的效果。样本外检验效果如表 6-4 所示。

表 6-4　不同目标下的 LPM 风险

对象	目标	有套期保值			无套期保值		
	c	$n=1$	$n=2$	$n=3$	$n=1$	$n=2$	$n=3$
CNY	0.0%	0.3129	0.9589	17.3945	0.3202	0.9790	17.4783
	0.4%	0.3814	1.0421	17.7546	0.3897	1.0641	17.8467
	0.8%	0.4620	1.1435	18.1486	0.4713	1.1676	18.2490
	1.2%	0.5504	1.2651	18.5828	0.5604	1.2916	18.6924
	1.6%	0.6441	1.4090	19.0647	0.6549	1.4378	19.1845
	2.0%	0.7421	1.5757	19.6030	0.7534	1.6073	19.7336

续表

对象	目标	有套期保值			无套期保值		
	c	$n=1$	$n=2$	$n=3$	$n=1$	$n=2$	$n=3$
JPY	0.0%	8.2685	444.9350	63657.5665	8.2964	449.4776	64140.2439
	0.4%	8.2723	445.1483	63668.9030	8.2999	449.5928	64149.6032
	0.8%	8.2756	445.1621	63674.4012	8.3033	449.7080	64158.9649
	1.2%	8.2791	445.3229	63686.2026	8.3068	449.8233	64168.3290
	1.6%	8.2826	445.3902	63693.0410	8.3103	449.9386	64177.6955
	2.0%	8.2863	445.5101	63702.7765	8.3138	450.0540	64187.0644
CHF	0.0%	0.0004	0.0015	0.0149	0.0004	0.0015	0.0149
	0.4%	0.4828	0.6123	0.7805	0.4828	0.6123	0.7805
	0.8%	1.5624	2.4440	3.8282	1.5624	2.4441	3.8283
	1.2%	2.3442	5.4984	12.9039	2.3442	5.4985	12.9040
	1.6%	3.1261	9.7753	30.5775	3.1261	9.7755	30.5775
	2.0%	3.9079	15.2748	59.7166	3.9079	15.2753	59.7166
CAD	0.0%	0.0374	0.0387	0.0777	0.0381	0.0395	0.0785
	0.4%	0.3637	0.4304	0.6068	0.3670	0.4326	0.6084
	0.8%	1.2046	1.5233	2.0248	1.2063	1.5276	2.0340
	1.2%	1.8075	3.3427	6.3236	1.8092	3.3490	6.3426
	1.6%	2.4111	5.8909	14.5797	2.4129	5.8994	14.6122
	2.0%	3.0151	9.1688	28.1143	3.0169	9.1792	28.1644

从表6-4可以看出，表6-4和表6-1结果相似。也就是说，不管是样本内还是样本外，预算和风险厌恶系数对LPM的影响关系是稳健的。投资者可以从期权套期保值中获利。以CHN/USD为例与图6-2进行比较，检验基于样本外预测的敲定价格影响如图6-6所示。

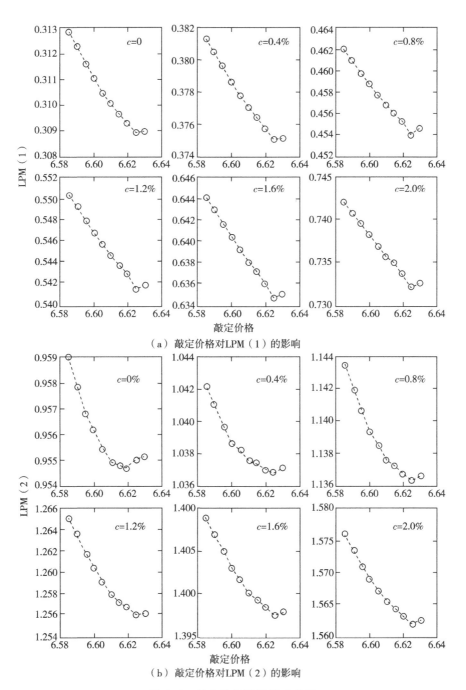

（a）敲定价格对LPM（1）的影响

（b）敲定价格对LPM（2）的影响

图 6-6　敲定价格的灵敏度分析

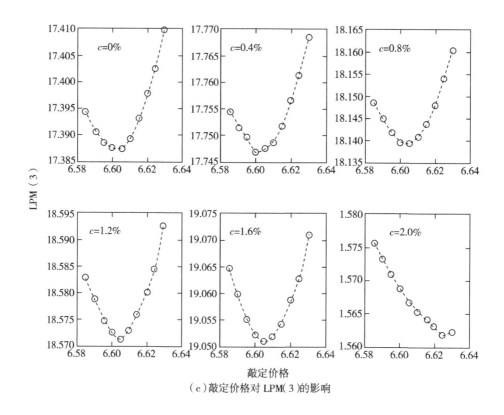

（c）敲定价格对 LPM(3)的影响

图 6-6　敲定价格的灵敏度分析（续）

从图 6-6 可以看出，不同目标下，敲定价格对 LPM 的影响与图 6-2 样本内的讨论类似。图 6-7 和图 6-8 检验对于样本外数据结果具有稳健性。接下来，通过不同的组合检验外汇期权套期保值的效率，结果如图 7-9 所示[①]。

从图 6-7 到图 6-9 可以看出，对于 $n=1$，2，3，套与不套的差是负数。结果表明，当投资者利用外汇期权对冲汇率风险时，所面临的 LPM 风险较小。也就是说，利用外汇期权套期保值是可取的。接下来进一步检验样本外套期保值效率收益/LPM 的影响，如图 6-10 所示。

---

①　为了更清晰地看出区别，子图（c）给出套期保值和不套期保值两种情形下的效率差。

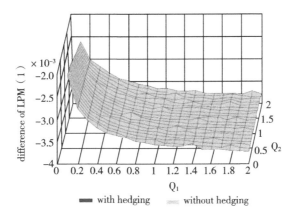

图 6-7　LPM（1）下套与不套的差

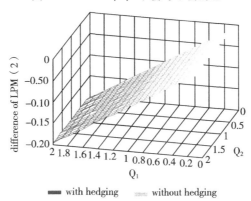

图 6-8　LPM（2）下套与不套的差

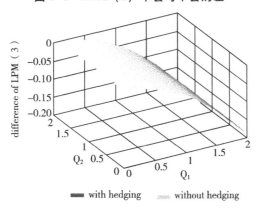

图 6-9　LPM（3）下套与不套的差

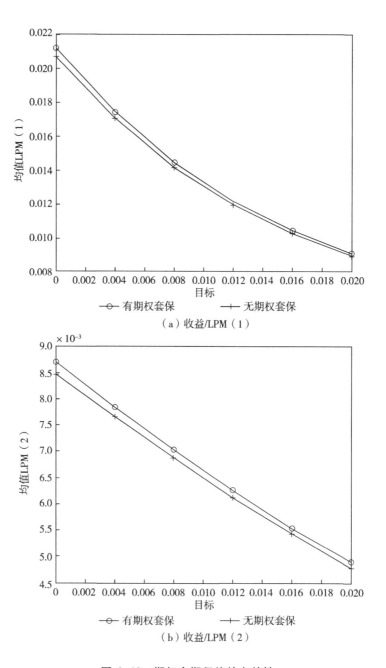

（a）收益/LPM（1）

（b）收益/LPM（2）

图 6-10 期权套期保值的有效性

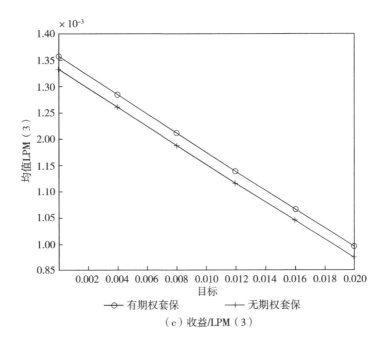

（c）收益/LPM（3）

图 6-10　期权套期保值的有效性（续）

图 6-10 显示了关于收益/LPM 的对冲效率，也称效率边界。可以发现，对于样本外预测，由于代表期权对冲的曲线在上面，因此外汇期权对冲优于无对冲的情形。此外，效率边界随目标的增加而减小。图 6-11 进一步说明了风险厌恶系数和目标的影响。

通过比较图 6-4 和图 6-11，针对样本内和样本外数据，N 阶风险厌恶系数及投资目标对有效边界的影响是稳健的。可以看到，风险厌恶系数对效率前沿的影响是负面的。因此，建议风险规避和目标较小的投资者购买外汇期权，以对冲国际投资组合多元化中的汇率风险。

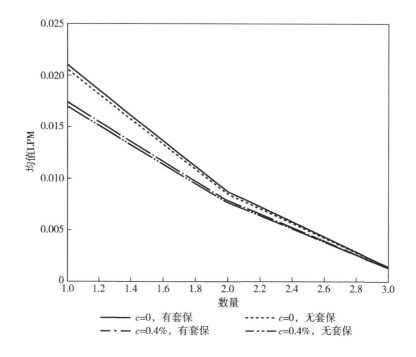

图 6-11　不同目标下风险厌恶系数的影响

6.5　本章小结

随着经济全球化的发展，汇率的波动性越来越大，使得外汇风险管理问题更加紧迫。因此，研究有效的外汇风险控制手段具有重要意义。本章研究了国际金融资产组合中外汇风险的套期保值策略问题，利用市场数据进行了广泛的数值测试，以实证检验外汇期权在国际投资组合中对冲汇率风险的有效性，以及通过样本外预测来检验研究结果的稳健性。结果表明，货币期权合约的套期保值效果优于无期权套期保值的情形。样本内数据和样本外数据的检验结果表明，对于国内货币无论是 CHN、CAD、CHF 的投资者还是 JPY 的投资者，只要投资于以美元计价的国际资产，货币期权套期保值的效果是显著的，并且比没有套期保值的情况更显著。风险规避程度越高或目标回报越高，下行风险越大，但有效边界越小（用平均值/LPM 来衡量）。当货币期权的执行价格增加时，LPM 风险先降低再增加。因此，建议投资者选择执行价格适中的期权进行对冲。当投资者用货币期权对冲汇率风险时，有效边界可以得到显著增加。

本章参考文献

［1］ Brown G W, Toft K B. How firms should hedge ［J］. Review of Financial Studies, 2002（15）: 1283-1324.

［1］ Silverman B W. Density Estimation for Statistics and Data Analysis ［M］. Chapman and Hal, London, 1986.

［2］ Lapan H E, Moschini G. The hedging role of options and futures under joint price, basis, and production risk ［J］. International Economic Review, 1995, 36（4）: 1025-1049.

［3］ Topaloglou N, Vladimirou H, Zenios S A. Optimizing international portfolios with options and forwards ［J］. Journal of Banking & Finance, 2011, 35（12）: 3188-3201.

［4］ Barjaktarovi M, Karic D, Zecevic R. Currency options in function of currency risk hedging and speculating ［J］. Economic Analysis, 2011（44）: 38-46.

［5］ Bajo E, Barbi M, Romagnoli S. Optimal corporate hedging using options with basis and production risk ［J］. North American Journal of Economics and Finance, 2014（30）: 56-71.

［6］ Lien D, Tse Y K. Hedging downside risk: Futures vs. options ［J］. International Review of Economics & Finance, 2002, 10（2）: 159-169.

［7］ Battermann H L, Braulke M, Broll U. The perred hedge instrument ［J］. Economics Letter, 2000（66）: 85-91.

［8］Sakong Y, Hayes D, Hallam A. Hedging production risk with options ［J］. American Journal of Agricultural Economics, 1993, 75 （2）: 408-415.

［9］Wong K P. Production decisions in the presence of options: A note ［J］. International Review of Economics & Finance, 2002, 11 （1）: 17-25.

［10］Chang E C, Wong K P. Cross hedging with currency options and futures ［J］. Journal of Financial and Quantitative Analysis, 2003, 38 （3）: 555-574.

［11］Bajo E, Barbi M, Romagnobi S. A generalized approach to optimal hedging with option contracts ［J］. The European Journal of Finance, 2015, 21 （9）: 713-733.

［12］Zhang W G, Yu X, Liu Y J. Trade and currency options hedging model ［J］. Journal of Computational and Applied Mathematics, 2018 （343）: 328-340.

［13］Artzner P, Delbaen F, Eber J. Heat D. Coherent measures of risk ［J］. Mathematical Finance, 1999, 9 （3）: 203-228.

［14］Pflug G C, Someremarks O. The Value-at-risk and the conditional value-at-risk ［J］. Nonconvex Optimization & Its Applications, 2000 （49）: 272-281.

［15］Ogryczak W, Ruszczynski A. Dual stochastic dominance and related mean-risk models ［J］. Society for Industrial and Applied Mathematics, 2002 （1）.

［16］Eftekhari B, Stachell S E. Non-normality of returns in emerging markets: A comparison of mean-variance versus mean-lower partial moment asset pricing models ［M］//Research in International Business and Finance, Supplement 1, J. Doulkas and L. Lang （eds）, JAI Press, Greenwich, Connecticut, 1998: 267-277.

［17］Lien D. Tse Y K. Hedging downside risk with futures contracts ［J］. Applied Financial Economics, 2000 （10）: 163-170.

［18］ Bawa V S. Optimal rules for ordering uncertain prospects ［J］. Journal of Financial Economics, 1975, 5 (1): 95-121.

［19］ Chen S X, Tang C Y. Nonparametric inference of value-at risk for dependent financial returns ［J］. Journal of Financial Econometrics, 2005, 3 (2): 227-255.

［20］ Yu X, Zhang W G, Liu Y J. Crude oil options hedging based on a new extreme risk measure ［J］. Economic Computation & Economic Cybernetics Studies & Research, 2018. 52 (4): 275-290.

［21］ Lien D, Tse Y K. Hedging time-varying downside risk ［J］. Journal of Futures Markets, 1998, 18 (6): 705-722.

［22］ Wand M P, Jones M C. Kernel smoothing ［M］. Chapman & Hall, London, 1995.

［23］ Silverman B W. Density estimation for statistics and data analysis ［M］. Chapman and Hall, London, 1986.

［24］ Reiner S, Kenneth P. Differential Evolution – A simple and efficient adaptive scheme for global optimization over continuous spaces ［R］. Technical Report, TR-95-012, ICSI, March, 1995.

［25］ Das S, Abraham A, Chakraborty U K, Konar A. Differential evolution using a neighborhood – based mutation operator ［J］. IEEE Trans Evol Comput 2009, 13 (3): 526-53.

［26］ Price K, Storn R, Lampinen J. Differential evolution: A practical approach to global optimization ［M］//Natural computing series. Springer – Verlag, Berlin, Heidelberg, 2005.

［27］ Simon D. Evolutionary optimization algorithms ［M］. John Wiley & Sons, 2013.

［28］ Huang J J, Lee K J, Liang H, Lin W F. Estimating value at risk of portfolio by conditional copula-GARCH method ［J］. Insurance: Mathematics and Economics, 2009, 45 (3): 315-324.

第 7 章
考虑偏度特征的甲醇风险管理

甲醇是世界公认的环保燃料添加剂，作为一种环保燃料，甲醇在国民经济中得到了广泛的应用。然而，甲醇价格波动巨大，规避其价格风险成为学界和业界的重要课题。尽管学者们对甲醇期货套期保值的方法进行了研究，但现有文献对收益率的传统正态假设低估了潜在风险，导致套期保值策略效率低下，因此本章在偏正态分布下研究甲醇期货合约套期保值策略。

7.1 引言

传统汽油由 100 多种不同的碳氢化合物混合在一起，在不同的点火点具有不同的挥发性条件，产生的污染物有一氧化碳、碳氢化合物、氮氧化物等，它们是 PM2.5 形成的主要来源。而甲醇的分子式为 CH_4O，在空气中容易点燃，含氧量高达 50% 也容易完全燃烧，燃烧后的产物主要是二氧化碳和水，是国际公认的清洁燃料。中国不仅是世界上最大的甲醇消费国，也是世界上使用增长最快的国家之一，许多大型甲醇生产商和贸易商都瞄准了中国市场。甲醇作为一种重要的有机化工原料，被广泛应用于化工、纺织、建筑等国民经济领域。然而，由于国际甲醇生产大多以天然气为原料，因此天然气价格的波动也会影响甲醇价格。例如，2016 年初，受全球宏观经济复苏的影响，全球能源需求显著增加，导致包括天然气在内的能源市场价格大幅上涨，国际国内甲醇价格随着成本的增加而上涨。甲醇价格的波动给生产商和投资者带来了巨大的风险，甲醇生产企业如何制定合理的套期保值策略以规避价格风险至关重要。

期货套期保值作为一种有效的方法被广泛应用于风险管理领域。期货合约是指各方按照指定的时间和价格买卖某些资产的协议，而期货市场最重要的功能之一是套期保值。期货合约能对冲持有相关现货的投资者因现货价格波动而产生的价格风险。Christensen 等（2019）研究了风电期货的好处，发现它适合对冲清洁能源的基差。Gong 等（2019）分析了原油期货市场的尾部依赖性，测量了原油期货的投资组合风险，并计算了原油现货的动态套期保值率。本章研究了期货合约在规避甲醇价格风险方面的套期保值性能。

Jackson 等（1997）、Hull 和 White（1998）、Campbell 等（2001）的文献已经研究了基于收益遵循正态分布时的风险对冲问题，虽然这一假设简化了模型，但大量研究已经证明收益是非正态的，并且往往是不对称的，因此偏斜成为研究的焦点。Bolance 等（2008）通过比较正态和偏态之间的情况，研究了条件尾部期望（CTE）风险度量在一组双变量真实数据上的性能。Zhang 等（2009）将偏度的影响纳入套期保值的目标函数中，发现在正态分布下，具有偏度的套期保值模型比均方差模型表现更好。Bernardi 等（2012）提出了一种倾斜正态分布的有限混合来表征保险数据，采用贝叶斯方法来估计其模式。他们实现了一种自适应马尔科夫链蒙特卡罗算法来近似后验分布，并将所提出的方法应用于一个著名的丹麦火灾损失数据和相关的风险度量，如风险值和预期短缺概率。其他研究文献包括 Eichner 和 Wagener（2011）、Fung 和 Seneta（2016）、Barbi 和 Romagnoli（2018）、Beranger 等（2019）。作为套期保值决策的一个重要影响因素，偏度衡量的是出现极端回报的可能性，因此，本章建立了一个期货合约套期保值模型，其中假设现货和期货收益率的分布是偏态的。

上述内容对变量分布进行了充分的解释，但对多元依赖结构，即现货收益与期货收益之间的非线性和不对称依赖，还不是很多。本章使用 Copula 模型来拟合依赖结构。Cherubini 等（2004）认为，由于线性相关系数未能反映边际收益分布的非线性变换，Copula 模型在金融领域越来越受欢迎。这是因为，通过 Copula 模型可以构建一个灵活的多变量分布，并伴随着不同的边际分布和依赖结构使投资组合的联合分布不受任何正态性和线性相关性的限制。Copula 模型的应用和发展非常广泛，如 Huang 等（2009）提出了一个新的模型，称为条件 Copula-GARCH，通过将 Copula 模型和 GARCH 族模型的预测函数相结合来计算投资组合的 VaR。Berger（2016）量化了 Copula 基本方法对应用风险测量的影响，特别关注风险值（VaR）的预测。Reboredo 和 Vgolini（2015）使用 Vine Copula 模型对四种贵金属之间的多元依赖结构进行了表征，并计算了风险的下行值和上行值以及条件风险值。Low 等（2016）首次将 Copula 应用于均值—方差优化模式的一些复杂扩展，该规则包含了对更高矩风险具有鲁棒性模型的识别。Imen 等（2019）采用 Copula 方法研究了次贷危机背景下的金融传染现象及其强度。本章采用三种 Copula，即 Gaussian Copula、Clayton Copula 和 Gumbel Copula 来拟合现货和期货收益之间的依赖结构，并进一步计算 VaR 和 CVaR。

7.2 边际分布建模

自 Samuelson（1970）、Kraus 和 Litzenberger（1976）提出偏态是进行投资决策时应该关注的一个关键因素以来，人们对偏态正态分布和相关分布族的兴趣大幅增长。资产收益率不是完全对称的正态分布，而是具有厚尾和高峰度的特征，正态分布假设下人们很可能低估了不考虑偏度的风险。

7.2.1　偏正态分布

标准偏正态分布具有以下形式的累积分布函数（CDF）：

$$F(x) = \Phi(x) - 2T(x, \lambda) \tag{7-1}$$

其中，$\Phi(\cdot)$ 表示标准正态累积分布函数，$T(x, \lambda)$ 表示欧文 T 函数（Owen，1956）所谓欧文 T 函数 $T(h, a)$，是指当 $h \geqslant 0$ 时，$T(h, a) = P(X > h, 0 < Y < aX)$；当 $a \geqslant 0$ 时，$T(h, -a) = -T(h, a)$ 为第二个参数的负值。这里的 X 和 Y 是独立且同分布的标准正态变量，可以写成一个单积分 $T(h, a) = \dfrac{1}{2\pi}\displaystyle\int_0^a (1 + x^2)^{-1}\exp\left\{-\dfrac{1}{2}h^2(1 + x^2)\right\}\mathrm{d}x$，当 $a \leqslant 0$ 时也成立。那么，称 X 服从参数为 λ 的偏态分布，即 $X \sim SN(\lambda)$。

套期保值是为了消除价格波动带来的金融风险而在现货市场和期货市场进行的反向操作，最优套期保值比率的确定是套期保值问题的核心。h 是套期保值者卖出（如为负数则买入）的期货数量。本章假设套期保值者打算在未来卖出一个单位的商品，其担心现货价格可能下跌给未来带来损失。为了对冲现货风险，套期保值者卖出头寸为 h 的期货。那么，套期保值投资组合的收益率如下：

$$r_p = r_s - hr_f \tag{7-2}$$

其中，r_p 是对冲组合的收益率，r_s 和 r_f 是现货和期货的收益率，分别以现货和期货价格的对数差计算。假设 r_s 和 r_f 都服从偏正态分布，即 $r_s \sim SN(\xi_1, \sigma_1^2, \lambda_1)$ 和 $r_f \sim SN(\xi_2, \sigma_2^2, \lambda_2)$。根据式（7-1）标准偏正态累积分布函数，$r_s$ 和 r_f 的分布函数可表示如下：

$$F_{r_s}(x) = \Phi\left(\frac{x - \xi_1}{\sigma_1}\right) - 2T\left(\frac{x - \xi_1}{\sigma_1}, \lambda_1\right)$$

$$F_{r_f}(x) = \Phi\left(\frac{x - \xi_2}{\sigma_2}\right) - 2T\left(\frac{x - \xi_2}{\sigma_2}, \lambda_2\right) \tag{7-3}$$

7.2.2　参数估计

虽然偏正态分布在拟合偏态数据分布方面实现了优异的性能，但相关参数的估计具有一定的难度。因此，采用基于似然函数的最大似然（ML）方法来解决这个问题。然而，由于不能从似然方程的解中获得样本观测值的显式函数，本章采用遗传算法来估计样本分布的参数。

遗传算法最早由 Holland（1975）提出，它不受函数可导性和连续性的限制。遗传算法具有内在的隐式并行性和较好的全局优化能力，采用概率优化方法，自动获得优化后的搜索空间，并在没有明确规则的情况下可自适应调整搜索方向。由于上述优良品质，遗传算法在优化组合、机器学习、信号处理、自适应控制和人工智能等领域被普遍应用，取得了积极的效果。根据 Abdullah 等（2018）的说法，与基于单搜索点的算法相比，遗传算法可以在候选解决方案群中进行多向搜索，这使得可能成功的种子能够均匀地分布在整个解决方案空间上，并使其在优化过程中取得成功。与现有算法不同，遗传算法的基本原理是其搜索周期从种群的初始解开始，种群中的每个个体都被称为染色体，在迭代过程中染色体的持续更新被称为遗传。遗传算法主要通过交叉、突变和选择算子来实现，染色体的优缺点通常通过适应来评估。根据适应度值的大小，选择父母和后代中一定比例的个体作为后代的种群，然后继续迭代，直到收敛到全局最优染色体。

与其他启发式算法相比，遗传算法具有以下特点：①从多个起点搜索，而不是从单个起点搜索，因此可以有效地跳出局部极值；②利用目标函数的评价信息代替传统导数的目标函数，具有良好的适应性和可伸缩性，对目标函数的形式没有要求；③能够找到全局最优解，并且在不连续、多峰值和噪声环境中以很大的概率收敛到全局最优或满意解；④将每个过程划分为决策变量以优化生产过程，解决最优作业调度问题；⑤具有自然的并行性，既可以对多个结果进行信息搜索，同时又可以进行基于组的计算。此外，遗传算法中包含一定的概率增加了搜索最优解过程的灵活性。本节采用遗传算法来估计偏正态分布的参数，以便后续进行进一步的计算。值得说明的是，图 7-1 和图 7-2 只是显示了该算法的良好性能，即收敛速度快，这与本章的目标函数没有直接关系。由于本章的数据对象与实证部分的数据对象相同，因此获得的参数估计可以直接应用于后期的实证研究。基于以上讨论，使用遗传算法来估计偏正态分布的参数。

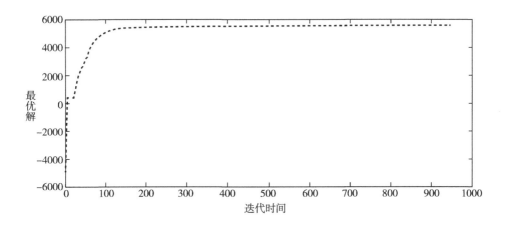

图 7-1　甲醇现货参数估计的收敛速度

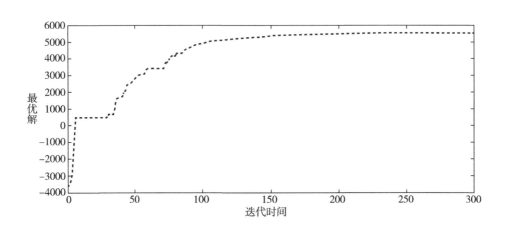

图 7-2　甲醇期货参数估计的收敛速度

从图 7-1 和图 7-2 可以发现，当使用遗传算法时，甲醇现货和期货收益率分布的参数估计收敛速度非常快。在遗传算法的帮助下，获得样本参数，但需要估计边际分布的统计特征。Chopra 和 Ziemba（1993）认为，在构建优化模型时，使用样本均值而不是总体的真实均值会影响最优解的结果，并且不同样本的均值 CVaR 有效边界存在显著差异。因此，迭代种群数的选择至关重要。根据 Eling（2012）的文献，本书获得了均值、方差、偏度和峰度的表达式，这些表达式突出了偏度参数 $\delta(\lambda)$ 的影响，如下所示。

若 $Y \sim SN(\xi, \sigma^2, \lambda)$，则，

$$E(Y) = \xi + \sqrt{\frac{2}{\pi}} \delta(\lambda) \sigma$$

$$\mathrm{Var}(Y) = \left[1 - \frac{2\delta^2(\lambda)}{\pi} \right] \sigma^2 \tag{7-4}$$

$$S_Y = \sqrt{2}(4-\pi) \frac{\lambda^3}{\left[\pi + (\pi-2)\lambda^2 \right]^{3/2}}$$

其中，$\delta(\lambda) = \dfrac{\lambda}{\sqrt{1+\lambda^2}}$，$S_Y$ 是偏度的度量。

7.2.3　Copula 理论

Copula 方法因在构建依赖结构和表示非线性关系方面所具有优良的特性，已被广泛应用于金融领域。Copula 方法的应用可以追溯到 Sklar（1959），他提出了基本假设，并提出了联合累积概率函数和 Copula 的一些基本性质。

Copulas 定理表明了 Copula 在多元分布函数与其单变量边际之间的关系中所起的作用（Nelsen，2006）。Copula 函数的定义如下：

H 是一个联合分布函数，其边际分布为 F 和 G，那么存在一个满足以下条件的 Copula 函数：

$$H(x, y) = C(F(x), G(y)) \tag{7-5}$$

如果 F 和 G 是连续的，那么 C 是唯一的；否则，C 由 $RanF \times RanG$ 唯一确定。反之，如果 C 是一个 Copula 函数，并且 F 和 G 是边际分布，那么上面定义的函数就是一个边际分布为 F 和 G 的联合分布函数。根据 Sklar 定理，选择 Copula 函数时可以不受边际分布的限制，边际分布的建模将不再是重点。

7.2.4　Copula 族

由于 Copula 族可以很好地刻画收益率的动态变化特征，捕捉金融市场的聚集效应和非对称效应，因此各种 Copula 函数被广泛用于预测资产收益率的波动性。本章研究的 Copula 族包括 Gaussian Copula、Clayton Copula 和 Gumbel Copula，其累积概率分布 $C(u_1, u_2; \theta)$ 和密度分布 $D(u_1, u_2; \theta)$ 如下所示：

（1）高斯 Copula。

$$C(u_1, u_2; \theta) = \int_{-\infty}^{\Phi^{-1}(u_1)} \int_{-\infty}^{\Phi^{-1}(u_2)} \frac{1}{2\pi\sqrt{1-\theta^2}} \exp\left\{-\frac{x_1^2 - 2\theta x_1 x_2 + x_2^2}{2(1-\theta^2)}\right\} dx_1 dx_2$$

$$D(u_1, u_2; \theta) = \frac{1}{\sqrt{1-\theta^2}} \exp\left\{-\frac{\xi_1^2\theta^2 - 2\theta\xi_1\xi_2 + \xi_2^2\theta^2}{2(1-\theta^2)}\right\} \tag{7-6}$$

其中，$\Phi^{-1}(\cdot)$ 表示单变量标准正态累积分布的逆函数；$\xi_1 = \Phi^{-1}(u_1)$ 和 $\xi_2 = \Phi^{-1}(u_2)$ 都是正态分布变量；$\theta \in [-1, 1]$ 表示相关系数。

（2）Clayton Copula。

$$C(u_1, u_2; \theta) = (u_1^{-\theta} + u_2^{-\theta} - 1)^{-\frac{1}{\theta}}$$

$$D(u_1, u_2; \theta) = (1+\theta)(u_1 u_2)^{-\theta-1}(u_1^{-\theta} + u_2^{-\theta} - 1)^{-2-\frac{1}{\theta}} \tag{7-7}$$

其中，$S = (-\log u_1)^\theta + (-\log u_2)^\theta$，$\theta \in [1, \infty)$ 是 Gumbel Copula 的相关系数。

（3）Gumbel Copula。

$$C(u_1, u_2; \theta) = \exp\left\{-\left[(-\log u_1)^\theta + (-\log u_2)^\theta\right]^{\frac{1}{\theta}}\right\}$$

$$D(u_1,\ u_2;\ \theta) = \frac{\exp\left\{-S^{\frac{1}{\theta}}\right\}(\log u_1 \log u_2)^{-\theta-1}(S^{\frac{1}{\theta}}+\theta-1)}{u_1 u_2 S^{2-\frac{1}{\theta}}} \qquad (7-8)$$

其中，$S = (-\log u_1)^\theta + (-\log u_2)^\theta$，$\theta \in [1,\ \infty)$ 是 Gumbel Copula 的相关系数。

7.3 套期保值组合建模

基于以上假设和分析，本章提出了期货套期保值模型。首先，推导了套期组合的分布函数；其次，将偏正态分布应用于三种具体的 Copula 函数中，得到套期组合的收益分位数。进一步地，基于收益率的分位数通过最小化风险测度获得最优套期保值比率。

7.3.1 套期保值组合收益率 r_p 的分布函数

命题 1：令 $h>0$，则对冲组合 r_p 的累积分布如下：

$$F_{r_p}(x) = 1 - \int_0^1 D^1 C_{r_s,\ r_f}\left(\omega,\ F_{r_f}\left(\frac{F_{r_s}^{-1}(\omega) - x}{h}\right)\right) d\omega \qquad (7-9)$$

其中，$D^1 C(u_1,\ u_2) = \dfrac{\partial C u_1 u_2}{\partial u_1}$，$F_{r_s}^{-1}(\omega)$ 表示 r_s 的 ω 分位数。

证明：根据分布函数的定义和变量替换，$\omega = F_{r_s}(x)$，可以得到：

$$
\begin{aligned}
F_{r_s,\ r_s - hr_f}(s,\ t) &= P(r_s \leqslant s,\ r_s - hr_f \leqslant t) \\
&= \int_{-\infty}^{s} P(r_s - hr_f \leqslant t \mid r_s = x)\, dF_{r_s}(x) \\
&= \int_{-\infty}^{s} P\left(r_f \geqslant \frac{r_s - t}{h} \mid r_s = x\right) dF_{r_s}(x)
\end{aligned}
$$

$$
\begin{aligned}
&= F_{r_s}(s) - \int_{-\infty}^{s} P\left(r_f < \frac{x-t}{h} \mid r_s = x\right) dF_{r_s}(x) \\
&= F_{r_s}(s) - \int_{-\infty}^{s} D^1 C_{r_s,\,r_f}\left(F_{r_s}(x),\ F_{r_f}\left(\frac{x-t}{h}\right)\right) dF_{r_s}(x) \\
&= F_{r_s}(s) - \int_{0}^{F_{r_s}(s)} D^1 C_{r_s,\,r_f}\left(\omega,\ F_{r_f}\left(\frac{F_{r_s}^{-1}(\omega)-t}{h}\right)\right) d\omega
\end{aligned}
$$

$$(7-10)$$

假设 $s \to +\infty$，可以得到上述对冲组合的分布。

当 $h>0$ 时，如果 r_s 和 r_f 是定义在同一概率空间（Ω，P）上的两个实值随机变量，具有相应的 Copula 函数 C_{r_s,r_f} 和边际 F_{r_s} 和 F_{r_f}，那么 r_p 的 s 分位数满足如下方程：

$$
\int_{0}^{1} D^1 C_{r_s,\,r_f}\left(\omega,\ F_{r_f}\left(\frac{F_{r_s}^{-1}(\omega)-x}{h}\right)\right) d\omega = 1 - s
$$

$$(7-11)$$

7.3.2　Copula 函数的应用

结合偏正态假设，$F_{r_p}^{-1}(s)$ 表示对冲投资组合 r_p 的 s 分位数，并满足以下特定形式的 Copula 函数（有关衍生过程，请参见本章附录）：

（1）Gaussian Copula。

若用 Gaussian Copula 来描述 r_s 和 r_f 之间的依赖关系，对冲组合的 s 分位数求解如下：

$$
\int_{0}^{1} \Phi\left(\frac{1}{\sqrt{1-\theta^2}}\left(\Phi^{-1}(\Phi(z(\omega)) - 2T(z(\omega),\ \lambda_2)) - \theta\Phi^{-1}(\omega)\right)\right) d\omega = 1 - s
$$

$$(7-12)$$

其中，$z(\omega) = \dfrac{F_{r_s}^{-1}(\omega) - F_{r_p}^{-1}(\omega)}{h\sigma_2} - \dfrac{\mu_2}{\sigma_2}$，$\sigma_2$ 和 μ_2 分别是未来收益率的总体标准方差和总体平均值，λ_2 是总体偏度。此外，s 表示置信度。

（2）Clayton Copula。

使用 Clayton Copula 来描述 r_s 和 r_f 之间的依赖关系，对冲投资组合的 s

分位数求解如下：

$$\int_0^1 \omega^{-\theta-1}(\omega^{-\theta}+(\Phi(z(\omega))-2T(z(\omega),\lambda_2))^{-\theta}-1)^{-\frac{1}{\theta}-1}\mathrm{d}\omega = 1-s$$

$$(7-13)$$

（3）Gumbel Copula。

使用 Gumbel Copula 来描述 r_s 和 r_f 之间的依赖关系，对冲投资组合的 s 分位数求解如下：

$$\int_0^1 \frac{1}{\omega}(-\log\omega)^{\theta-1}(g(z(\omega),\lambda_2))^{\frac{1}{\theta}-1}\exp\{-(g(z(\omega),\lambda_2))^{\frac{1}{\theta}}\}\mathrm{d}\omega = 1-s$$

$$(7-14)$$

其中，$g(z(\omega),\lambda_2)=(-\log\Phi(z(\omega))-2T(z(\omega),\lambda^2))^\theta+(-\log\omega)^\theta$。

7.3.3 风险测度

优化问题取决于所选择的风险度量，本章采用的风险度量是风险评估中最常用的在风险价值（VaR）和条件风险价值 CVaR。目前，大量文献使用最小 VaR 和最小 CVaR 准则对套期保值策略进行研究。例如，Feng 等（2012）、Reboredo 和 Ugando（2015）、Segnon 等（2017）、Abadie 等（2017）、Yu 等（2017）、Zhu 等（2020）。Tekiner-Mogulkoc 等（2015）、Lu 等（2016）、Hemmati 等（2016 年）、Liu 等（2017）、Roustai 等（2018）通过使用最小 CVaR 的目标来确定套期保值率。类似地，本章基于最小 VaR 和最小 CVaR 研究套期保值策略问题。VaR 和 CVaR 的形式描述如下：

$$\mathrm{VaR} = -F_{r_p}^{-1}(s)$$

$$\mathrm{CVaR} = -\frac{1}{\alpha}\int_0^\alpha F_{r_p}^{-1}(s)\,\mathrm{d}s$$

$$(7-15)$$

最优套期保值比率 h^* 是约束条件 $h>0$ 下，$\dfrac{\partial\mathrm{VaR}}{\partial h}=0$ 和 $\dfrac{\partial\mathrm{CVaR}}{\partial h}=0$ 的解。

7.4　实证过程

虽然式（7-15）中描述的 VaR 和 CVaR 形式上简单，但由于式（7-13）和式（7-14）中的间接表达式 s 的分位数 $F_{r_p}^{-1}(s)$ 比较复杂，导致显式求解可能性较低。因此，本节采用人工蜂群（ABC）算法来寻找最优套期保值比率，即确定套期保值者应当为每单位甲醇现货商品卖出的甲醇期货合约数量。为了评估下行风险并计算最优套期保值比率，以从 Wind 数据库中获取甲醇现货和期货数据为例开展实证研究，这些数据包括 2016 年 11 月 20 日至 2019 年 11 月 20 日的每日收盘价。

7.4.1　人工蜂群算法

人工蜂群（ABC）算法由土耳其学者 Karaboga 于 2005 年提出，其基本思想受到蜂群通过个体分工和信息交换完成采蜜任务的启发。Kumar 等（2013）指出，人工蜂群算法由于其定义明确的蜜蜂阶段、平衡的局部和全局搜索机制以及较少的控制参数，被广泛用于解决不同的工程或现实世界的优化问题。Kong 等（2018）认为，与粒子群算法（PSO）和蚁群优化算法（ACO）等其他算法相比，ABC 算法具有优越的探索能力和较高的收敛精度。

7.4.2　算法流程

人工蜂群（ABC）算法的主要步骤包括初始化阶段、受雇蜜蜂阶段、循环、旁观蜜蜂阶段、侦察蜜蜂阶段、记录迄今搜索到的最优解以及循环结束，各步骤的具体内容如下：

步骤 1：初始化种群，包括初始化蚁群数 NP、食物源数 $\dfrac{NP}{2}$、控制参

数 $limit$、最大循环数 $\max Cycle$ 和 D 维解域，并在解空间随机生成初始解 $X_i(i=1, 2, \cdots, NP)$，计算其适应度值。

步骤 2：开始循环（循环次数少于最大循环次数）。

步骤 3：受雇蜜蜂根据公式 $V_{ij}=X_{ij}+\Phi_{ij}(X_{ij}-X_{kj})$ 在初始解的邻域搜索新解 V_i，并计算新解的适应度值。其中 $k \in 1, 2, \cdots, NP$，$j \in 1, 2, \cdots, D$，$k \neq j$。Φ_{ij} 是在 $[-1, 1]$ 之间的随机数。

步骤 4：根据贪婪选择机制，在下一代种群中选择适应度值较高的解，计算公式如下：

$$V_i=\begin{cases} V_i, & fit(V_i)>fit(x_i) \\ x_i, & fit(x_i)>fit(V_i) \end{cases} \tag{7-16}$$

式（7-16）意味着，如果 V_i 的适配值优于 X_i，则用 V_i 取而代之 X_i，把 V_i 作为当前的最优解，否则保持 X_i 不变。迭代过程如下：

（1）根据公式 $P_i=\dfrac{fit_i}{\sum\limits_{k=1}^{N} Pfit_k}$ 计算食物源的概率。

（2）旁观蜂根据概率 P_i 选择与受雇蜂相对应的食物源，根据搜索新方案的公式得到新方案 V_i，并计算其适应度值。

（3）重复步骤 4。

（4）当食物源邻域的搜索次数 d 达到控制参数 $limit$ 时，找不到新的更高适能值的解，即放弃食物源，随机初始化受雇蜜蜂的位置。

（5）记录当前的最优解。

（6）当循环次数达到最大值时，终止循环并输出最优解。否则，返回步骤 3 继续搜索。

作为一种蜂群智能优化算法，人工蜂群算法能够真实模拟自然界中蜜蜂的觅食行为，控制参数的设置能够有效平衡全局搜索和局部搜索，避免算法陷入局部最优，从而显著提高算法性能。

7.5　实证分析

由于甲醇期货的广泛应用和巨大的价格波动性，对甲醇期货套期保值的研究越来越受到重视。本节讨论以下问题：①正态假设和偏态假设下的风险比较；②偏度敏感性和置信水平敏感性分析；③不同 Copula 函数下套期保值绩效的对比研究；④不同风险测度下套期保值效果的比较。

7.5.1　敏感性分析

偏度意味着不对称和风险，是本章研究的核心。通过构建模型可以得到下行风险、最优对冲比率和对冲有效性对偏度变化的敏感性。Chen 等（2001）认为，市场上最大的变动通常是下跌而不是上涨，市场收益呈现负偏度或不对称波动，即收益为负时波动率趋于上升。Zachary 和 Alexander（2019）提出，对于负偏斜分布，最常见的回报可能是小的正回报。然而，出现大额负收益的概率也更大。相反，正偏斜分布更有可能出现大额正收益，这促使受损失规避影响的投资者更倾向于采用负偏斜策略。套期保值的目的是规避风险，而负偏度恰恰反映了人们担心的损失和风险，因此本节对负偏度的变化设置如下：

令 $\xi_1 = 0.0166$、$\xi_2 = -0.0118$、$\sigma_1 = 0.0232$、$\sigma_2 = 0.0227$，μ、σ 分别表示样本的平均值和标准方差。图 7-3 显示了不同相关性下偏度对最优对冲比率的影响。与 Clayton Copula 和 Gumbel Copula 相关的结果参见本章附录。

随着偏度的变化，套期保值头寸的变化趋势如图 7-3 所示，图中横轴为期货偏度，纵轴为现货偏度。Gaussian Copula 下套期保值前后套期保值头寸和风险的具体数据如表 7-1 所示，基于 Clayton Copula 和 Gumbel Copula 的相关结果数据参见本章附录。

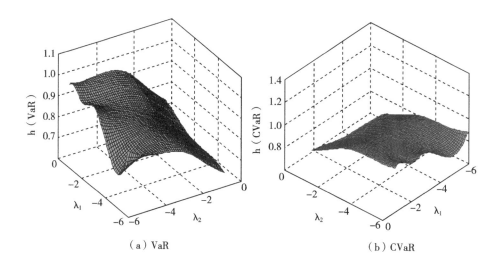

（a）VaR   （b）CVaR

图 7-3　基于 VaR 和 CVaR 的 Gaussian Copula 的对冲头寸

表 7-1　基于 Gaussian Copula 的对冲头寸、风险和对冲效率

λ_1		λ_2	h_{VaR}	VaR_{he}	E_{VaR}	h_{CVaR}	$CVaR_{he}$	E_{CVaR}
-6	$VaR_{un}=0.0304$ $CVaR_{un}=0.0386$	-6	0.92	0.0088	0.71	0.89	0.0111	0.71
		-3.3	0.84	0.0106	0.65	0.82	0.0129	0.67
		-2.6	0.80	0.0116	0.62	0.79	0.0138	0.64
		-2.2	0.77	0.0126	0.59	0.76	0.0148	0.62
		-1.5	0.71	0.0146	0.52	0.70	0.0168	0.56
		-0.9	0.67	0.0167	0.45	0.67	0.0189	0.51
		0	0.66	0.0173	0.43	0.66	0.0195	0.49
-3.3	$VaR_{un}=0.0317$ $CVaR_{un}=0.0400$	-6	0.97	0.0075	0.76	0.94	0.0100	0.75
		-3.3	0.88	0.0095	0.70	0.86	0.0119	0.70
		-2.6	0.84	0.0105	0.67	0.82	0.0128	0.68
		-2.2	0.81	0.0115	0.64	0.79	0.0139	0.65
		-1.5	0.74	0.0137	0.57	0.74	0.0160	0.60
		-0.9	0.70	0.0158	0.50	0.70	0.0181	0.55
		0	0.69	0.0165	0.48	0.69	0.0188	0.53

λ_1		λ_2	h_{VaR}	VaR_{he}	E_{VaR}	h_{CVaR}	$CVaR_{he}$	E_{CVaR}
-2.6	$VaR_{un}=0.0324$ $CVaR_{un}=0.0408$	-6	0.99	0.0068	0.79	0.96	0.0093	0.77
		-3.3	0.90	0.0087	0.73	0.88	0.0112	0.73
		-2.6	0.86	0.0098	0.70	0.84	0.0122	0.70
		-2.2	0.83	0.0108	0.67	0.81	0.0132	0.68
		-1.5	0.76	0.0130	0.60	0.75	0.0154	0.62
		-0.9	0.72	0.0153	0.53	0.71	0.0176	0.57
		0	0.70	0.0159	0.51	0.70	0.0183	0.55
-2.2	$VaR_{un}=0.0331$ $CVaR_{un}=0.0416$	-6	0.96	0.0057	0.83	0.94	0.0094	0.77
		-3.3	0.93	0.0079	0.76	0.90	0.0104	0.75
		-2.6	0.88	0.0090	0.73	0.86	0.0115	0.72
		-2.2	0.85	0.0100	0.70	0.83	0.0125	0.70
		-1.5	0.78	0.0123	0.63	0.77	0.0147	0.65
		-0.9	0.73	0.0146	0.56	0.73	0.0170	0.59
		0	0.72	0.0153	0.54	0.72	0.0177	0.57
-1.5	$VaR_{un}=0.0344$ $CVaR_{un}=0.0431$	-6	1.00	0.0039	0.89	1.00	0.0065	0.85
		-3.3	0.96	0.0059	0.83	0.94	0.0085	0.80
		-2.6	0.92	0.0070	0.80	0.90	0.0096	0.78
		-2.2	0.88	0.0081	0.76	0.86	0.0107	0.75
		-1.5	0.81	0.0105	0.70	0.80	0.0130	0.70
		-0.9	0.76	0.0129	0.63	0.76	0.0154	0.64
		0	0.75	0.0136	0.61	0.75	0.0161	0.63
-0.9	$VaR_{un}=0.0352$ $CVaR_{un}=0.0441$	-6	1.00	0.0016	0.95	1.00	0.0042	0.90
		-3.3	0.99	0.0035	0.90	0.96	0.0062	0.86
		-2.6	0.94	0.0047	0.87	0.92	0.0073	0.83
		-2.2	0.90	0.0058	0.83	0.88	0.0085	0.81
		-1.5	0.83	0.0082	0.77	0.82	0.0108	0.75
		-0.9	0.78	0.0107	0.70	0.77	0.0132	0.70
		0	0.77	0.0114	0.68	0.76	0.0140	0.68
0	$VaR_{un}=0.0379$ $CVaR_{un}=0.0475$	0	0.77	0.0101	0.74	0.77	0.0127	0.73

根据表 7-1 中的具体数据和图 7-3 中的变化趋势，不同的 Copula 函数可以得到一些类似的结论。在现货偏度固定的情况下，期货偏度的绝对值越大，最优套期保值比率越高，说明在期货收益率的正态分布假设下，投资者选择的套期保值头寸并不能尽可能地降低风险。

图 7-4 描述了 Gaussian Copula 下套期保值的有效性和风险相对于偏度的变化趋势，其他两个 Copula 函数的变化趋势参见本章附录。通过进行最小 VaR 和最小 CVaR 两种策略，套期前的风险小于套期后的风险，用期货合约确认套期策略可以降低风险。无论套期保值前后的风险，其价值都会随着偏度的上升而增加，也就是说，正态分布下的风险大于偏态分布下的风险，可以得出套期保值者会低估正态假设下的风险的结论，这也证明了本章偏态假设的合理性。此外，偏度的绝对值越大，基于两种风险度量的有效性越高，表明充分识别风险有利于提高套期保值的效率。表 7-2 和图 7-4 显示了风险厌恶对最佳套期保值头寸和套期保值有效性的作用。Clayton Copula 和 Gumbel Copula 的结果参见本章附录。图 7-4 是根据以下参数化绘制的。

$$\xi_1 = 0.0166,\ \xi_2 = -0.0118,\ \sigma_1 = 0.0232,\ \sigma_2 = 0.0227,\ \lambda_1 = \lambda_2 = -3.3$$

表 7-2　不同置信水平下基于 Gaussian Copula 的套期保值效果

α	h_{VaR}	VaR_{un}	VaR_{he}	E_{VaR}	h_{CVaR}	$CVaR_{un}$	$CVaR_{he}$	E_{CVaR}
0.04	0.8762	0.0293	0.0099	0.6621	0.8579	0.0305	0.0123	0.5967
0.045	0.8800	0.0282	0.0095	0.6631	0.8607	0.0334	0.0118	0.6467
0.05	0.8838	0.0271	0.0090	0.6679	0.8632	0.0363	0.0114	0.6860
0.055	0.8875	0.0264	0.0088	0.6666	0.8656	0.0390	0.0110	0.7179
0.06	0.8911	0.0253	0.0084	0.6679	0.8679	0.0416	0.0107	0.7428
0.065	0.8948	0.0245	0.0081	0.6694	0.8701	0.0442	0.0104	0.7647
0.07	0.8984	0.0238	0.0078	0.6681	0.8721	0.0467	0.0102	0.7816
0.075	0.9021	0.0231	0.0076	0.6710	0.8742	0.0491	0.0099	0.7984
0.08	0.9058	0.0224	0.0073	0.6741	0.8762	0.0515	0.0097	0.8117
0.085	0.9095	0.0218	0.0071	0.6743	0.8781	0.0537	0.0095	0.8231
0.09	0.9134	0.0212	0.0069	0.6745	0.8800	0.0560	0.0093	0.8339
0.095	0.9172	0.0206	0.0067	0.6748	0.8819	0.0582	0.0091	0.8436
0.1	0.9212	0.0200	0.0065	0.6750	0.8838	0.0603	0.0090	0.8507

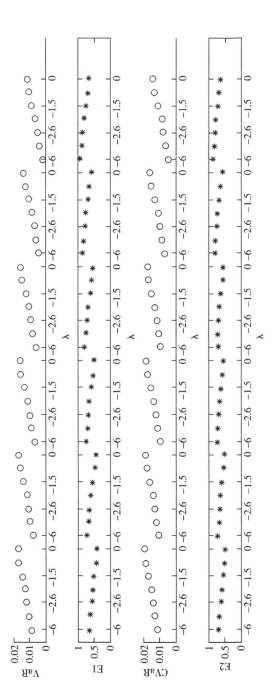

图 7-4　基于 Gaussian Copula 的风险

从表 7-2 和图 7-5 中可以发现，在 Gaussian Copula 情况下，基于 VaR 和 CVaR 的对冲头寸均处于较高水平，但变化幅度较小。以 VaR 计算的对冲有效性相对较低，总体呈上升趋势，变化幅度也相对较小。当 $\alpha = 0.1$ 时，CVaR 的对冲有效性为 0.85，远高于 VaR 的 0.67。对于 Clayton Copula 函数，VaR 得出的最优对冲比率略高于 CVaR，但两者的变化量基本相同。效率情况与 Gaussian Copula 大致相同。

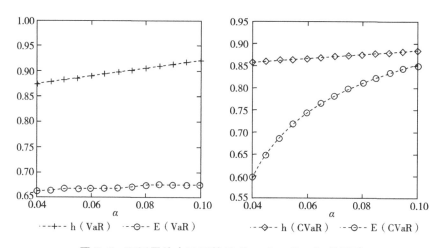

图 7-5　不同置信水平下基于 Gaussian Copula 的风险

用 Gumbel 函数计算的对冲头寸与其他两种 Copula 函数不同，即其值最大且呈下降趋势。与此相一致，VaR 和 CVaR 的对冲有效性也最大。例如，当 $\alpha = 0.04$ 时，VaR 和 CVaR 下的有效性分别为 0.73 和 0.64，高于其他两个 Copula 函数下的有效性。通过以上分析可以看出，置信度越高，代表风险规避程度越高，因此套期保值者会使用更多的期货合约来对冲风险，从而进一步得到更高的套期保值有效性。置信水平越高，套期保值头寸越少，而 Gumbel Copula 的套期保值有效性仍呈上升趋势。

7.5.2　实证分析结果

本节使用 Copula 函数来拟合不同边际分布，然后计算最优套期保值率，并比较不同 Copula 函数下的套期保值性能。现有文献（Alizadeh 等，2015；Ghoddusi 和 Emamzadehfard，2017）提供了事前与事后的方法来划分整个样本数据。通过参考该方法，采用样本内和样本外测试方法来校准模型并评估模型的性能。样本内分析的前一部分涵盖 2016 年 11 月 20 日至 2018 年 5 月 20 日期间，而样本外分析的后一部分涵盖 2018 年 5 月 21 日至 2019 年 11 月 20 日期间。样本内和样本外试验的结果如表 7-3、表 7-4 所示。

表 7-3　样本内外套期保值头寸和套期保值效率

Copula function	样本	h_{var}	E_{var}	h_{cvar}	E_{cvar}
Gaussian Copula	样本内	0.55	0.25	0.54	0.32
	样本外	0.55	0.29	0.54	0.40
Clayton Copula	样本内	0.54	0.45	0.49	0.51
	样本外	0.54	0.28	0.49	0.35
Gumbel Copula	样本内	0.76	0.46	0.77	0.49
	样本外	0.76	0.27	0.77	0.38

表 7-4　样本内外套期保值风险

Copula function	样本	h_{var}	E_{var}	h_{cvar}	E_{cvar}
Gaussian Copula	样本内	0.0278	0.0208	0.0366	0.0248
	样本外	0.0285	0.0201	0.0374	0.0224
Clayton Copula	样本内	0.0278	0.0150	0.0366	0.0178
	样本外	0.0285	0.0205	0.0374	0.0243
Gumbel Copula	样本内	0.0278	0.0148	0.0366	0.0184
	样本外	0.0285	0.0207	0.0374	0.0231

　　表 7-3 显示了从样本内和样本外测试得出的最佳套期保值比率和套期保值有效性的结果，表 7-4 显示了在样本内和样本外测试下，没有套期保值或有套期保值的 VaR 和 CVaR 的结果。在 Gaussian Copula、Clayton Copula 和 Gumbel Copula 条件下，套期保值者应使用最小 VaR 策略分别在相反

方向上购买 1 份现货头寸对应的 0.55、0.54 和 0.76 份期货合约，然后将 VaR 的百分比降低作为评估套期保值性能的标准。对于 Gaussian 情况，采用 0.55 的最优套期保值率，相对于没有套期保值的情况，VaR 降低了约 25%，Clayton Copula 对冲了约 45% 的现货头寸 VaR，而 Gumbel Copula 将这一数字降至 46%。正如我们所看到的，Clayton Copula 实现了最小的套期保值率，而 Gumbel Copula 获得了最高的套期保值有效性。然而，对于样本外的情况，只有 Gaussian Copula 的有效性大于样本内测试的有效性，而其他两个 Copula 的效率则大大降低了，这对套期保值者来说是一个重要的结论。因为样本内的套期保值表现只反映了历史表现，套期保值者更关心他们未来能在多大程度上规避风险。从以上分析中可以得到的建议是，具有 Gaussian Copula 的依赖结构更好地拟合了现货和期货收益之间的相关性，并推进了本书的风险管理实践。从最小 CVaR 策略中可以得到相同的结论。一方面，在不同的 Copula 函数下，通过最小化 CVaR 获得的最优套期保值率分别为 0.54、0.49 和 0.77；另一方面，对于套期保值效率，Gaussian Copula 将 CVaR 降低了 32%，远好于 Clayton Copula 和 Gumbel Copula 导致 CVaR 更高的降低，分别为 51% 和 49%。与最小 VaR 策略类似，只有样本外套期保值性能优于样本内套期保值性能的 Gaussian Copula，这表明 Gaussian Copula 确实是本章所采用的三种 Copula 中用于构建依赖结构的最佳工具。同时，通过比较不同风险准则下的最优套期保值率和套期保值有效性，发现 CVaR 更高效、更合理。总体而言，基于 Gaussian Copula 的最优套期保值比率较小，有效性较高。

7.6　本章小结

在能源和环境问题日益突出的背景下，甲醇是可选择的清洁能源，在社会和国家发展中发挥着重要作用。然而甲醇价格的波动给生产商和投资者带来了巨大的风险，因此，为生产甲醇的公司和投资者制定合理的套期保值策略以规避价格风险至关重要。本章基于偏正态假设研究甲醇期货套期保值策略。结果表明：一方面，期货套期保值策略可以有效降低风险，为相关投资者和公司提供风险对冲方法。另一方面，现货和期货收益率的正态假设低估了真实风险，导致套期保值策略效率低下，而偏斜的正态分布能很好地代表收益率的分布特征，比正态分布假设更合理。

由于传统线性相关的局限性，采用 Copula 函数来构造边际分布和联合分布之间的相关性。本章将偏正态边际引入到三种 Copula 函数中，通过比较样本内和样本外检验的套期保值有效性，发现 Gaussian Copula 函数的性能更好。

由于似然方程在偏斜正态的情况下没有显式解，而遗传算法是一种受生物系统原理启发的有效搜索技术，本章将遗传算法用于估计参数，以克服在求解似然方程时遇到的问题。此外，由于人工蜂群算法具有优越的探索能力和较高的收敛精度，因此采用人工蜂群算法来搜索最优解，提高了结果的准确性。

本章参考文献

［1］Christensen T S, Pircalabu A, Hóg E. A seasonal copula mixture for hedging the clean spark spread with wind power futures ［J］. Energy Economics, 2019, 78 （2）: 64-80.

［2］Gong X L, Liu X H, Xiong X. Measuring tail risk with GAS time varying copula, fat tailed GARCH model and hedging for crude oil futures ［J］. Pacific-Basin Finance Journal, 2019 （55）: 95-109.

［3］Jackson P, Maude D J, Perraudin W. Bank capital and value at risk ［J］. The Journal of Derivatives, 1997, 4 （3）: 73-89.

［4］Hull J C, White A D. Value at risk when daily changes in market variables are not normally distributed ［J］. Journal of Derivatives, 1998, 5 （3）:

9-19.

[5] Campbell R, Huisman R, Koedijk K. Optimal portfolio selection in a Value - at - Risk framework [J]. Journal of Banking & Finance, 2001, 25 (9): 1789-1804.

[6] Bolance C, Guillen M, Pelican E, et al. Skewed bivariate models and nonparametric estimation for the CTE risk measure [J]. Insurance: Mathematics and Economics, 2008, 43 (3): 386-393.

[7] Zhang L B, Wang C F, Fang Z M. Optimal hedging ratio model with skewness [J]. Systems Engineering-Theory & Practice, 2009 (29): 1-6.

[8] Bernardi M, Maruotti A, Petrella L. Skew mixture models for loss distributions: A Bayesian approach [J]. Insurance: Mathematics and Economics, 2012, 51 (3): 617-623.

[9] Eichner T, Wagener A. Increases in skewness and three-moment preferences [J]. Mathematical Social Sciences, 2011, 61 (2): 109-113.

[10] Fung T, Seneta E. Tail asymptotics for the bivariate skew normal [J]. Journal of Multivariate Analysis, 2016, 144 (2): 129-138.

[11] Barbi M, Romagnoli S. Skewness, basis risk, and optimal futures demand [J]. International Review of Economics & Finance, 2018, 58 (11): 14-29.

[12] Beranger B, Padoan S A, Xu Y, Sisson S A. Extremal properties of the univariate extended skew-normal distribution, Part A [J]. Statistics & Probability Letters, 2019 (147): 73-82.

[13] Cherubini U, Luciano E, Vecchiato W. Copula methods in finance [M]. John Wiley and Sons Ltd. , 2004.

[14] Huang J J, Lee K J, Liang H, et al. Estimating value at risk of portfolio by conditional copula-GARCH method [J]. Insurance: Mathematics & Economics, 2009, 45 (3): 315-324.

[15] Berger T. On the isolated impact of copulas on risk measurement: A

simulation study [J]. Economic Modelling, 2016, 58 (11): 475-481.

[16] Reboredo J C, Ugolini A. Downside/upside price spillovers between precious metals: A vine copula approach [J]. North American Journal of Economics and Finance, 2015, 34 (11): 84-102.

[17] Low Y, Kwong R, Robert F, Kjersti A. Enhancing mean-variance portfolio selection by modeling distributional asymmetries [J]. Journal of Economics and Business, 2016, 85 (5): 49-72.

[18] Imen Z, Faten L, Elmoez Z. Financial contagion in the subprime crisis context: A copula approach [J]. The North American Journal of Economics and Finance, 2019, 47 (2): 269-282.

[19] Samuelson P A. The fundamental approximation theorem of portfolio analysis in terms of means, variances, and higher moments [J]. Review of Economic Studies, 1970 (37): 537-542.

[20] Kraus A, Litzenberger R H. Skewness preference and the valuation of risk assets [J]. The Journal of Finance, 1976, 31 (4): 1085-1100.

[21] Owen D B. Tables for computing bivariate normal probabilities [J]. The Annals of Statistics, 1956, 27 (4): 1075-1090.

[22] Holland J. Adaptation in natural and artificial system: An introduction with application to biology, control and artificial intelligence [M]. University of Michigan Press, Ann Arbor, 1975.

[23] Abdullah Y, Birdal S, Ufuk Y. Maximum likelihood estimation for the parameters of skew normal distribution using genetic algorithm [J]. Swarm and Evolutionary Computation, 2018, 38 (2): 127-138.

[24] Chopra V K, Ziemba W T. The effect of errors in means, variances and covariances on optimal portfolio choice [J]. Journal of Portfolio Management, 1993 (19): 6-11.

[25] Eling M. Fitting insurance claims to skewed distributions: Are the skew-normal and skew-student good models? [J]. Insurance: Mathematics & E-

conomics, 2012, 51 (2): 239-248.

[26] Sklar A. Fonctions de repartition à n dimensions et leurs marges [J]. Publication de l'Institut de Statistique l'Universite Paris, 1959 (8): 229-231.

[27] Nelsen R B. An introduction to copulas [M]. Springer, New York, 2006.

[28] Feng Z H, Wei Y M, Wang K. Estimating risk for the carbon market via extreme value theory: An empirical analysis of the EU ETS [J]. Applied Energy, 2012 (99): 97-108.

[29] Reboredo J C, Ugando M. Downside risks in EU carbon and fossil fuel markets [J]. Mathematics and Computers in Simulation, 2015, 111 (5): 17-35.

[30] Segnon M, Lux T, Gupta R. Modeling and forecasting the volatility of carbon dioxide emission allowance prices: A review and comparison of modern volatility models [J]. Renewable and Sustainable Energy Reviews, 2017, 69 (3): 692-704.

[31] Abadie L M, Goicoechea N, Galarraga I. Carbon risk and optimal retrofitting in cement plants: An application of stochastic modelling, Monte Carlo simulation and Real Options Analysis [J]. Journal of Cleaner Production, 2017, 142 (1): 3117-3130.

[32] Yu W H, Yang K, Wei Y, et al. Measuring Value-at-Risk and Expected Shortfall of crude oil portfolio using extreme value theory and vine copula [J]. Physica A: Statistical Mechanics and its Applications, 2017, 490 (9): 1423-1433.

[33] Zhu B Z, Zhou X X, Liu X F, et al. Exploring the risk spillover effects among China's pilot carbon markets: A regular vine copula-CoES approach [J]. Journal of Cleaner Production, 2020, 242 (1): 1-7.

[34] Tekiner-Mogulkoc H, Coit D W, Felder F A. Mean-risk stochastic electricity generation expansion planning problems with demand uncertainties con-

sidering conditional value-at-risk and maximum regret as risk measures [J]. International Journal of Electrical Power & Energy Systems, 2015, 73 (12): 309-317.

[35] Lu Z G, Qi J T, Wen B, et al. A dynamic model for generation expansion planning based on conditional value-at-risk theory under low-carbon economy [J]. Electric Power Systems Research, 2016, 141 (12): 363-371.

[36] Hemmati R, Saboori H, Saboori S. Stochastic risk-averse coordinated scheduling of grid integrated energy storage units in transmission constrained wind-thermal systems within a conditional value-at-risk framework [J]. Energy, 2016, 113 (15): 762-775.

[37] Liu B, Ji Q, Fan Y. Dynamic return-volatility dependence and risk measure of CoVaR in the oil market: A time-varying mixed copula model [J]. Energy Economics, 2017, 68 (10): 53-65.

[38] Roustai M, Rayati M, Sheikhi A, et al. A scenario-based optimization of Smart Energy Hub operation in a stochastic environment using conditional-value-at-risk [J]. Sustainable Cities and Society, 2018, 39 (5): 309-316.

[39] Rahimi M, Ghezavati V. Sustainable multi-period reverse logistics network design and planning under uncertainty utilizing conditional value at risk (CVaR) for recycling construction and demolition waste [J]. Journal of Cleaner Production, 2018 (172): 1567-1581.

[40] Kumar S, Kumari R, Sharma V K. A novel hybrid crossover based artificial bee colony algorithm for optimization problem [J]. International Journal of Computer Applications, 2013, 82 (8): 18-25.

[41] Kong D P, Chang T Q, Dai W J, et al. An improved artificial bee colony algorithm based on elite group guidance and combined breadth-depth search strategy [J]. Information Sciences, 2018, 442 (5): 54-71.

[42] Chen J, Hong H, CStein J. Forecasting crashes: trading volume, past returns, and conditional skewness in stock prices [J]. Journal of Financial

Economics，2001，61（3）：345-381.

［43］Zachary D，Alexander G. The impact of skew on performance and bias：How skew distorts short term performance，triggers bias，and changes drawdowns［J］. Journal of Behavioral and Experimental Finance，2019（22）：232-238.

［44］Alizadeh A H，Huang C Y，Dellen S V. A regime switching approach for hedging tanker shipping freight rates［J］. Energy Economic，2015，49（3）：44-59.

［45］Ghoddusi H，Emamzadehfard S. Optimal hedging in the US natural gas market：The effect of maturity and cointegration［J］. Energy Economic，2017，63（3）：92-105.

本章附录

附录 1

式（7-12）～式（7-14）中 s 分位数的推导过程。对于三个 Copula 函数，函数 C 关于第一个变量 u_1 的偏导数如下所示：

（1）Gaussian Copula。

$$D^1 C(u_1, u_2; \theta) = \Phi\left(\frac{1}{\sqrt{1-\theta^2}}(\Phi^{-1}(u_2) - \theta\Phi^{-1}(u_1))\right) \tag{A1}$$

（2）Clayton Copula。

$$D^1 C(u_1, u_2; \theta) = u_1^{-\theta-1}(u_1^{-\theta} + u_2^{-\theta} - 1)^{-\frac{1}{\theta}-1} \tag{A2}$$

（3）Gumbel Copula。

$$D^1 C(u_1, u_2; \theta) = \frac{1}{u_1}(-\log u_1)^{\theta-1}\left[(-\log u_1)^\theta + (-\log u_2)^\theta\right]^{\frac{1}{\theta}-1}$$

$$\exp\left\{-\left[(-\log u_1)^\theta + (-\log u_2)^\theta\right]^{\frac{1}{\theta}}\right\} \tag{A3}$$

将（A1）（A2）（A3）代入式（7-11），可得式（7-12）～式（7-14）。

附录 2

基于 VaR 和 CVaR 的 Clayton Copula 或 Gumbel Copula 对冲头寸（见附图 A1 和附图 A2）。

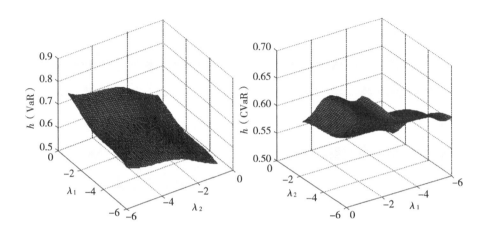

附图 A1　基于 VaR 和 CVaR 的 Clayton Copula 对冲头寸

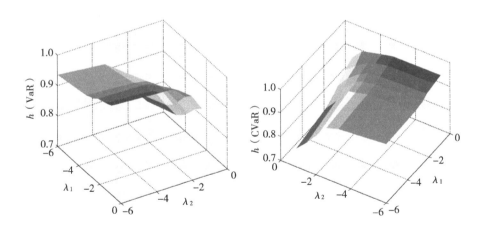

附图 A2　基于 VaR 和 CVaR 的 Gumbel Copula 对冲头寸

附录 3

Clayton Copula 和 Gumbel Copula 的最佳套期保值比率、无套期保值或有套期保值的风险以及套期保值效果（见附表 A1）。

附表 A1　**Clayton Copula** 的最优套期保值比率、套期保值

前后的风险和套期保值效果

	λ_1	λ_2	h_{VaR}	VaR_{he}	E_{VaR}	h_{CVaR}	CVaR_{he}	E_{CVaR}
-6	$\text{VaR}_{un}=0.0304$ $\text{CVaR}_{un}=0.0386$	-6	0.68	0.0105	0.65	0.61	0.0136	0.65
		-3.3	0.64	0.0119	0.61	0.57	0.0150	0.61
		-2.6	0.62	0.0127	0.58	0.56	0.0157	0.59
		-2.2	0.60	0.0135	0.56	0.55	0.0164	0.57
		-1.5	0.57	0.0151	0.50	0.52	0.0179	0.54
		-0.9	0.56	0.0169	0.45	0.51	0.0195	0.49
		0	0.53	0.0172	0.43	0.50	0.0198	0.48
-3.3	$\text{VaR}_{un}=0.0317$ $\text{CVaR}_{un}=0.0400$	-6	0.71	0.0094	0.70	0.63	0.0126	0.69
		-3.3	0.66	0.0108	0.66	0.60	0.0140	0.65
		-2.6	0.65	0.0116	0.63	0.58	0.0147	0.63
		-2.2	0.63	0.0124	0.61	0.56	0.0155	0.61
		-1.5	0.60	0.0141	0.55	0.54	0.0171	0.57
		-0.9	0.58	0.0159	0.50	0.52	0.0187	0.53
		0	0.57	0.0163	0.49	0.51	0.0190	0.52
-2.6	$\text{VaR}_{un}=0.0324$ $\text{CVaR}_{un}=0.0408$	-6	0.72	0.0086	0.73	0.64	0.0120	0.71
		-3.3	0.68	0.0101	0.69	0.61	0.0133	0.67
		-2.6	0.66	0.0109	0.66	0.59	0.0141	0.65
		-2.2	0.64	0.0118	0.64	0.58	0.0149	0.64
		-1.5	0.61	0.0135	0.58	0.55	0.0165	0.60
		-0.9	0.59	0.0153	0.53	0.53	0.0181	0.56
		0	0.58	0.0157	0.51	0.53	0.0184	0.55
-2.2	$\text{VaR}_{un}=0.0331$ $\text{CVaR}_{un}=0.0416$	-6	0.74	0.0078	0.76	0.65	0.0112	0.73
		-3.3	0.69	0.0093	0.72	0.62	0.0126	0.70
		-2.6	0.67	0.0101	0.69	0.60	0.0134	0.68
		-2.2	0.65	0.0110	0.67	0.59	0.0142	0.66
		-1.5	0.62	0.0128	0.61	0.56	0.0158	0.62
		-0.9	0.60	0.0147	0.56	0.54	0.0175	0.58
		0	0.57	0.0150	0.55	0.53	0.0178	0.57

续表

λ_1		λ_2	h_{VaR}	VaR_{he}	E_{VaR}	h_{CVaR}	CVaR_{he}	E_{CVaR}
-1.5	$\text{VaR}_{\text{un}} = 0.0344$ $\text{CVaR}_{\text{un}} = 0.0431$	-6	0.77	0.0058	0.83	0.68	0.0093	0.78
		-3.3	0.72	0.0074	0.78	0.64	0.0108	0.75
		-2.6	0.70	0.0082	0.76	0.62	0.0116	0.73
		-2.2	0.68	0.0091	0.73	0.61	0.0124	0.71
		-1.5	0.64	0.0110	0.68	0.58	0.0141	0.67
		-0.9	0.62	0.0129	0.62	0.56	0.0158	0.63
		0	0.60	0.0133	0.61	0.56	0.0162	0.62
-0.9	$\text{VaR}_{\text{un}} = 0.0352$ $\text{CVaR}_{\text{un}} = 0.0441$	-6	0.79	0.0035	0.90	0.69	0.0070	0.84
		-3.3	0.74	0.0051	0.86	0.66	0.0085	0.81
		-2.6	0.71	0.0059	0.83	0.64	0.0093	0.79
		-2.2	0.69	0.0068	0.81	0.62	0.0102	0.77
		-1.5	0.66	0.0087	0.75	0.59	0.0119	0.73
		-0.9	0.63	0.0107	0.70	0.57	0.0137	0.69
		0	0.62	0.0111	0.68	0.56	0.0140	0.68
0	$\text{VaR}_{\text{un}} = 0.0379$ $\text{CVaR}_{\text{un}} = 0.0475$	0	0.64	0.0098	0.74	0.58	0.0128	0.73

附表 A2　Gumbel Copula 的最优对冲比率、对冲前后的风险和对冲效果

λ_1		λ_2	h_{VaR}	VaR_{he}	E_{VaR}	h_{CVaR}	CVaR_{he}	E_{CVaR}
-6	$\text{VaR}_{\text{un}} = 0.0304$ $\text{CVaR}_{\text{un}} = 0.0386$	-6	0.99648	0.0067	0.78	0.99992	0.0092	0.76
		-3.3	0.91862	0.0087	0.71	0.94999	0.0112	0.71
		-2.6	0.88266	0.0098	0.68	0.91296	0.0123	0.68
		-2.2	0.8495	0.0109	0.64	0.87873	0.0134	0.65
		-1.5	0.79337	0.0131	0.57	0.8205	0.0158	0.59
		-0.9	0.75308	0.0155	0.49	0.77807	0.0182	0.53
		0	0.74362	0.0162	0.47	0.76733	0.0190	0.50

续表

λ_1		λ_2	h_{VaR}	VaR_{he}	E_{VaR}	h_{CVaR}	CVaR_{he}	E_{CVaR}
-3.3	$\text{VaR}_{un}=0.0317$ $\text{CVaR}_{un}=0.0400$	-6	0.99995	0.0055	0.83	0.99997	0.0082	0.79
		-3.3	0.97154	0.0074	0.77	0.99934	0.0100	0.75
		-2.6	0.93289	0.0085	0.73	0.96299	0.0112	0.72
		-2.2	0.89715	0.0097	0.69	0.926	0.0124	0.69
		-1.5	0.83631	0.0121	0.62	0.8626	0.0149	0.63
		-0.9	0.79186	0.0145	0.54	0.8155	0.0174	0.57
		0	0.78024	0.0154	0.51	0.80217	0.0183	0.54
-2.6	$\text{VaR}_{un}=0.0324$ $\text{CVaR}_{un}=0.0408$	-6	0.99996	0.0048	0.85	0.99997	0.0077	0.81
		-3.3	0.99759	0.0066	0.80	0.99991	0.0094	0.77
		-2.6	0.95853	0.0078	0.76	0.98848	0.0105	0.74
		-2.2	0.92152	0.0090	0.72	0.95031	0.0117	0.71
		-1.5	0.85835	0.0114	0.65	0.88438	0.0143	0.65
		-0.9	0.81192	0.0139	0.57	0.83506	0.0169	0.59
		0	0.7993	0.0148	0.54	0.82058	0.0178	0.56
-2.2	$\text{VaR}_{un}=0.0331$ $\text{CVaR}_{un}=0.0416$	-6	0.9995	0.0044	0.87	0.99999	0.0075	0.82
		-3.3	0.99989	0.0058	0.83	0.99995	0.0086	0.79
		-2.6	0.98339	0.0069	0.79	0.99981	0.0097	0.77
		-2.2	0.94524	0.0081	0.75	0.97404	0.0110	0.74
		-1.5	0.87989	0.0107	0.68	0.90578	0.0136	0.67
		-0.9	0.8316	0.0132	0.60	0.85441	0.0162	0.61
		0	0.81813	0.0141	0.57	0.83894	0.0172	0.58
-1.5	$\text{VaR}_{un}=0.0344$ $\text{CVaR}_{un}=0.0431$	-6	0.99998	0.0023	0.93	0.99999	0.0055	0.87
		-3.3	0.99996	0.0039	0.89	0.99997	0.0069	0.84
		-2.6	0.9999	0.0049	0.86	0.99995	0.0079	0.82
		-2.2	0.98619	0.0061	0.82	0.99983	0.0091	0.79
		-1.5	0.91739	0.0088	0.75	0.94338	0.0118	0.73
		-0.9	0.86617	0.0115	0.67	0.8888	0.0146	0.66
		0	0.85135	0.0124	0.64	0.87187	0.0156	0.63

续表

λ_1		λ_2	h_{VaR}	VaR_{he}	E_{VaR}	h_{CVaR}	$CVaR_{he}$	E_{CVaR}
-0.9	$VaR_{un}=0.0352$ $CVaR_{un}=0.0441$	-6	0.99998	0.0012	0.96	0.99999	0.0034	0.92
		-3.3	0.99997	0.0016	0.95	0.99997	0.0048	0.89
		-2.6	0.99994	0.0026	0.93	0.99996	0.0057	0.87
		-2.2	0.99976	0.0038	0.89	0.99993	0.0068	0.84
		-1.5	0.93967	0.0065	0.82	0.96596	0.0095	0.78
		-0.9	0.88694	0.0092	0.74	0.90978	0.0124	0.72
		0	0.87161	0.0101	0.71	0.8922	0.0134	0.69
0	$VaR_{un}=0.0379$ $CVaR_{un}=0.0475$	0	0.87435	0.0089	0.76	0.89499	0.0121	0.74

附录4

Clayton Copula 和 Gumbel Copula 对冲的有效性和风险（见附图 A3 和附图 A4）。

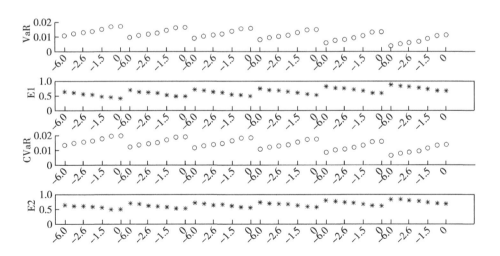

附图 A3　Clayton Copula 对冲的有效性和风险

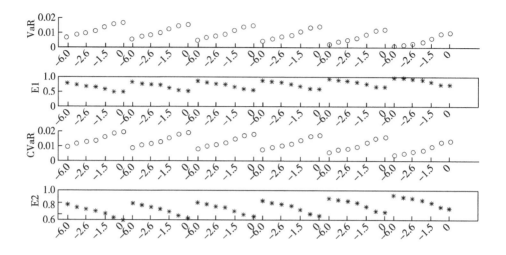

附图 A4　Gumbel Copula 对冲的有效性和风险

附录 5

基于 Clayton Copula 和 Gumbel Copula 的对冲头寸、风险和有效性随置信水平的变化情况（见附表 A3 和附表 A4）。

附表 A3　基于 Clayton Copula 的对冲头寸、风险和有效性随置信水平的变化情况

α	h_{VaR}	VaR_{un}	VaR_{he}	E_{VaR}	h_{CVaR}	CVaR_{un}	CVaR_{he}	E_{CVaR}
0.04	0.6481	0.0293	0.0112	0.6177	0.5798	0.0305	0.0145	0.5246
0.045	0.6600	0.0282	0.0106	0.6241	0.5919	0.0334	0.0139	0.5838
0.05	0.6711	0.0271	0.0102	0.6236	0.6024	0.0363	0.0134	0.6309
0.055	0.6815	0.0262	0.0098	0.6260	0.6116	0.0390	0.0129	0.6692
0.06	0.6915	0.0253	0.0094	0.6285	0.6200	0.0416	0.0125	0.6995
0.065	0.7011	0.0245	0.0090	0.6327	0.6277	0.0442	0.0121	0.7262
0.07	0.7105	0.0238	0.0087	0.6345	0.6349	0.0467	0.0118	0.7473
0.075	0.7197	0.0231	0.0084	0.6364	0.6417	0.0491	0.0115	0.7658
0.08	0.7288	0.0224	0.0081	0.6384	0.6481	0.0515	0.0112	0.7825

续表

α	h_{VaR}	VaR_{un}	VaR_{he}	E_{VaR}	h_{CVaR}	$CVaR_{un}$	$CVaR_{he}$	E_{CVaR}
0.085	0.7378	0.0218	0.0078	0.6422	0.6542	0.0537	0.0109	0.7970
0.09	0.7468	0.0212	0.0076	0.6415	0.6600	0.0560	0.0106	0.8107
0.095	0.7559	0.0206	0.0073	0.6456	0.6656	0.0582	0.0104	0.8213
0.1	0.7649	0.0200	0.0071	0.6450	0.6711	0.0603	0.0102	0.8308

附表 A4　基于 Gumbel Copula 的对冲头寸、风险和有效性随置信水平的变化情况

α	h_{VaR}	VaR_{un}	VaR_{he}	E_{VaR}	h_{CVaR}	$CVaR_{un}$	$CVaR_{he}$	E_{CVaR}
0.04	0.9873	0.0293	0.0077	0.7372	0.9998	0.0305	0.0108	0.6459
0.045	0.9822	0.0282	0.0073	0.7411	0.9998	0.0334	0.0102	0.6946
0.05	0.9779	0.0271	0.0069	0.7454	0.9997	0.0363	0.0096	0.7355
0.055	0.9740	0.0262	0.0066	0.7481	0.9995	0.0390	0.0092	0.7641
0.06	0.9706	0.0253	0.0063	0.7510	0.9987	0.0416	0.0088	0.7885
0.065	0.9674	0.0245	0.0061	0.7510	0.9962	0.0442	0.0085	0.8077
0.07	0.9646	0.0238	0.0058	0.7563	0.9930	0.0467	0.0082	0.8244
0.075	0.9621	0.0231	0.0056	0.7576	0.9900	0.0491	0.0080	0.8371
0.08	0.9596	0.0224	0.0054	0.7589	0.9873	0.0515	0.0077	0.8505
0.085	0.9575	0.0218	0.0052	0.7615	0.9847	0.0537	0.0075	0.8603
0.09	0.9554	0.0212	0.0050	0.7642	0.9822	0.0560	0.0073	0.8696
0.095	0.9536	0.0206	0.0048	0.7670	0.9800	0.0582	0.0071	0.8780
0.1	0.9518	0.0200	0.0047	0.7650	0.9779	0.0603	0.0069	0.8856

附录 6

基于 VaR 和 CVaR 的 Clayton Copula 和 Gumbel Copula 的对冲头寸和有效性（附图 A5 和附图 A6）。

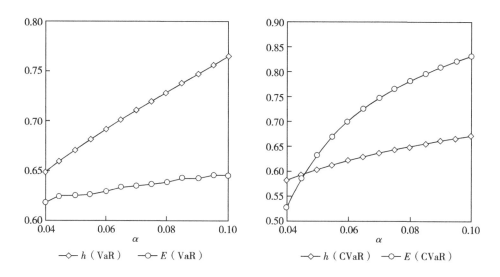

附图 A5　基于 VaR 和 CVaR 的 Clayton Copula 的对冲头寸和有效性

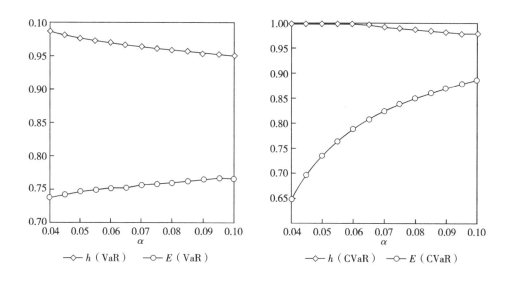

附图 A6　基于 VaR 和 CVaR 的 Gumbel Copula 的对冲头寸和有效性

第8章

资金流动性约束下镍价格风险动态对冲方法研究

期货套期保值的目的在于用所建立的期货头寸损益弥补现货头寸的损益，以达到规避价格等风险的目的。在套期保值过程中，资金流动性是一个不可忽视的因素，主要包括预留保证金和交易成本两个方面。这是因为一方面，期货市场逐日盯市制度下可能因追加保证金不足而被强行平仓，导致逐日盯市风险。另一方面，期货交易不管是卖出还是买入期货都需要支付交易成本。本章在保证金预算约束和交易成本约束下，构建多阶段期货套期保值模型，利用遗传算法对模型进行求解。通过参数灵敏度分析研究约束条件对套期保值效率的影响。进而比较有无保证金约束条件下投资者面临的追加保证金情况，以说明在国际镍期货套期保值中，保证金约束是不可忽视的。本章考虑多阶段期货套期保值中保证金和交易成本等资金流动性因素，基于追加保证金和成本预算约束，构建国际镍期货套期保值模型。实证研究国际镍套期保值策略，分析保证金约束和成本约束对套期保值效率的影响，为企业规避镍价格风险提供决策参考。

8.1　引言

2015 年 3 月 27 日，镍期货在上海期货交易所上市，为实体企业提供了有效规避镍价格风险的衍生工具。镍需求企业通过套期保值实现风险采购，在有效地控制采购成本的同时提升企业规避市场价格风险的能力；镍供给企业则可以通过套期保值实现风险出售，使预期利润保持相对稳定，提高其投资和生产的稳定性。镍期货交易市场的建立对国内镍相关企业利用镍期货套期保值实现稳定生产和经营具有积极作用。因此，在近年国际镍价格剧烈波动背景下，如何合理利用镍期货规避风险已成为当前镍企业的热点问题之一。

虽然利用期货套期保值可以使企业规避风险，但若使用不当，过度投机或贸然参与都有可能给投资者带来巨大损失（Pan 等，2014）。例如，中国石化在采购进口原油过程中，由于对国际油价走势判断失误，导致其套期保值部分交易策略失当，中国石化在 2018 年的油价下跌过程中因此遭受了约 46.5 亿元的亏损。此外，期货套期保值过程中交易成本和保证金等资金流动性风险因素不可忽视。例如，1993 年德国某金属公司因没有及时追加保证金而导致原油期货套期保值亏损 13 亿元。尽管如此，不能因个别失败案例就怀疑甚至否定衍生金融衍生工具的积极作用。创造衍生金融工具目的本来是用于对冲风险，利用衍生工具套期保值的使用效果取决于运用者而非工具本身。为此，本章考虑交易成本和保证金等资金流动性风险因素，构建镍期货多阶段动态套期保值模型，为镍采购企业规避原油价格风险提供决策参考，也为期货套期保值问题提供新的研究思路。

8.2　相关研究评述

利用期货套期保值对冲现货价格风险的核心问题是确定套期保值比率。目前，国内外学者提出的期货套期保值比率确定方法主要包括三类：第一类是最优化套期保值模型，这一类模型主要是通过套期保值组合所面临的风险最小化来获得最优的套期保值比率。例如，用方差（Wang，2019）、下行风险（Demirer 和 Lien，2003；Ubukata，2018）、Volatility Reduction（VR）和 Value at Risk（VaR）（Mun，2016）、最小化 CVaR 风险（迟国泰等，2009）以及高阶矩风险（唐勇和崔金鑫，2018）等刻画风险。第二类是计量套期保值模型，这一类模型主要采用金融时间序列分析方法确定最优的套期保值比率。例如，彭红枫和叶永刚（2007）通过构建修正的 ECM-GARCH 族模型，估计出了期货动态套期保值比率；Dark（2015）利用修正的 FIEGARCH 和 FIAPARCH 的马尔科夫转换模型研究期货套期保值最优策略；Billio 等（2014）通过建立套期保值组合和期货收益动态关系，提出了一种新的用于能源期货市场动态套期保值的贝叶斯多链马尔科夫切换 GARCH 族模型；Gong 等（2019）构建厚尾 GARCH 族模型研究了时变的期货最优套期保值问题。第三类是将 Copula 函数引入期货套期保值模型中。例如，研究货币期货动态条件 Copula 相关与最优套期保值比率问题（Kotkatvuori-Örnberg，2016）、利用 Vine Copula 研究炼油企业原油价格下偏风险的对冲问题（Sukcharoen 和 Leatham，2017）。还有一些学者将 GARCH 族模型和 Copula 函数结合起来研究期货套期保值问题。例如，Messaoud 和 Aloui（2015）利用 GARCH-Copula 方法度量套期保值组合风险；Lai（2018）将 GARCH-Copula 方法与高频数据结合起来研究期货动态套期保值问题。这几类模型都是针对规避现货风险展开的，但是忽视了期货套期保值中一个重要的风险——基于保证金制度的逐日盯市风险。

保证金制度是期货交易规则中的一个重要制度。保证金通常包括初始保证金和维持保证金。其中，初始保证金是指交易者按照其所买卖期货合约价值的一定比例（通常为5%~10%）缴纳少量资金而参与期货合约买卖的资金。而维持保证金则是一个资金维持水平，一旦投资者账户资金降到了维持保证金水平之下，经纪公司就会通知交易者追加保证金。若交易者及时补齐保证金缺口，则套期保值活动继续；否则将面临被强行平仓的风险，导致套期保值策略失效。也就是说，期货交易者面临着逐日盯市风险，该风险显然会直接影响套期保值效果。投资者在套期保值中应充分考虑到追加保证金不足引起的资金流动性风险，增强套期保值的有效性。Jorion（2001）将流动性风险分为资产流动性风险和资金流动性风险，其中后者包括利用期货套期保值时由于逐日盯市可能导致追加保证金不足的风险。流动性风险对公司是致命的（Mohamed 等，2019）。已有的逐日盯市风险的相关模型主要围绕资金需要量模型及损失函数模型两类。例如，杨万武等（2007）对 Blank（1990）所建立的逐日盯市制度下套期保值资金需求模型进行了扩展。但这类方法的不足之处在于难以估计出连续亏损的天数和平均日损失。为此，Lien（2004）提出了损失函数模型，Lien 和 Wang（2006）对该模型进行了改进。国内学者傅俊辉等（2011）考虑保证金利息和机会成本，构建了逐日盯市风险下的期货套期保值模型，但其基于套期保值期间最高的期货价格做出的保证金预算过于保守。Fu 等（2012a）考虑追加保证金约束，构建大豆期货套期保值模型，但忽视了期货交易成本对套期保值效果的影响。Fu 等（2012b）考虑逐日盯市风险研究成堆期货的套期保值问题，但只针对期货静态套期保值展开研究。而构建静态套期保值模型的假定前提是模型的相关变量恒定不变，这与实际市场环境是动态变化的事实不符。余星等（2018）通过等价鞅方法研究了连续时间下期货套期保值问题，但其对资产过程的假设比较严格。杨晨辉等（2012）虽然研究了考虑受流动性约束的公司利用期货对冲"公司+农户"订单农业风险问题,但其无偏期货市场的假设与实际不符。Dömötör(2017)在流动性约束下,进一步研究具有基差的期货最优对冲比,还提出了利用期货市场的基差进行套利的交易策略。

综上所述,期货套期保值模型的研究经历了传统全额套期保值、线性回归、线性均值—方差三个阶段,并取得了丰硕的研究成果,但在动态和考虑现实约束方面还有很大的研究空间。首先,单阶段套期保值模型主要根据投资者的投资目标,确定单阶段的最优套期保值比率,并一直保持此比率不变。而在现实中,期货和现货的价格随时间的推移而变化。于是,多期套期保值模型应运而生。其次,作为期货市场风险管理的重要手段,保证金制度(包括逐日盯市制度的存在和逐日结算制度)通过要求期货交易者缴纳资金用于结算和保证履约。保证金机制是由期货交易的杠杆性决定的,投资者只需支付一定比例的保证金而不用支付期货合约的全部资金即可进行交易。期货交易的杠杆性无疑会在放大收益的同时也放大了风险。为了规避交易者的信用风险,期货交易在每日收盘后根据结算价进行无负债结算,这一行为也称为逐日盯市。当投资者的保证金不足以维持其持有的期货合约,且又不能及时追缴保证金时,投资者所持有的期货仓位将被部分强行平仓,以达到规定的保证金水平。正因为保证金制度的存在,对期货交易者的资金流动性提出了更高的要求。因此,在期货套期保值过程中追加保证金问题不可忽视。虽然已有文献针对期货逐日盯市风险展开了研究,但对追加保证金的预留问题研究不够深入。此外,已有的期货套期保值相关研究中,基本上都没有考虑交易成本对套期保值策略的影响。然而,若不考虑交易成本这个资金因素,所得到的"最优"套期保值策略可能不一定是最优的。特别是在多期动态套期保值问题中,期货头寸的频繁调整使交易成本增加,从而也会影响套期保值效果。本章基于已有研究存在的不足,将期货套期保值过程中追加保证金的预留资金和期货交易成本界定为资金流动性风险因素,并在追加保证金和成本预算约束下,构建镍期货动态套期保值模型,分析资金流动性因素对期货套期保值效果的影响,研究镍采购企业利用镍期货规避镍价格风险的对冲策略。

8.3 考虑资金流动性的期货动态套期保值模型

现考虑这样一个期货动态套期保值模型：假设某投资者在初始时刻计划于未来的 T 时刻买入某种商品，该商品的交易价格和数量分别记为 S_t 和 Q（$t=1$，2，$\cdots$，T）。T 时刻，商品价格上涨将对公司造成不利的影响。为了达到对冲商品价格上涨风险的目的，投资者可以在初始时刻买入与现货价格相对应的期货。期货初始时刻的价格记为 F_1，买入期货的数量表示为 H_1。用 α 和 c 分别代表交易保证金比率和交易费用率。

8.3.1 资金流动性约束条件的建立

假设投资者在 $t=1$ 时刻买入数量为 H_1 的与商品对应的期货，开仓需要的保证金为 $H_1F_1\alpha$，于是该投资者的初始保证金账户资金为 $H_1F_1\alpha$。

当 $t=2$ 时，假设投资者决策后的期货头寸为 H_2。若 $H_2>H_1$，则在 $t=2$ 时刻新买入 H_2-H_1 份期货，对应的新开仓保证金为 $(H_2-H_1)F_2\alpha$。同时，在 $t=1$ 时买入的 H_1 份期货面临保证金结算。此时保证金账户的价值为 $H_1F_1\alpha+(F_2-F_1)H_1$。因此，$t=2$ 时需要追加的保证金为 $\{H_1F_2\alpha-[H_1F_1\alpha+(F_2-F_1)H_1]\}^+$。其中，符号 z^+ 表示当 $z<0$ 时，$z^+=0$；反之 $z^+=z$。

综上，当 $H_2>H_1$ 时，该公司需要再存入保证金账户的保证金（包括新开仓保证金和追加保证金）如下：

$$(H_2-H_1)F_2\alpha+\{H_1F_2\alpha-[H_1F_1\alpha+(F_2-F_1)H_1]\}^+ \tag{8-1}$$

若 $H_2\leqslant H_1$，则意味着投资者在 $t=2$ 时平仓掉了 H_1-H_2 份期货头寸，这部分期货所释放出的保证金为 $(H_1-H_2)F_2\alpha$。同时，平仓过程中卖出期货的收益为 $(H_1-H_2)(F_2-F_1)$。因此，$t=2$ 时刻，当 $H_2\leqslant H_1$ 时保证金账户价值为 $H_1F_1\alpha+(F_2-F_1)H_1-(H_1-H_2)F_2\alpha$。于是，需要追加的保证

金为：

$$\{H_1F_2\alpha-[H_1F_1\alpha+(F_2-F_1)H_1-(H_1-H_2)F_2\alpha]\}^+ \tag{8-2}$$

综合式（8-1）和式（8-2）可得，在 $t=2$ 时刻投资者需要投入的保证金如下：

$$(H_2-H_1)^+F_2\alpha+\{(H_2-H_1)^+F_2\alpha-(F_2-F_1)H_1(1-\alpha)\}^+ \tag{8-3}$$

同理，$t=3$ 时刻，投资者需要再存入账户的保证金如下：

$$(H_3-H_2)^+F_3\alpha+\{(H_3-H_2)^+F_3\alpha-(F_3-F_2)H_2(1-\alpha)\}^+ \tag{8-4}$$

如此下去，投资者在 $t=n-1$（$n=2$，3，4，$\cdots$，T）时刻，需要再投入账户的保证金可表示如下：

$$(H_{t-1}-H_{t-2})^+F_{t-1}\alpha+\{(H_{t-2}-H_{t-1})^+F_{t-1}\alpha-(F_{t-1}-F_{t-2})H_{t-2}(1-\alpha)\}^+ \tag{8-5}$$

在 $t=T$ 即买入现货交易时，投资者不需要进行买入期货交易，只需要把所持有现货对应的期货全部平仓。

综上所述，在整个套期保值过程中，该公司需要投入保证金账户的总资金如下：

$$H_1F_1\alpha + \sum_{t=1}^{T-2}\big[(H_{t+1}-H_t)^+F_{t+1}\alpha +$$
$$\{(H_t-H_{t+1})^+F_{t+1}\alpha-(F_{t+1}-F_t)H_t(1-\alpha)\}^+\big] \tag{8-6}$$

假设投资者在初始阶段用追加保证金的预留资金为 $V=S_1Q\gamma$，γ 表示相对于现货初始价值的保证金预算的比例，S_1 是时刻 1 时的现货价格，则 V 应当大于等于该公司需要投入到保证金账户的总额。即资金流动性约束中的保证金约束条件如下：

$$H_1F_1\alpha + \sum_{t=1}^{T-2}\big[(H_{t+1}-H_t)^+F_{t+1}\alpha + \{(H_t-H_{t+1})^+F_{t+1}\alpha -$$
$$(F_{t+1}-F_t)H_t(1-\alpha)\}^+\big] \leqslant V \tag{8-7}$$

8.3.2　期货交易费用约束条件的建立

不管是买入期货还是卖出期货都会产生交易费用。在 $t=1$ 时刻，投资者买入期货的交易费用为 H_1F_1c。当 $t+1$ 时刻（$t=1$，2，3，$\cdots$，$T-2$）决策后的期货的头寸大于前一期 t 时刻时，则继续买入 $H_{t+1}-H_t$ 份期货头寸，需要

支出的交易费用为 $(H_{t+1} - H_t) F_{t+1} c$。反之，则平仓掉 $H_t - H_{t+1}$ 份期货头寸，此时需要支出的交易费用为 $(H_t - H_{t+1}) F_{t+1} c$。假设投资者用于期货交易费用的预留资金设定为 $B = S_1 Q\theta$，θ 为套期保值阶段交易费用预算相对于现货资产当前价值的比例，则 B 应当大于等于整个套期保值期间花费在交易期货交易上的费用。从而，资金流动性约束中的期货的交易成本预算约束条件如下：

$$H_1 F_1 c + \sum_{t=1}^{T-2} \left[\, | \, H_{t+1} - H_t \, | \, F_{t+1} c \right] \leqslant B \tag{8-8}$$

8.3.3 期货套期保值模型的建立

如上所述，当 t 时刻决策后的期货头寸 H_t 小于前一期的期货头寸 H_{t-1} 时，平仓部分期货的收益为 $(H_{t-1} - H_t)(F_t - F_{t-1})$。另外，投资者 t 时刻持有的期货在 $t+1$ 时刻的价值变化为 $H_t(F_{t+1} - F_t)$。那么，整个套期保值过程中投资者持有期货的价值变化为 $\sum_{t=1}^{T-2} [H_t(F_{t+1} - F_t)]$。现货的价值变化为 $Q(S_1 - S_T)$。故，投资者在套期保值过程中资产价值总变化 π 如下：

$$\pi = Q(S_1 - S_T) + \sum_{t=1}^{T-2} \left[H_t(F_{t+1} - F_t) + (H_t - H_{t+1})^+ (F_{t+1} - F_t) \right] +$$

$$H_{T-1}(F_T - F_{T-1}) - \left\{ H_1 F_1 c + \sum_{t=1}^{T-2} \left[\, | \, H_{t+1} - H_t \, | \, F_{t+1} c \right] \right\} \tag{8-9}$$

期货套期保值的目标可以是最小化风险，也可以是最大化套期保值收益，本章假定投资者通过确定最优的期货头寸达到最大化套期保值收益的目的。因此，在保证金预算和交易成本预算下，构建的多阶段期货套期保值模型（P_1）如下：

$$\begin{cases} \max(\pi) \\ \text{s.t. } H_1 F_1 \alpha + \sum_{t=1}^{T-2} \left[(H_{t+1} - H_t)^+ F_{t+1} \alpha + \{ (H_t - H_{t+1})^+ F_{t+1} \alpha - \right. \\ \left. (F_{t+1} - F_t) H_t (1 - \alpha) \}^+ \right] \leqslant V \\ \text{s.t. } H_1 F_1 c + \sum_{t=1}^{T-2} \left[\, | \, H_{t+1} - H_t \, | \, F_{t+1} c \right] \leqslant B \end{cases}$$

对于上述问题（P_1），传统的优化算法不能对其进行求解。为此，利用遗传算法，结合实际数据进行实证研究。

8.4　实证结果和分析

2018 年 3 月 26 日，镍期货在上海期货交易所子公司上海国际能源交易中心（INE）正式挂牌交易。这是第一个面向全球上市的商品期货品种，不仅为期货市场对外开放积累经验，也将进一步促进我国金融市场的开放。这意味接下来跨国公司在进行镍交易中也可以采用镍期货进行风险的对冲。本章选取（SCFI. WI）镍指数数据和（INE）期货价格数据进行实证研究。数据源于 Wind 数据库。首先，选取镍指数从 2018 年 3 月 26 日到 2018 年 8 月 31 日的数据作为样本数据。在这个时间段内，镍价格刚好呈上涨趋势，这使初始时刻计划在未来买入镍的投资者面临价格上涨的风险。然后选取 2018 年 3 月 26 日挂牌的镍 1809 期货产品对镍现货进行套期保值。

实证部分包括：①不同预算条件下分析套期保值效果；②考虑追加保证金预算约束与不考虑追加保证金预算约束下套期保值效果对比研究；③套期保值过程中套期保值组合价值变化平稳性检验；④标的资产价格呈下降趋势时模型结果稳定性检验。

8.4.1　不同预算条件下的套期保值效果

假设某公司在 2018 年 3 月 26 日计划于 2018 年 9 月 1 日购入数量为 $Q = 1000$ 的镍，则初始时刻镍现货价格 $S(1) = 428.610$ 元，$t = T$ 时刻，$S(T) = 522.280$ 元。在所选取的时间范围内，镍价格呈现上涨趋势，若不进行套期保值而任由风险暴露，则镍企业面临 93670.000（（522.280−428.610）×1000）元的损失。根据上海国际能源交易中心显示，镍 1809 期货产品交易保证金

比率 $\alpha = 7.000\%$，交易费用率 $c = 0.05\%$。

初始阶段，该公司采用买入镍 1809 期货套期保值，通过对模型进行求解得到投资者使用套期保值和不使用套期保值时其收益水平的比较结果如图 8-1 所示。

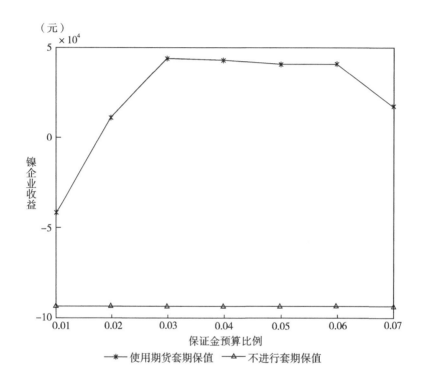

图 8-1　交易费用预算对投资者收益的影响

从图 8-1 可以看出，镍企业采取镍期货套期保值策略后的收益要显著地大于不使用镍期货套期保值的收益。这也反映了在镍价格上涨情形下，镍企业利用镍期货套期保值是有利可图的。并且，随着交易费用的预算增加，镍企业的收益先增加后减少。这说明企业不要一味地提高交易成本预算，一旦成本预算过高，反而引起不必要的成本损失。

保证金预算是本书考虑的一个重要因素。过低的保证金预算可能难以满足套期保值过程中逐日盯市下追加的保证金。保证金预算对套期保值收益的影响如图 8-2 所示。

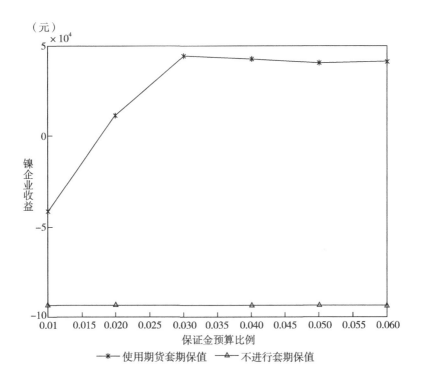

图 8-2　保证金预算对镍企业收益的影响

从图 8-2 可以看出，利用期货套期保值的效果随着保证金预算的增加而增大。因此，镍企业可以增加保证金预留资金以达到更好的套期保值效果。但考虑到过多的保证金预留资金可能增加镍企业的资金压力。从而建议镍企业在自身资本约束下尽可能地提高保证金预算。

8.4.2　有无保证金预算约束下追加的保证金

在没有保证金预算约束条件下，理论上假定镍企业的保证金预留资金足够大，由图 8-2 可知，此时镍企业可以获得较高的套期保值收益。但在套期保值过程中不可避免地面临较大的追加保证金需求。而对于一般资金受限的镍企业而言，当收到较大的追加保证金通知时，一旦资金周转不灵，极有可能导致套期保值获得因强行平仓而被迫提前终止。图 8-3 给出了有无保证金预算约束条件下，镍企业面临的追加保证金情况。

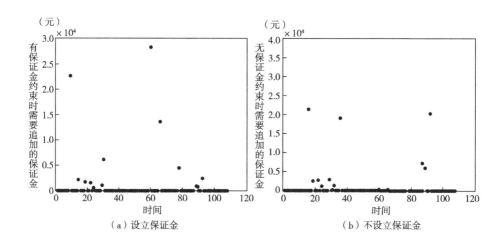

图 8-3　有无设立保证金预算情况下需要追加的保证金对比

从图 8-3 可以看出，当不考虑追加保证金预算时。镍企业在套期保值过程中面临的追加保证金明显大于考虑保证金预算约束的情形。例如，当忽略保证金预算约束时，最大的追加保证金达到了 35000 元。若镍企业其实没有足够的预留资金，不能及时缴纳保证金，则被强行平仓，套期保值失效。相对而言，在有追加保证金预算约束下，镍企业面临的追加保证金低。因此，若镍企业在决策时充分考虑到自身保证金预算约束，则可以有效地规避逐日盯市风险。

8.4.3　套期保值组合价值分析

利用镍期货套期保值的一个主要目的是规避到期时标的资产价格的不利变动。这表明，镍企业关注的是到期时刻的损益，而事实上，在套期保值过程中，套期保值组合的价值状态也是镍企业非常关注的。以下对套期保值整个阶段的组合价值进行分析。经检验，套期保值组合价值呈现非正态分布特点，因此采用核函数对比分析采用期货套期保值与不采用期货套期保值两种情形下的组合价值（见图 8-4）。

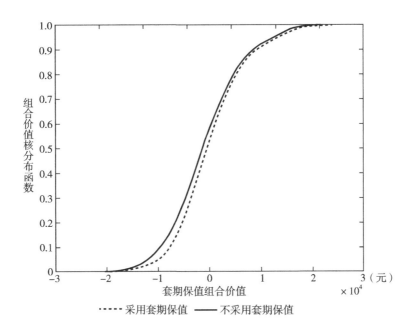

图 8-4 采用套期保值与不采用套期保值情形下组合价值核分布函数

从图 8-4 可以看出，在采用镍期货套期保值时，套期保值过程中套期保值组合价值对应的核分布函数位于无期货套期保值时的组合价值核分布函数下方。这样，当镍企业采用套期保值时其损失（负收益）的概率相对要小。尽管这也意味着获得正收益的概率也相对较小，但从保值升值角度来说，利用镍期货套期保值对镍企业是有利的。

8.4.4 模型稳定性检验

以上分析了标的镍价格上涨情形下，镍购买企业利用镍期货套期保值可以有效地规避镍价格上涨的风险。而在风险管理实践中，投资者事先并不知道标的价格未来的趋势。除价格上涨外，标的价格还存在下跌的情况。为此，选择 2018 年 10 月 10 日到 2019 年 1 月 3 日的镍现货和镍期货数据作为样本数据。在这个时间段内，镍价格刚好呈下降趋势。假设某镍公司需要在未来 T 时刻购入镍数量 $Q = 1000$。初始时刻镍现货价格 $S(1) = 597.190$ 元。$t = T$ 时刻，$S(T) = 385.530$ 元。在初始阶段，该公司买入 2018 年 5 月 2 日挂牌的镍 1905 期货进行套期保值。在不同交易费用预算下，套期保值效果如表 8-1 所示。

表 8-1　交易费用预算对投资者收益的影响

交易费用比例（%）	0.001	0.002	0.003	0.004	0.005	0.006
收益水平（元）	294232.562	336749.986	342742.220	342748.605	342750.422	342668.658

若镍企业不进行套期保值，其收益为 211660.000 元。从表 8-1 可以看出，在标的价格下降的情形下，镍企业仍可获得较大的收益，采用镍期货套期保值仍是有利的。并且，随着交易费用预算的增加，套期保值组合的收益基本上呈现增加趋势，只是增加的幅度逐渐减小。

类似地，标的价格上升情形下，保证金预算对镍企业收益的影响如表 8-2 所示。

表 8-2　保证金预算对镍企业收益的影响

保证金预算比例（%）	0.05	0.10	0.15	0.20	0.25	0.30
收益水平（元）	244428.439	277202.161	309975.174	336749.986	356871.905	372643.045

从表 8-2 可以看出，在标的价格下降的情况下，保证金预算对套期保值效果的影响是稳定的，即随着保证金预算的增加，套期保值收益增加。当标的价格呈下降趋势时，以下对比分析有无保证金预算约束下镍企业每期需追加的保证金情况，如图 8-5 所示。

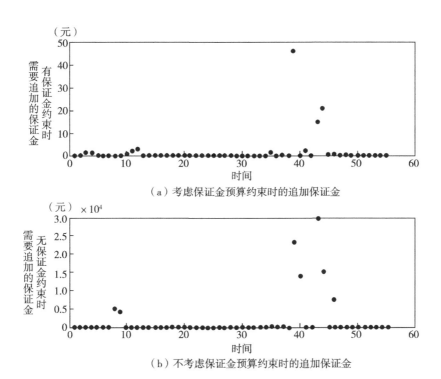

（a）考虑保证金预算约束时的追加保证金

（b）不考虑保证金预算约束时的追加保证金

图 8-5　有无保证金预算预算约束时的追加保证金对比

从图 8-5 可以看出，在标的价格呈现下降情形下，若镍企业考虑了保证金预算约束，则其在套期保值过程中每阶段被要求追加的保证金可控。按照模型结果，追加的保证金很少，大部分阶段不需要追加保证金，而若保证金预算约束这个重要的约束条件被忽视了，其将面临较频繁、较大的追加保证金要求。一旦镍企业预留资金不充分，则产生逐日盯市风险，甚至被强行平仓，套期保值手段失效。

同样地，采用核函数对是否采取套期保值策略两种情形下整个阶段的组合价值进行分析，对比结果如图 8-6 所示。

从图 8-6 可以看出，不采用镍期货套期保值时，套期保值组合价值为负的概率大于采用套期保值的情形。尽管使用镍期货套期保值策略下组合价值的核分布曲线位于无套期保值情形下的曲线下方，但从期货套期保值升值角度来说，利用镍期货套期保值是有利的。

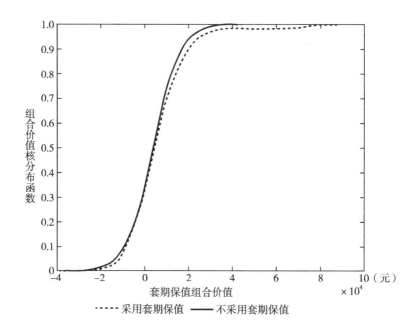

图 8-6　采用套期保值与不采用套期保值情形下套期保值组合价值对比

对于未来要购买镍的企业而言，镍价格的上涨是不利的价格风险，此时利用镍期货套期保值能有效地规避价格上涨风险。基于以上分析还可知，现货价格下降情形下，利用镍期货套期保值仍然是可行的。

8.5　本章小结

本章界定的资金流动性主要包括期货套期保值中应对追加保证金的预留资金和期货交易的成本。针对已有研究存在的不足，考虑期货套期保值中保证金和交易成本等资金流动性因素对期货套期保值效果的影响，基于资金约束下的多阶段套期保值问题展开研究。在追加保证金和成本预算约束下，构建镍期货动态套期保值模型，研究镍采购企业利用镍期货对冲镍价格风险。

研究结果表明，在镍价格呈现上涨趋势时，镍采购企业利用镍期货套期保值可以有效地规避镍价格上涨风险。随着保证金预算的增加，套期保值效果更明显。因此，建议镍采购企业在资金允许的情况下，尽可能地提高保证金预算。增加交易成本预算虽然也能提高套期保值的收益，但建议镍采购企业不要一味地提高交易成本预算，因为成本预算过高时会引起不必要的成本损失。特别地，保证金预算约束不可忽视，否则镍采购企业在套期保值过程中将面临较大的追加保证金要求。若镍企业预留资金不足而不能及时补充保证金账户时将面临被强行平仓的风险。如考虑了保证金约束，则在套期保值决策中所面临的追加保证金可控。由于镍采购企业在作出套期保值决策时，不能确定镍现货价格的涨跌，为了检验模型的稳定性，还在标的价格下跌趋势下对比研究了镍期货套期保值中成本和保证金资金预算对套期保值效果的影响。检验结果表明，考虑了资金流动性风险因素的套期保值模型所得到的套期保值决策下所追加的保证金很少，大部分阶段不需要追加保证金，而若保证金预算约束这个重要的约束条件被忽视了，其将面临较频繁、较大的追加保证金要求。一旦镍企业预留资金不充分，则产生逐日盯市风险，甚至被强行平仓，套期保值手段失效。因此，镍采购企业在确定镍期货套期保值策略时，要充分考虑资金流动性约束，不能盲目决策。

本章基于镍和镍期货历史数据对模型进行了实证检验，在未来的研究中可以结合模拟和预测等方法，结合样本内检验进一步开展样本外套期保值效果检验。

本章参考文献

［1］Pan Z, Wang Y, Yang L. Hedging crude oil using refined product：A regime switching asymmetric DCC approach［J］. Energy Economic, 2014, 46（11）：472-484.

［2］Wang Y D, Geng Q J, Meng F Y. Futures hedging in crude oil markets: A comparison between minimum-variance and minimum-risk frameworks ［J］. Energy, 2019, 181（15）: 815-826.

［3］Demirer R, Lien D. Downside risk for short and long hedgers ［J］. International Review of Economics and Finance, 2003, 12（1）: 25-44.

［4］Ubukata M. Dynamic hedging performance and downside risk: Evidence from Nikkei index futures ［J］. International Review of Economics & Finance, 2018, 58（11）: 270-281.

［5］Mun K C. Hedging bank market risk with futures and forwards ［J］. The Quarterly Review of Economics and Finance, 2016, 61（8）: 112-125.

［6］迟国泰, 赵光军, 杨中原. 基于 CVaR 的期货最优套期保值比率模型及应用 ［J］. 系统管理学报, 2009, 18（1）: 27-33.

［7］唐勇, 崔金鑫. 中国股票市场最优套期保值比率研究——基于高阶矩 HAR 模型 ［J］. 系统科学与数学, 2018, 38（9）: 1036-1054.

［8］彭红枫, 叶永刚. 基于修正的 ECM-GARCH 族模型的动态最优套期保值比率估计及比较研究 ［J］. 中国管理科学, 2007, 15（5）: 29-35.

［9］Dark. J. Futures hedging with Markov switching vector error correction FIEGARCH and FIAPARCH ［J］. Journal of Banking and Finance, 2015, 61（2）: 269-285.

［10］Billio M, Casarin R, Osuntuyi A. Markov switching GARCH models for bayesian hedging on energy futures markets ［J］. Energy Economics, 2018, 70（2）: 545-562.

［11］Gong X L, Liu X H, Xiong X. Measuring tail risk with GAS time varying copula, fat tailed GARCH model and hedging for crude oil futures ［J］. Pacific-Basin Finance Journal, 2019, 55（6）: 95-109.

［12］Kotkatvuori-Örnberg J. Dynamic conditional copula correlation and optimal hedge ratios with currency futures ［J］. International Review of Financial Analysis, 2016, 47（10）: 60-69.

［13］Sukcharoen K, Leatham D J. Hedging downside risk of oil refineries：A vine copula approach ［J］. Energy Economics, 2017, 66（8）：493-507.

［14］Messaoud S B, Aloui C. Measuring risk of portfolio：GARCH-Copula model ［J］. Journal of Economic Integration, 2015, 30（1）：172-205.

［15］Lai Y S. Dynamic hedging with futures：A copula-based GARCH model with high - frequency data ［J］. Review of Derivatives Research, 2018, 21（3）：307-329.

［16］Jorion P. Value at risk：The new benchmark for managing financial risk（2nd ed.）［M］. New York, NY：McGraw-Hill, 2001：14-15.

［17］Mohamed B, Enrico G, Wolfe, Simon W. Margin requirements and systemic liquidity risk ［J］. Journal of International Financial Markets, Institutions and Money, 2019, 58（1）：78-95.

［18］杨万武, 迟国泰, 余方平. 基于资金限制的单品种期货最优套期比模型 ［J］. 系统管理学报, 2007, 16（4）：345-350.

［19］Blank S C. Determining futures hedging reserve capital requirements ［J］. Journal of Futures Markets, 1990, 10（2）：169-177.

［20］Lien D. A note on dual hedging ［J］. International Journal of Business and Economics, 2004, 3（1）：29-34.

［21］Lien D, Wang Y. Cross-hedging with futures and options：The effects of disappointment aversion ［J］. Journal of Multinational Financial Management, 2006, 16（1）：16-26.

［22］傅俊辉, 张卫国, 杜倩, 等. 规避逐日盯市风险的期货套期保值模型 ［J］. 管理科学, 2011, 24（3）：86-93.

［23］Fu J, Zhang W G, Yao Z, et al. Hedging the portfolio of raw materials and the commodity under the mark - to - market risk ［J］. Economic Modelling, 2012a, 29（4）：1070-1075.

［24］Fu J H, Zhang W G, Xu W J. Composite cross-hedging models under mark - to - market risk ［J］. Information - an international interdisciplinary journal,

2012b, 15 （11）: 4833-4840.

[25] 余星, 张卫国, 刘勇军. 基于等价鞅测度的动态套期保值模型研究 [J]. 系统工程理论与实践, 2018, 38 （2）: 287-298.

[26] 杨晨辉, 刘新梅, 魏振祥. "公司+农户"模式下公司的最优套期保值和订单价格方式 [J]. 系统工程理论与实践, 2012, 32 （8）: 1655-1661.

[27] Dömötör B. Optimal hedge ratio in a biased forward market under liquidity constraints [J]. Finance Research Letters, 2017, 21 （5）: 259-263.

第 9 章

铜管期货交叉套期保值方法研究

近年来，宏观经济低迷，铜管行业面临市场冲击和供需不平衡的双重压力，大大加剧了铜管企业的收益风险。为此本章选取未进入期货市场的铜管现货以及五种期货数据进行交叉套期保值，以实现铜管现货市场风险的有效对冲。

9.1　引言

当前我国已成为世界工厂，制造业规模居首位，而如此庞大的制造业产能也制造了大宗商品的巨大需求，企业迫切需要通过市场机制来缓解大宗商品价格大幅波动对生产经营带来的负面冲击。铜管就是其中的一种，铜管是一种有色金属，因其重量较轻、导热性好、低温强度高，常用于空调制冷、建筑及建筑装饰、船舶与海洋工程等领域，其中大约75%铜管应用在制冷行业。中国是全球铜材的生产大国和消费大国，2021年铜管材产量达214万吨，占全铜产品总产量的10.75%。2016~2019年，中国铜管产量保持相对稳定，但近两年国际上铜价的下滑导致中国铜价也大幅度下降。据SMM观察，除2020年初全球疫情暴发导致铜管开工率低于

60%以下水平外，2022年的铜管开工率总体低于近五年的平均水平，出现这种现象主要有两大原因：一是空调市场遭遇寒冬，铜管总体需求量下降。2022年是中国房地产市场较为艰难的一年，购房需求动能减弱，房企从开工到销售寸步难行，期房迟迟不见交付，新购空调数据难增是铜管开工率低迷主因，同时期铜、铝、钢铁等金属原料价格的上涨也给空调企业带来了成本压力，由空调市场波及铜管市场，致使铜管企业在市场上的竞争更加剧烈。二是宏观经济低迷，铜管出口量显著减少。铜管是我国铜材产品中唯一实现净出口的产品，我国出口铜管占铜加工材出口比重的52%。据SMM调研了解，2022年全球经济因美联储不断释放加息信号"胆战心惊"，高通货膨胀率导致海外提高利率，海外经济承压甚至出现衰退，其耐用品需求明显下降，企业出口空调市场规模增速显著下降，使得铜管企业生产动力不足。自2013年开始，中国铜管产量同比增速整体呈现下滑趋势，铜管市场产能过剩，价格竞争激烈，因此为使得我国铜管市场完善发展，铜管现货市场的风险不容忽视。

作为宏观经济的"晴雨表"，股票市场能在一定程度上反映宏观经济的变化趋势，具体而言，投资者投资决策会随股市周期变化而变化，即投资者在牛市和熊市状态下的投资决策截然不同。如何根据不同的市场行情制定最优的投资策略，以实现在牛市状态中盈利最多并在熊市状态中尽可能规避风险，降低损失，是每一个投资者面临的重大难题。市场风险管理经验显示，期货和期权等金融衍生品工具是化解商品市场风险有效的市场化手段，期货市场是以服务有色金属相关行业为主旨建立的平台，相关有色金属产业的日益崛起，带动了有色金属期货市场的发展；同时，有色金属期货市场不断推动有色金属产业的蓬勃兴盛。

因此，对于企业管理铜管价格波动风险来说，利用期货市场进行套期保值无疑是最有效的方法之一，但是我国期货市场品种创新滞后，很多企业在买卖商品时由于没有对应的商品的期货合约而难以进行套期保值，企业经营利润率难以固定，导致了大宗商品的价格上涨会大幅度提高企业的经营成本的现状。在这种情况下，利用交叉套期保值进行风险管理则无疑成为大企业应对大宗商品大幅波动，完善期货市场功能的重要选择。采用交叉套期保值的主要原因有两方面：一是已上市的期货合约成交量有限、交投不活跃；二是没有与现货头寸相对应的期货合约进行套期保值，还有一种可能就是选择其他期货合约时，对企业的套期保值更加有利。

综上，本章在期货市场中选择铜管的上游产品 COMEX 铜期货、LME 铜期货、SHFE 铜期货、CU 铜期货以及铜管的替代品螺纹钢期货进行交叉套期保值操作，探究铜管与哪种期货组合能最大化规避风险，以及在市场状态不同的情况下套期保值绩效是否存在差别。研究发现，一是根据套期保值绩效结果，交叉套期保值能够降低铜管市场的风险，并且对比发现，铜管现货与 SHEF 铜期货组合能更有效地降低风险；二是在不同的市场状态下，各期货的套期保值绩效变化不大，因此 SHEF 铜期货与铜管现货的套期保值组合无论是在市场处于牛市或熊市状态下都具有更高的套期保值效果。

相较于以往文献，本章的创新之处在于：第一，在研究对象选择方面，选取中国铜加工材发展最快的产品之一——铜管。依据相关产业的发展趋势，中国铜管市场风云变幻却暗藏商机，不仅如此，未来 10 年将是中国铜管业发展的重要时期，探究铜管现货市场的套期保值具有重大现实意义。第二，在研究视角方面，关注在不同市场状态下各期货套期保值效率的表现，综合研究了在铜管市场处于牛市和熊市状态下，不同的期货对铜管套期保值效率的变化，较以往的研究，研究样本更加丰富完善，能系统地评价各期货在不同市场状态下风险管理功能的发挥情况，在解决铜管现货风险方面具有一定的指导意义。

9.2　文献综述

现有研究中关于期货市场的研究主要集中于分析期货市场和商品价格

波动的联系。雷元安和刁节文（2019）研究国内铁矿石的价格发现效应，结果表明从长远来看，国内铁矿石期货价格与现货价格之间相互影响并处于均衡状态。李怀政和严田（2023）运用三元 VAR－BEKK－GARCH 族模型，实证分析 INE 原油期货、布伦特原油期货、阿曼原油现货三个市场之间的均值溢出及波动溢出效应，进而阐释 INE 原油期货的价格发现功能。

近年来，随着商品的多元化，期货市场的期货与现货市场的商品并不能完全一一对应的情况下，不少学者开始研究交叉套期保值，即利用与现货相关性较强的其他期货产品作为替代，从而达到规避风险的目的。许多研究调查了交叉套期保值的可行性，Erb 和 Harvey（2006）发现大宗商品市场内部的相关性一般较低，这意味着包含大宗商品的同等权重的投资组合很可能产生巨大的多元化收益，他们认为大宗商品投资组合的回报和风险与股票投资组合类似。Fuertes 等（2010）进一步证实了这项工作。王军（2011）基于全球大宗商品价格波动趋于常态化及期货市场制度供给不足的现状，论述了利用交叉套期保值策略可以扩大期货市场进行风险管理范围的道理。对于交叉套期保值模型及方法的选择方面，王宝森和李秋英（2009）采用 4 种模型对 PTA 期货和 PET 期货进行了交叉套期保值研究，并得出了通过选择合适的模型可以提高套期保值效果的结论。

结合市场状态，潘慧峰等（2014）提出市场状态依存的套期保值策略，并比较了市场状态依存策略与最小方差策略的套期保值比、套期保值的成本或收益，进一步基于铜期货市场、原油期货市场的数据实证比较了这两种策略的财务表现。孙洁等（2023）以股市异常波动为背景系统地考察了沪深 300 股指期货在不同市场状态下动态套期保值效率的变化，以探究异常波动和交易限制措施对股指期货套期保值功能的影响，结果表明股指期货在异常波动中较好地发挥了套期保值功能。

综上所述，以往学界关于期货市场的研究虽从探究期货市场价格发现功能和套期保值功能过渡到与商品价格波动的联系阶段，但在交叉套期保值领域的研究仍偏重于探究套期保值的可行性和模型的选择方面，对交叉套期保值对象的选择并没有做过多的探究，以及在探究交叉套期保值的效率问题时并没有考虑到在不同的市场状态下选择不同的期货套期保值效率可能会存在差别。因此，本章在已有相关研究的基础上，总结交叉套期保值对象选择的依据，同时以铜管现货为研究对象，运用相关模型检验各期货在不同市场状态下对冲现货风险的效率，最后对结果进行深入分析，为解决铜管市场风险提供新思路。

9.3　实证分析

9.3.1　套期保值对象的选取和数据来源

相比于传统套期保值，交叉套期保值的主要难点在于如何筛选出合适的套期保值对象。我国学者对此有一定的研究，如詹思维（2013）指出要进行跨商品套期保值，有两种方法可以使用，一是需要寻找替代品，螺纹钢现货和线材期货；二是选取该产品的上游或下游产品，如螺纹钢期货和焦炭现货等。在农产品交叉套期保值研究中，张蕾等（2020）选取已经上市的菜籽油期货、豆油期货与未上市的棉油现货进行交叉套期保值；朱才斌和朱佳玉（2021）选择玉米油的制作原材料玉米与玉米油相关性较高的替代品豆油、菜籽油进行交叉套期保值操作。相关研究都表明，对于没有相应期货品种的商品，其替代品和上下游产品之间都存在较强的相关性，套期保值效果往往较为理想，能够很好地降低产品的交易风险。

综上所述，本章选取了从 2009 年 3 月 27 日到 2023 年 2 月 14 日的铜管现货数据以及其上游产品 SHEF 铜、CU 铜、LEM 铜、COMEX 铜和替代性产品螺纹钢期货数据，总计 3222 组数据。其中选取从 2009 年 3 月 27 日到 2018 年 12 月 28 日数据作为样本内数据，总计 2245 组数据，从 2019 年

1月2日数据到2023年2月14日数据作为样本外数据，总计977组数据。铜管现货数据是佛山地区铜管出厂价日数据，期货数据分别选取各自主力合约的每日收盘价，数据经过处理后具有连续性，所有现货和期货数据均来源Wind数据库。

9.3.2　交叉套期保值条件

图9-1反映了从2009年3月27日到2022年3月15日，铜管现货数据与SHEF铜、CU铜、LEM铜、COMEX铜和螺纹钢期货的价格走势。从长期来看，铜管现货与各期货的价格波动具有一致性。相关系数检验结果如表9-1所示，铜管现货与其上游产品各类铜期货的相关性高达0.97以上，同时与其替代性产品螺纹钢期货的相关性也有0.84，均是具有较高相关性的交叉套期保值组合。

表9-1　相关系数

相关系数	SHFE 铜期货	CU 铜期货	LME 铜期货	COMEX 铜期货	螺纹钢期货
铜管现货	0.9874	0.9810	0.9748	0.9732	0.8431

从价格走势和相关系数可以看出，铜管与这5种期货之间初步具备了交叉套期保值的基本条件，满足品种之间交叉套期保值的基本假设。同时，铜管现货与SHEF铜期货、CU铜期货的相关性要优于铜管现货与LEM铜期货、COMEX铜期货、螺纹钢期货的相关性。

为了避免时间序列不平稳造成伪回归，采取ADF方法对各序列的平稳性进行检验。由表9-2可知，所有数据经一阶差分后均在1%的显著性水平下显著，即铜管现货数据和SHFE铜、CU铜、LME铜、COMEX铜、螺纹钢期货数据均为同阶单整的序列。

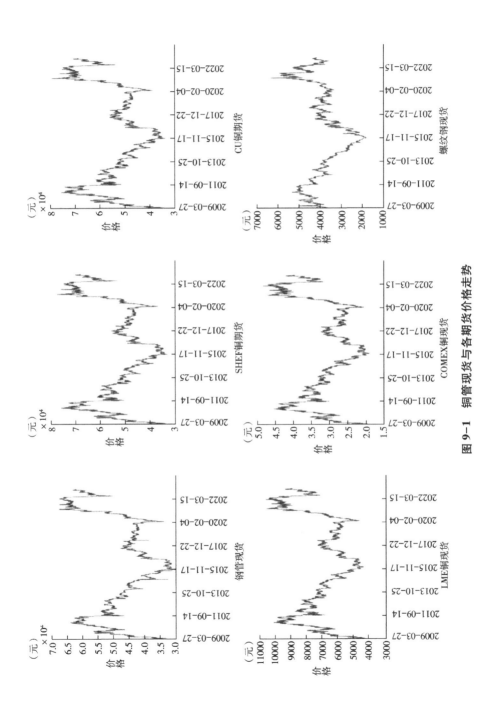

图 9-1　铜管现货与各期货价格走势

表 9-2　各变量 ADF 检验结果

变量序列	ADF 统计量	1%临界值	5%临界值	P 值	结论
X（铜管现货）	−2.323	−3.43	−2.86	0.1648	非平稳
D.X（铜管现货）	−49.33	−3.43	−2.86	0.00	平稳
SHFE	−2.11	−3.43	−2.86	0.2405	非平稳
D.SHFE	−43.093	−3.43	−2.86	0.00	平稳
CU	−2.136	−3.43	−2.86	0.2304	非平稳
D.CU	−42.674	−3.43	−2.86	0.00	平稳
LME	−1.813	−3.43	−2.86	0.374	非平稳
D.LME	−42.989	−3.43	−2.86	0.00	平稳
COMEX	−2.011	−3.43	−2.86	0.2816	非平稳
D.COMEX	−40.824	−3.43	−2.86	0.00	平稳
Y（螺纹钢期货）	−1.697	−3.43	−2.86	0.4329	非平稳
D.Y（螺纹钢期货）	−43.61	−3.43	−2.86	0.00	平稳

9.3.3　模型的选择

对于不同的交叉套期保值组合，根据不同模型推导出的套期保值结果不同，在此基础上，国内学者王骏等（2005）根据我国期货市场的特点对商品最优套期保值比率展开研究，并比较了 OLS 模型、VAR 模型、ECM 模型、EC-GRACH 模型等不同计量方法计算出的套期保值比率下的套期保值绩效。因此，本章选取其中的 OLS 模型、VAR 模型，以及参照周孝华等（2017）的 AR 自回归模型分别对样本外铜管现货交叉套期保值的套期保值比率进行计算，并对其套期保值绩效进行对比。

9.3.4　套期保值绩效结果

本章采用的套期保值绩效衡量方法，是在计算出最优套期保值比率 h 的基础上，进一步求出套期保值组合的收益为 $r_i = r_{si} - h_i \times r_{fi}$，进而套期组合

的风险可以表示为 $std(\sum r_i)$，在这种测量方法下，得到的结果越低，套期保值效果越好。

根据表 9-3 样本内的套期保值绩效和表 9-4 样本外的套期保值绩效，即基于历史数据波动率或基于波动率预测显示，无论是 SHFE 铜、CU 铜、LME 铜、COMEX 铜还是螺纹钢期货都可以作为铜管现货的交叉套期保值对象。具体地，套期保值绩效从小到大排序依次为 SHFE 铜<CU 铜<LME 铜<COMEX 铜<螺纹钢期货。

表 9-3　样本内套期保值绩效

SHFE 铜期货	CU 铜期货	LME 铜期货	COMEX 铜期货	螺纹钢期货
0.0104	0.0105	0.0127	0.0127	0.0128

表 9-4　样本外套期保值绩效

方法	SHFE 铜期货	CU 铜期货	LME 铜期货	COMEX 铜期货	螺纹钢期货
OLS	0.0067	0.0068	0.0096	0.0096	0.0096
ARresid	0.0067	0.0068	0.0096	0.0096	0.0096
VAR	0.0067	0.0068	0.0096	0.0096	0.0096

为了更进一步验证 SHEF 铜期货相较于其他期货具有更好的套期保值效果，根据铜管现货价格走势分别就 5 段价格处于上涨阶段和五段价格处于下降阶段的数据计算其套期保值绩效，结果如表 9-5 所示。从中可以明显地看出，无论铜管市场处于牛市或者是熊市状态，铜管现货与 SHFE 铜期货组成的套期保值组合风险最小，套期保值效率最高。同时对于样本外数据也做了同样的处理，如表 9-6 所示，虽根据不同模型算出的最优套期保值比率存在很小的差别，但经过对比也可以得出上述结论。

表 9-5　样本内不同市场状态下套期保值绩效

时间区间	SHFE 铜	CU 铜	LME 铜	COMEX 铜	螺纹钢
铜管市场状态为牛市					
2009 年 5 月 14 日 ~ 2010 年 1 月 11 日	0.0114	0.0116	0.0148	0.0148	0.0152
2010 年 6 月 9 日 ~ 2011 年 3 月 7 日	0.0089	0.0089	0.01	0.0099	0.0098
2014 年 3 月 12 日 ~ 7 月 3 日	0.0048	0.005	0.0066	0.0065	0.0066
2016 年 8 月 25 日 ~ 2017 年 2 月 13 日	0.0093	0.0093	0.0137	0.014	0.0137
2017 年 5 月 8 日 ~ 10 月 24 日	0.0051	0.0052	0.0074	0.0075	0.0073
铜管市场状态为熊市					
2009 年 4 月 13 日 ~ 5 月 14 日	0.0267	0.0269	0.0383	0.0348	0.0370
2012 年 2 月 22 日 ~ 6 月 8 日	0.0047	0.0050	0.0068	0.0069	0.0065
2013 年 1 月 31 日 ~ 5 月 2 日	0.0056	0.0056	0.0093	0.0081	0.0088
2014 年 7 月 4 日 ~ 2015 年 1 月 30 日	0.02996	0.02998	0.0308	0.0309	0.0309
2015 年 5 月 14 日 ~ 12 月 3 日	0.0172	0.0175	0.0193	0.0192	0.0187

表 9-6　样本外不同市场状态下套期保值绩效

时间区间	方法	SHFE 铜	CU 铜	LME 铜	COMEX 铜	螺纹钢
铜管市场状态为牛市						
2020 年 3 月 23 日 ~ 7 月 13 日	OLS	0.0060	0.0065	0.0098	0.0102	0.0104
	ARresid	0.0060	0.0064	0.0097	0.0102	0.0104
	VAR	0.0061	0.0064	0.0098	0.0102	0.0104
2020 年 10 月 20 日 ~ 2021 年 5 月 10 日	OLS	0.0104	0.0105	0.0140	0.0140	0.0138
	ARresid	0.0103	0.0105	0.0139	0.0140	0.0138
	VAR	0.0104	0.0105	0.0139	0.0140	0.0138

续表

时间区间	方法	SHFE 铜	CU 铜	LME 铜	COMEX 铜	螺纹钢
2022 年 7 月 15 日 ~ 2023 年 1 月 20 日	OLS	0.0050	0.0051	0.0077	0.0077	0.0072
	ARresid	0.0051	0.0052	0.0078	0.0078	0.0072
	VAR	0.0051	0.0052	0.0078	0.0078	0.0072
铜管市场状态为熊市						
2019 年 12 月 11 日 ~ 2020 年 3 月 23 日	OLS	0.0106	0.0119	0.0163	0.0158	0.0165
	ARresid	0.0106	0.0119	0.0162	0.0156	0.0164
	VAR	0.0106	0.0118	0.0162	0.0156	0.0165
2021 年 10 月 19 日 ~ 2022 年 1 月 26 日	OLS	0.0072	0.0073	0.0079	0.0078	0.0080
	ARresid	0.0072	0.0073	0.0081	0.0078	0.0081
	VAR	0.0072	0.0073	0.0081	0.0079	0.0082
2022 年 7 月 15 日 ~ 2023 年 1 月 20 日	OLS	0.0078	0.0080	0.0111	0.0111	0.0108
	ARresid	0.0078	0.0080	0.0111	0.0111	0.0108
	VAR	0.0078	0.0080	0.0111	0.0111	0.0108

9.4　本章小结

本章以 2009 年 3 月 27 日到 2023 年 2 月 14 日的铜管现货数据以及其上游产品 SHEF 铜、CU 铜、LEM 铜、COMEX 铜和替代性产品螺纹钢期货数据为样本，开展铜管交叉套期保值策略研究。通过实证发现：第一，根据套期保值绩效结果可以看出，交叉套期保值能够降低铜管市场风险，并且铜管现货与 SHEF 铜期货组合能更有效地降低风险；第二，在不同的市场状态下，各期货的套期保值绩效变化不大，SHEF 铜期货与铜管现货的套期保值组合无论是在市场处于牛市或熊市状态下都具有更好的套期保值效果；第三，在套期保值对象和套期保值模型中，市场风险降低的程度与套期保值对象密切相关，不同的套期保值对象所对应的套期保值绩效存在一定的差别，而套期保值模型的选择所计算出的最优套期保值比率差别相对较小。

我国铜管行业工业的发展方针是稳定国内市场，而近年国际上铜价的下滑导致中国铜价大幅度下降，铜管行业面临市场冲击和供需不平衡的双重压力，大大加剧了铜管企业的收益风险，本章所提出的在铜管行业利用交叉套期保值以化解风险的方法具有成本低、易推广的特点，可以帮助企业平抑铜管价格波动带来的冲击。在具体实施过程中可以从以下几方面努力：第一，交叉套期保值对象应与产品相关性高、价格走势一致，首要选择其上下游产品或替代品，并且要在已有期货品种中筛选出成交量和活跃度都较高的品种，再运用统计与计量分析方法进行检验。第二，在计算最优套期保值比率时，应对不同模型的套期保值绩效进行对比，确定最适合的套期保值比率，同时也要对风险敞口进行实时观察，避免套期保值转变为投机。第三，要基于我国期货市场基本发展情况，适当发展更多的价格避险工具，如发展气候金融衍生品或发展"期货+保险"新模式，不断提高期货市场交易效率和合约产品的供应量，为我国企业的稳定发展提供一个良好的外部环境。同时也要充分认识到衍生品在不同市场状态下的风险特征和期现联动关系，制定科学合理的风险控制措施，从而进一步增加企业抵抗风险的能力。第四，期货交易所应带头鼓励期货中介企业和现货企业发展推广交叉套期保值策略以及熟悉相应的交易规则，通过交叉套期保值扩大企业利用期货市场进行风险管理的范围，从容应对大宗商品的巨幅波动。

本章参考文献

［1］雷元安，刁节文．我国铁矿石期货价格发现功能的实证研究［J］．经济研究导刊，2019（36）：67-68.

［2］李怀政，严田．中国原油期货的溢出效应及其价格发现功能［J］．学术探索，2023，279（2）：90-101.

［3］Erb C B，Harvey C R. The strategic and tactical value of commodity futures［J］. Financial Analysts Journal，2006，62（2）：69-97.

［4］Fuertes A M，Miffre J，Rallis G. Tactical allocation in commodity futures markets：Combining momentum and term structure signals［J］. Journal of Banking and Finance，2010，34（10）：2530-2548.

［5］王军. 应对大宗商品价格波动常态化的研究——利用交叉套期保值策略［J］. 价格理论与实践，2011（3）.

［6］王宝森，李秋英. 河北化纤企业利用 PTA 期货规避成本价格风险研究［J］. 河北工程大学学报（自然科学版），2009（3）：106-108.

［7］潘慧峰，石智超，郑建明. 市场状态依存的套期保值策略研究［J］. 统计研究，2014，31（9）：65-71.

［8］孙洁，金鑫，张云. 不同市场状态下股指期货套期保值效率研究——异常波动事件的影响效应［J］. 系统工程理论与实践，2023，43（1）：76-90.

［9］詹思维. 螺纹钢跨商品交叉套期保值可行性研究［D］. 复旦大学，2013.

［10］张蕾，曹渊，王琦. 交叉套期保值能够降低农业市场风险吗？［J］. 西安交通大学学报（社会科学版），2020，40（2）：66-72.

［11］朱才斌，朱佳玉. 我国玉米油现货市场交叉套期保值的实证研究［J］. 商业经济研究，2021，827（16）：172-175.

［12］王骏，张宗成，赵昌旭. 中国硬麦和大豆期货市场套期保值绩效的实证研究［J］. 中国农业大学学报，2005（4）：131-137.

［13］周孝华，郭柱成，袁诗淼. 上证指数周内效应研究——基于 AR-GARCH-GED 模型和滑动窗口回归［J］. 财会月刊，2017，801（17）：9-13.

第10章

市场状态依赖下国际原油价格风险管理

《海龟交易法则》一书指出"优秀的交易者不会尝试着预测市场下一步会怎么样。相反,他们会观察指示信号,判断市场现在正处于什么样的状态中"。因此,在金融投资过程中对市场状态的识别在一定意义大于对市场的预测。特别是,对于国际大宗商品市场而言,影响因素多,市场还具有突发性。因此,试图对国际大宗商品市场状态做出精确预测是不现实的,风险管理者更常规的操作是根据市场状态和相关信号做出相应的应对策略。本章考虑市场状态的影响,提出状态依赖的期货套期保值优化模型与方法,动态调整传统模型驱动的对冲策略,实现了收益维持与风险对冲之间的权衡关系。

10.1 引言

原油是国际大宗商品,属于战略性资源,还兼具商品、地缘政治和金融等属性,其价格很容易受到市场内外因素的影响。近年来,极端事件频发导致原油价格波动剧烈,2020年国际原油经历了"史诗级"崩盘,每桶原油首次跌到-37美元;2022年国际油价又"坐上过山车",价格在年初一度飙升至接近 140 美元/桶，临近年尾时又陡然下降至 70 美元/桶附近，波动率近 100%。根据国际原油价格风险沿着产业链逐级传导的机理，要保障我国经济平稳运行必须及时遏制国际原油频繁巨幅波动带来的负面影响。因此，如何有效管理原油价格风险是学界和业界普遍关注的热点问题。

运用期货套期保值是对冲原油价格风险的重要方式之一。然而，近年来发生的中盛粮油套期保值失败、原油宝巨亏、伦镍逼空等重大极端事件又让企业"谈套期保值色变"。尽管套期保值失败的原因是多方面的，但在一定程度上也折射出传统期货套期保值的理论基础在复杂多变的国际形势下被削弱。例如，传统套期保值理论认为现货和期货价格走势趋同。然而，多重冲击和国际资本围堵下，原油、镍等大宗期货市场的基差被严重扭曲，期货价格动态演变特征远远超出了传统经济学供求理论所能解释的范畴（吕云龙，2022），期货与现货价格背离使风险对冲的现实问题无法完全如传统套期保值理论那样一一对应来解决。因此，传统套期保值理论在实际运用中的适用性受到限制，亟需理论和方法上的创新。

现代套期保值理论由 Johnson（1960）和 Ederington（1979）较早提出，该理论认为企业在合适的或可承受的风险情况下可以适当获取利润。例如，在牛市环境下若卖出套期保值可以减少卖出的规模，降低无效套期保值的量。相比于传统套期保值，现代套期保值更灵活、更符合企业实际需求。事实上，本章所开展的研究工作也属于选择性套期保值范畴（Furió 和 Torro，2020；Barroso 等，2021）。所谓选择性套期保值是指投资者根据对未来基差的预期，在现货和期货市场有选择地建立头寸的套期保值方法。然而，已有的选择性套期保值相关文献没有考虑市场状态的影响。现代套期保值理论依赖于对市场的预判，那么自然衍生出如下问题：如何提高市场状态预测精度？不管是传统套期保值理论还是现代套期保值理论，套期保值的基本原则是对冲风险而不是逐利，那么如何秉持风险对冲的初衷？如何将现代套期保值与传统套期保值方法相结合，以提高套期保值绩效？以上问题也正是本章拟解决的主要问题。

市场状态识别方面，有的学者直接基于收益率刻画市场状态，如 Collin-Dufresne 等（2020）通过判断过去 24 个月市场的累计回报率是否大于零来识别牛熊市；Yu 等（2023）依据平均收益大于或小于零来区分上涨和下跌状态。更多的学者则从收益率本身即微观层面出发，利用时间序列结构性变化，构建以马尔科夫区制转移（Markov Regime Switching, MRS）模型为代表的计量模型识别状态（Billio 等，2018；Liu 等，2023）。MRS 模型包含多个结构方程，可以从微观层面上刻画时间序列在不同状态下的变化及转换过程。目前，该模型得到了广泛的应用，学者们将其应用于波动率并建模，然后基于预测的波动率计算期货最优套期保值头寸（彭红枫和陈奕，2015；Philip 和 Shi，2016；王佳等，2020）。由于 MRS 模型的本质是将收益序列视为由马尔科夫过程控制的状态（区制）切换过程，因此可以将 MRS 理解成微观层面上收益率在不同状态之间进行的切换。实践表明，宏观市场状态对收益率及投资者决策的影响同样不可忽视。李仲飞和姚海祥（2014）、Nettayanun（2023）认为基于单一市场状态刻画资产的收益特征并不能很好地满足实际需要；刘家和等（2018）、Campani 等（2021）、尘娜和金秀（2021）、Li 等（2022）在研究投资组合问题时考虑了市场状态的影响，并且通过研究发现状态依赖的组合策略能提高投资效率。也有学者在研究期货套期保值问题时考虑了市场状态，如赵华等（2013）将马尔科夫状态转换方法引入中国商品期货市场最优套期保值问题研究中；潘慧峰等（2014）研究了状态依赖的期货套期保值策略；Wong（2017）从理论层面研究了市场状态依赖下期货套期保值策略的变化。然而，相对于收益率序列本身所体现出来的微观状态，市场的宏观状态通常是隐性的，不能直接参考显性指标进行划分（刘振亚和邓磊，2014），只能通过分析一些可观测的、对状态有影响的指标进行间接识别。

隐马尔科夫模型（Hidden Markov Model, HMM）是一种用来描述一个含有隐含未知参数的马尔科夫过程的统计模型。HMM 最早起源于 Baum 和 Petrie（1966）的声学信号建模研究，后被广泛地应用到金融领域。利用 HMM 可以通过外部观测值推断隐藏的马尔科夫链状态，所以它是解决一类隐含状态识别问题的理想模型。目前，大量学者利用 HMM 分析金融市场的波动性（景楠等，2019），以及基于 HMM 识别出的市场状态开展投资组合问题研究（Nystrup 等，2017）。受已有文献的启发，本书借助 HMM 识别原油市场隐含的真实状态。尽管利用 HMM 识别市场状态的效果得到了广泛的认可，但将 HMM 直接用于预测市场状态的做法是值得商榷的。这是因为 HMM 预测市场状态的基本原理是根据状态转移概率的大小对未来状态进行预测，而马尔科夫状态转移矩阵通常维持在当前状态的概率是最大的。也就是说，利用 HMM 预测出的市场状态大概率与当前市场状态一样，这显然是不合理的。近年来，机器学习方法被广泛地应用于金融领域，其中一个应用场景就是预测。相比于传统预测方法，机器学习的优势在于它能够从越来越多输入算法的数据中学习，并且可以给出数据驱动的概率预测。受篇幅所限，此处不详细列举出机器学习方法及其在金融预测领域的应用，感兴趣的读者可参考 Ozbayoglu 等（2020）的文献。在已有研究的基础上，本章选取原油市场状态主要影响因素作为输入特征，将 HMM 与随机森林、GBDT、XGBoost、LightGBM 等机器学习方法相结合对市场状态进行预测。

对市场状态进行合理预测的目的在于套期保值者可以参考市场状态调整期货对冲头寸。为了不偏离风险对冲的基本原则，可以在传统方差最小套期保值策略基础上进行微调，尽可能在控制风险的同时减少不必要的损失。以卖出现货的套期保值者为例，当预测期货未来市场状态为上涨时，可以适当调小模型驱动的对冲头寸。反之，适当调大基于传统套期保值模型得到的对冲头寸。由于调整前的对冲策略是基于方差最小化模型所得到的，所以经过调整后的对冲策略所得到的套期保值组合方差自然有所增大。同时，由于事先对市场状态进行预测，并根据市场状态向有利的方向进行了调整，所以调整后的套期保值组合收益显然也会增大。此外，还可以进一步检验收益与风险之比是否得到提高。传统套期保值方法为了对冲风险而完全不顾及潜在的巨额损失，本章提出的优化策略意味着可以多承担适当的风险而避免潜在的部分损失。事实上，大量的实证研究结果表明套期保值实践中，企业在对冲风险的同时往往也会兼顾收益问题，而不是不惜代价地控制风险。控制风险的初衷也是避免现货遭受极端损失，若在套期保值过程中为了对冲风险而额外遭受期货端带来的巨额损失，最终将是得不偿失的（Adam，2017）。为此，本章提出一个"好"的套期保值策略的新准则是：在不显著提升对冲组合风险的条件下显著提升其收益，并且采取套期保值比不采取套期保值更有效。该准则也体现了风险控制是套期保值的第一要务。

10.2 期货套期保值模型

10.2.1 模型驱动的套期保值策略

套期保值理论的核心问题是确定套期保值头寸。自 Johnson（1960）首次提出最小方差套期保值（MVH）模型以来，MVH 及其扩展模型被广泛应用于期货套期保值领域（Dark，2015）。MVH 模型的基本描述如下：

记 t 时刻现货和与之对应的期货收益率分别为 r_{st}、r_{ft}，则卖出套期保值组合的收益可表示如下：

$$r_{pt} = r_{st} - h_t r_{ft} \tag{10-1}$$

其中，h_t 为套期保值头寸。为使 r_{pt} 的方差最小化，则 t 时刻选择的最优套期保值头寸如下：

$$h_t^* = \frac{\mathrm{cov}(r_{st}, \ r_{ft})}{\sigma_{ft}^2} \tag{10-2}$$

或

$$h_t^* = \rho \frac{\sigma_{st}}{\sigma_{ft}} \tag{10-3}$$

其中，$\mathrm{cov}(r_{st}, r_{ft})$ 表示现货收益率和期货收益率的协方差，σ_{st}、σ_{ft} 分别为现货收益率和期货收益率的标准差，ρ 为它们之间的相关系数。由式（10-1）或式（10-2）不难发现，确定最优期货套期保值头寸的一种方法是获得现货和期货收益率的协方差。因此，大量文献将期货套期保值问题转为预测现货和期货的波动率，其中所采用的波动率模型更多考虑了收益率序列尖峰厚尾性和异方差性等主要概率特征的 GARCH 族模型。本章将基于 GARCH 族模型得到的对冲头寸称为模型驱动的套期保值策略。

10.2.2　状态依赖的套期保值策略

本章提出的状态依赖的套期保值策略是指利用对市场状态的预测结果，适当调整模型驱动的套期保值策略。以卖出套期保值规避现货价格下跌风险为例，由式（10-1）不难发现，当预测期货价格上涨时，$r_{ft}>0$，此时若降低最小方差框架下模型驱动的套期保值头寸，则可以减少对套期保值组合收益的削减。同样地，当预测期货价格下跌时，$r_{ft}<0$，若适当增大模型驱动的套期保值头寸，则可以更多地弥补现货端的损失。基于以上讨论，提出状态依赖的套期保值策略表示如下：

$$\hat{h}_t^* = \theta h_t^* \tag{10-4}$$

其中，当预测期货价格上涨时，$\theta<1$；反之，$\theta>1$。需要说明的是，这里的调整幅度 θ 是"适当"意义上的，通常根据套期保值者的风险厌恶程度而定，风险厌恶程度越大的套期保值者选择的 θ 值越接近 1，而风险厌恶程度越小的套期保值者可以选择偏离 1 较大的比例。本书设定 $\theta \in [0.8, 1.5]$。

10.3　期货套期保值绩效评价

传统套期保值效果选用的评价指标是套期保值效率（Zhao 等，

2019)，公式如下：

$$HE = \frac{\text{Var}(r_s) - \text{Var}(r_p)}{\text{Var}(r_s)} \qquad (10-5)$$

其中，$\text{Var}(r_s)$ 和 $\text{Var}(r_p)$ 分别表示现货方差和套期保值组合的方差。也就是说，相对于不套期保值情形，采取套期保值措施后方差的减少比率。HE 值越大，意味着套期保值在降低方差方面的效果越显著。在实际运用时，也可以直接比较套与不套两种情形下的方差，若 $\text{Var}(r_s) > \text{Var}(r_p)$，即 $HE > 0$，则表示套期保值是有效的。此外，套期保值组合均值、均值与标准差的比值也被学者们用于衡量套期保值的效果。

由于需要权衡套期保值收益与风险的关系，所以本书选取套期保值组合的均值、方差、均值与标准差的比值三个指标作为套期保值效果的评价指标。因此，一个"好"的套期保值策略满足：不显著提升套期保值组合方差的条件下显著提高套期保值组合均值、均值与标准差的比值，且 $HE > 0$。

为了检验一个"好"的套期保值策略在统计意义上的显著，可以利用 Diebold 和 Mariano（1995）提出的 DM 检验方法从统计上对套期保值效果进行检验。该方法除了被很多学者用于检验和评价预测效果（李艳丽等，2016）外，也被用于检验不同模型的套期保值效果（Wang 等，2015）。参考已有文献的做法，本章也采用 DM 检验方法对比检验模型驱动和状态依赖的两种套期保值策略在统计意义上的区别。

10.4　实证研究

10.4.1　数据来源与数据处理

选取布伦特原油现货价格和期货结算价作为研究样本，研究原油期货套期保值问题。数据频率为日度数据，时间跨度从 2005 年 1 月 5 日至 2023 年 2 月 6 日。按照 4∶1 的比例将数据又划分为样本内（2005 年 1 月 5 日至 2019 年 7 月 22 日）和样本外（2019 年 7 月 23 日至 2023 年 2 月 6 日）两个部分。样本内的数据主要用于估计 GARCH 族模型参数、HMM 的参数，以及训练输入特征与市场状态的关系；样本外的波动率和市场状态预测采取的是一步滑动预测法。在经过日期对齐、删除缺失值等常规处理后，取原油现货和期货价格的对数作为收益率进行基本统计分析，描述性统计分析结果如表 10-1 所示。

表 10-1　布伦特原油现货和期货收益率的描述性统计

指标	现货收益率	期货收益率
最小值	−0.64370	−0.27976
最大值	0.41202	0.18407
均值	0.00015	0.00015
中位数	0.00063	0.00091
方差	0.00079	0.00056
偏度	−1.96062	−0.70508
峰度	84.66241	12.61039
T-统计量	0.360（0.719）	0.426（0.670）
JB	1366926（0.000）	30645（0.000）
LB Q	79.725（0.000）	24.109（0.007）
LB Q^2	871.360（0.000）	956.530（0.000）
ARCH	87.400（0.000）	54.250（0.000）

表 10-1 结果显示，原油现货和期货日收益率的平均值显著为 0，现货市场收益率的波动大于期货市场。从峰度和偏度来看，现货收益率呈现出的尖峰厚尾现象比期货收益率更明显。根据 Jarque 和 Bera 的正态性检验，两个收益率序列均不服从正态分布。从 Q 统计量还发现，现货和期货收益率具有显著的序列自相关性，且 ARCH 效应检验拒绝了零假设。这表

明现货和期货收益率序列都存在 ARCH 效应，可以使用 GARCH 族模型对其波动率建模。

10.4.2　GARCH 族波动率模型

解决期货套期保值问题的核心是确定最优套期保值比率，事前套期保值策略的确定依赖于对波动率的预测，然后基于式（10-2），利用预测的波动率计算套期保值头寸。参考 Trucíos（2019）的研究，选取常用的 DCC-GARCH 系列模型预测原油现货和期货收益率的波动率。所选模型的参数估计结果如表 10-2 所示①。

从表 10-2 参数估计的结果来看，所有 DCC-GARCH 类模型的 DCC 参数都是显著的，ARCH 项和 GARCH 项参数大部分在 1% 水平下显著。就普遍被应用的 DCC-GARCH 族模型而言，在 10% 水平下，其现货波动率方程的系数和期货波动率方程的系数估计量除了截距项都是显著的，DCC 的系数也同样显著，说明 DCC-GARCH 对布伦特期货和现货的数据估计结果是稳健的。除常数项不显著外，DCC-APARCH、DCC-AVGARCH、DCC-EGARCH、DCC-NAGARCH 和 DCC-TGARCH 族模型其他参数在 10% 显著水平下都显著。这一方面说明了模型对数据拟合较好，另一方面也说明布伦特现货和期货波动率之间存在杠杆效应。但就信息准则来看，不同 DCC-GARCH 系列模型的拟合优良度并无明显差异。因此，基于表 10-2 所估计出的参数，利用一步滑动预测法可以预测出原油现货和期货样本外的波动率。

10.4.3　HMM 识别市场状态的效果分析

为了检验 HMM 识别市场状态的效果，本章对布伦特整个市场状态的变化进行解码。在使用 HMM 解码时，参考常太星（2020）的研究，将市场状态个数设置为 2，分别记为状态 0 和状态 1，并将期货单天、5 天和 10 天

---

①　受篇幅所限，此处没有详细呈现 DCC-GARCH 系列模型，感兴趣的读者可以参考 Trucíos（2019）的研究。

表 10-2 多变量 GARCH 族模型参数估计结果

Panel A: 布伦特原油现货

指标	DCC-GARCH	DCC-CSGARCH	DCC-IGARCH	DCC-APARCH	DCC-AVGARCH	DCC-EGARCH	DCC-FGARCH	DCC-CJRGARCH	DCC-NAGARCH	DCC-TGARCH
μ	0.0001 (0.894)	0.0001 (0.915)	0.0000 (0.960)	-0.0002 (0.524)	-0.0003 (0.512)	-0.0003 (0.099)	-0.0002 (0.566)	-0.0002 (0.659)	-0.0002 (0.637)	-0.0002 (0.459)
ω	0.0000 (0.441)	0.0000 (0.509)	0.0000 (0.616)	0.0000 (0.271)	0.0001 (0.201)	-0.0840 (0.000)	0.0000 (0.673)	0.0000 (0.523)	0.0000 (0.575)	0.0003 (0.174)
α	0.0627 (0.005)	0.0857 (0.302)	0.0656 (0.050)	0.0548 (0.000)	0.0614 (0.000)	-0.0353 (0.072)	0.0634 (0.168)	0.0291 (0.220)	0.0535 (0.000)	0.0653 (0.006)
β	0.9328 (0.000)	0.1416 (0.815)		0.9457 (0.000)	0.9629 (0.000)	0.9881 (0.000)	0.9319 (0.000)	0.9449 (0.000)	0.9324 (0.000)	0.9396 (0.000)
γ				0.2563 (0.085)		0.1202 (0.000)		0.0420 (0.027)		
δ				1.5813 (0.000)			1.4930 (0.000)			
η_1		0.9960 (0.000)			0.7011 (0.000)		0.0581 (0.875)			0.3223 (0.048)
η_2		0.0499 (0.002)			-0.4979 (0.000)		0.3126 (0.584)		0.3708 (0.044)	

Panel B: 布伦特原油期货

指标	DCC-GARCH	DCC-CSGARCH	DCC-IGARCH	DCC-APARCH	DCC-AVGARCH	DCC-EGARCH	DCC-FGARCH	DCC-CJRGARCH	DCC-NAGARCH	DCC-TGARCH
μ	0.0004 (0.148)	0.0004 (0.119)	0.0004 (0.647)	0.0001 (0.769)	0.0000 (0.894)	0.0000 (0.914)	0.0000 (0.997)	0.0001 (0.628)	0.0000 (0.916)	0.0001 (0.800)
ω	0.0000 (0.556)	0.0000 (0.008)	0.0000 (0.966)	0.0001 (0.387)	0.0002 (0.000)	-0.0708 (0.000)	0.0001 (0.385)	0.0000 (0.858)	0.0000 (0.124)	0.0002 (0.000)

续表

指标	DCC-GARCH	DCC-CSGARCH	DCC-IGARCH	DCC-APARCH	DCC-AVGARCH	DCC-EGARCH	DCC-FGARCH	DCC-GJRGARCH	DCC-NAGARCH	DCC-TGARCH
α	0.0613 (0.051)	0.0142 (0.670)	0.0646 (0.840)	0.0533 (0.000)	0.0584 (0.000)	−0.0606 (0.012)	0.0612 (0.000)	0.0240 (0.694)	0.0492 (0.000)	0.0531 (0.000)
β	0.9320 (0.000)	0.4335 (0.426)		0.9483 (0.000)	0.9348 (0.000)	0.9907 (0.000)	0.9265 (0.000)	0.9391 (0.000)	0.9230 (0.000)	0.9495 (0.000)
γ				0.5829 (0.000)		0.0981 (0.000)		0.0596 (0.331)		
δ				1.1048 (0.000)			1.3326 (0.000)			
η_1		0.9932 (0.000)			0.2862 (0.001)		0.0374 (0.845)			0.6195 (0.000)
η_2		0.0584 (0.000)			0.3616 (0.000)		0.6098 (0.000)		0.6700 (0.000)	
a	0.0477 (0.001)	0.0480 (0.001)	0.0499 (0.000)	0.0449 (0.005)	0.0465 (0.003)	0.0475 (0.004)	0.0483 (0.002)	0.0506 (0.000)	0.0492 (0.001)	0.0460 (0.006)
b	0.8467 (0.000)	0.8409 (0.000)	0.8513 (0.000)	0.8479 (0.000)	0.8450 (0.000)	0.8482 (0.000)	0.8502 (0.000)	0.8502 (0.000)	0.8526 (0.000)	0.8472 (0.000)
对数似然值	19537.980	19559.500	19532.960	19556.270	19552.820	19550.370	19578.240	19548.440	19565.650	19534.560
AIC	−10.682	−10.692	−10.681	−10.690	−10.688	−10.688	−10.701	−10.687	−10.696	−10.679
BIC	−10.663	−10.666	−10.665	−10.665	−10.663	−10.666	−10.672	−10.665	−10.674	−10.657

DCC 参数

信息准则

的收益率序列作为 HMM 模型的输入特征。由于 HMM 所识别出的是隐含的
市场状态 0 和 1，为了更好地解读这两个状态在真实市场中的意义，参考
Zhang 等（2019）的做法，通过比较状态 0 和 1 下的累计回报率（见图
10-1），并以此赋予两个状态以实际意义。

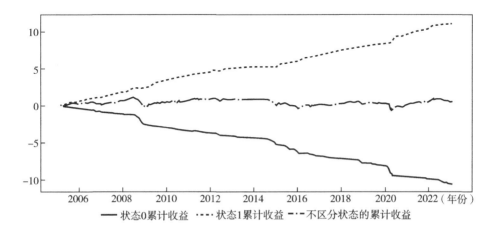

图 10-1　不同市场状态下的累计收益表现

从图 10-1 可以看出，基于状态 0 的累计收益显著小于基于状态 1 的
累计收益，说明 HMM 所识别出的状态 0 和 1 分别与真实市场的下跌和上
涨行情对应。因此，记状态 0 为下跌状态，状态 1 为上涨状态。进一步
地，分别对 HMM 所识别的市场状态、依据传统收益率正负而判断的市场
状态进行解码。其中，图 10-2（a）显示了 HMM 解码的隐性市场状态识
别结果，图 10-2（b）展示了基于传统收益率解码的显性市场状态。

从图 10-2 可以看出，基于 HMM 的识别结果更能反映市场隐含的真实
市场状态。以 2018~2019 年为例，HMM 能清晰解码出这段时间市场是处
于下跌的，而基于传统收益率识别的显性市场状态过于聚焦每一天的涨跌
而对市场大趋势的判断不够明确。也就是说，HMM 更能捕捉市场状态隐
含的内在驱动力。

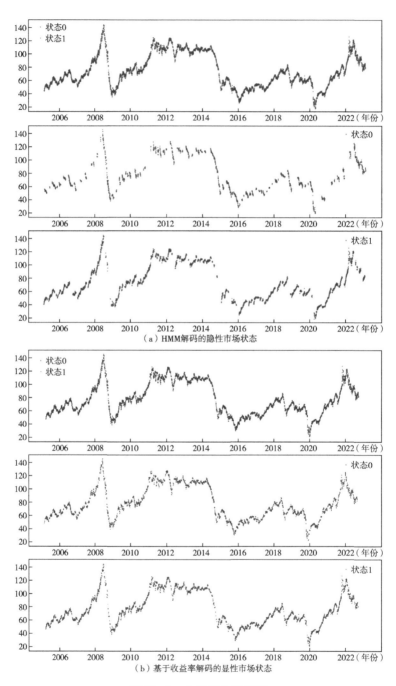

（a）HMM解码的隐性市场状态

（b）基于收益率解码的显性市场状态

图 10-2 市场状态的解码

10.4.4　市场状态预测效果检验

不同于已有文献直接利用 HMM 预测市场状态，本章采用 HMM 与机器学习相结合的方法对市场状态进行预测。考虑到所识别的是市场的宏观状态，所以在对市场状态进行预测时将影响原油价格的若干主要宏观因素作为输入因素[①]，包括美元指数（Schalck 和 Chenavaz，2015）、经济不确定性指数（冯钰瑶等，2020）、地缘政治风险指数（Su 等，2020）、金融市场指数（Lu 等，2020）。参考机器学习分类模型的评价标准，采用如下指标衡量市场状态的预测精度（穆勒和吉多，2018）。

上涨状态精确率，公式如下：

$$P^{up} = \frac{TP}{TP+FP} \tag{10-6}$$

下降状态精确率，公式如下：

$$P^{down} = \frac{TN}{TN+FN} \tag{10-7}$$

准确率，公式如下：

$$ACC = \frac{TP+TN}{TP+TN+FP+FN} \tag{10-8}$$

其中，TP 为预测状态为上涨且实际收益为正的预测样本个数；FP 为预测状态为上涨但实际收益为负的预测样本个数；TN 为预测状态为下降且实际收益为负的预测样本个数；FN 为预测状态为下降但实际收益为正的预测样本个数。各模型预测市场状态的结果如表 10-3 所示。

表 10-3　不同模型的状态预测结果对比

模型	P^{up}	P^{down}	ACC
HMM	0.56752	0.46797	0.52811

① 用标普 500 指数为金融市场指数的代理指标。美元指数数据来自英为财经网站，经济不确定指数来自网站 https：//www.policyuncertainty.com/index.html，地缘政治风险指数来自网站 https：//www.matteoiacoviello.com/gpr.htm。标普 500 指数数据来自 Choice 数据库。

模型	P^{up}	P^{down}	ACC
随机森林	0.65512	0.72428	0.67365
GBDT	0.62290	0.57827	0.60750
GBM	0.62500	0.59197	0.61411
XGB	0.62437	0.58442	0.61080
随机森林（加因素）	0.81892	0.82993	0.82249
GBDT（加因素）	0.62667	0.58958	0.61411
XGBoost（加因素）	0.62437	0.58442	0.61080
LightGBM（加因素）	0.62645	0.59272	0.61521

表10-3中，第一行表示直接利用HMM预测市场状态；第2行~第5行表示在机器学习预测市场状态时不考虑外部影响因素；第6行~第9行表示在机器学习预测市场状态时考虑外部影响因素。从结果可以看出，本章所提出的HMM与机器学习相结合的预测效果优于HMM，整体预测精度比传统HMM预测的精度提高了8%，其中考虑外部影响因素的随机森林模型的预测精度最高，达到81%以上。加入市场外部影响因素后，模型的预测精度都有一定程度的提升，说明了市场外部影响因素能为市场状态预测提供额外的信息。

10.4.5 套期保值效果检验

本章提出的调仓策略是指当预测市场状态为上涨状态时，适当调小模型驱动的头寸，反之适当增大模型驱动的头寸。这里，下调幅度和上调幅度分别被选定为0.8和1.2①。由于状态依赖的套期保值策略是通过调整模型驱动的套期保值策略而来，因此比较了这两种套期保值策略的效果，主要评价指标包括套期保值组合的收益、方差、收益与方差的比值。此外，还比较了状态依赖和不套两种情形下套期保值组合的方差，以体现套期保值的有效性。选取样本外3个月为一次评价跨度，评价结果如图10-3所示。

---

① 这里选定了一组调仓幅度，在鲁棒性检验部分又另外随机产生200组调仓幅度进行了稳定性检验。尽管如此，该调仓幅度的选择依赖于经验和套期保值者偏好，没有特别的准则。风险厌恶程度较大的套期保值者可以选择接近1的调仓比例，相当于基本上保持传统方差最小的对冲头寸不变；风险厌恶程度较小的套期保值者可以选择偏离1较大的调仓比例。

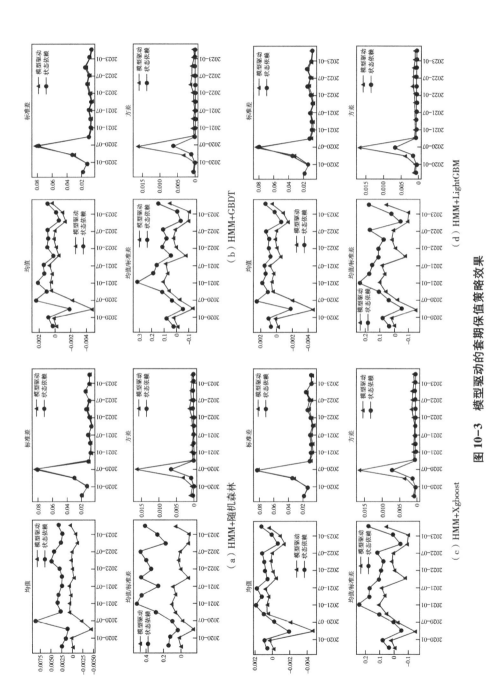

（a）HMM+随机森林　（b）HMM+GBDT　（c）HMM+Xgboost　（d）HMM+LightGBM

图 10-3　模型驱动的套期保值策略效果

从图 10-3 可以看出，对于套期保值组合收益的均值，状态依赖策略要明显高于模型驱动策略，并且 HMM 与随机森林相结合的方法得到的策略在博取收益方面更具有优越性，这得益于该方法在状态预测方面具有较高的精度。其他方法虽然在预测精度上逊色于 HMM 与随机森林相结合的方法，但仍然获得了比模型驱动策略下的套期保值组合更高的收益。这说明，基于市场状态调整模型驱动的套期保值策略可以获得更高的收益。在对冲组合方差方面，调整后的对冲策略略微提高了套期保值组合的方差，但差异不显著。根据收益与标准差之比的评价指标，状态依赖策略要远远高于模型驱动的策略，意味着单位风险下，状态依赖对冲策略可实现更高的收益，更符合投资者的实际需求。此外，状态依赖的套期保值策略得到的方差小于不套期保值的方差，说明状态依赖的策略也能实现降低原油现货风险的初衷。

模型驱动的头寸是在最小方差框架下得到的，而状态依赖策略又是模型驱动头寸调整而来的，所以状态依赖策略得到的组合方差高于模型驱动得到的组合方差也是自然的。然而，套期保值的初衷是对冲风险而不是逐利。为此，以下从统计上检验"状态依赖的对冲策略在收益、收益与标准差之比两个评价指标上显著优于传统模型驱动的策略，而方差并没有显著提高"。检验结果如表 10-4 所示。

表 10-4　状态依赖策略优越性的 DM 检验

模型	均值		标准差		均值/标准差	
	DM	p	DM	p	DM	p
随机森林	**5.504**	**0.000**	−0.375	0.713	**4.656**	**0.000**
GBDT	**4.384**	**0.001**	−0.098	0.924	**1.818**	**0.090**
XGBoost	**10.928**	**0.000**	2.968	0.010	**2.344**	**0.034**
LightGBM	**4.817**	**0.000**	−0.148	0.885	**2.525**	**0.024**

从表 10-4 可以看出，状态依赖的对冲策略基本上都优于传统模型驱动

的对冲策略，特别是与随机森林相结合的对冲策略优越性更突出。从均值和均值与标准差之比这两个指标来看，状态依赖的对冲策略显著高于模型驱动的策略，也就是基于前者所得到的对冲策略获得的收益与风险之比显著高于后者，而前者标准差在统计意义上又不显著高于后者。也就是说，从统计意义上说，调整后的套期保值策略兼顾了收益维持和风险控制两个方面。并且，本章提出的状态依赖的套期保值策略并不违背风险对冲的初衷。

10.4.6　稳定性检验

（1）关于调仓比例的稳定性检验。

本章所提出的市场状态依赖的对冲策略，其对冲效果依赖于调仓比例，该比例大于 1 表示调大模型驱动的头寸，小于 1 表示调小模型驱动的头寸。在关于调仓比例的稳定性检验中，本章随机生成 200 组调仓比例，其中调小的比例设置为 $\theta^{down} \in (1, 1.5]$，调大的比例为 $\theta^{up} \in (1, 1.5]$。在每一组调整比例下分别计算两种策略下的均值、标准差、均值与标准差之比这三个指标的差，即

$$mean_{diff} = mean_{state} - mean_{MD}$$

$$SD_{diff} = SD_{state} - SD_{MD}$$

$$mean/SD_{diff} = mean/SD_{state} - mean/SD_{MD}$$

若 $mean_{diff}$ 值为正，表明状态依赖策略下组合收益要高于模型驱动策略，SD_{diff} 值为正，表明状态依赖策略下组合风险要高于模型驱动策略，$mean/SD_{diff}$ 值为正，表明状态依赖策略下组合单位风险收益要高于模型驱动策略。不同调整比例下，市场状态依赖和模型驱动对冲组合三个评价准则的差值以热力图的形式呈现如图 4 所示①。

从图 10-4 可以看出，随着 θ^{up} 值下降和 θ^{down} 值上升，$mean_{diff}$ 越来越大，说明状态依赖策略下对冲组合的收益相对来说越来越大。同样地，均值与标准差之比的图（c）也呈现了类似的特点。而标准图（b）的散点主

---

① 以预测效果最好的随机森林方法为例，其他机器学习方法的结果类似。

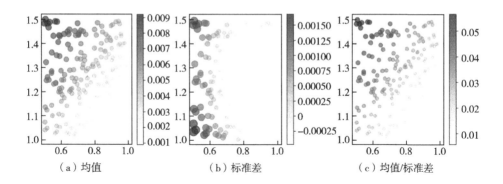

图 10-4　不同调仓比例的稳定性检验

要集中在左半部分而非左上角，在图中大约呈现半圆状的边界线，说明 θ^{up} 对组合风险的影响较大。根据上述分析，对于风险承受度较高的对冲者来说可以选择较小的 θ^{up} 值和较大的 θ^{down} 的调整比例组合。由于随着 θ^{up} 值下降和 θ^{down} 值上升，$mean_{diff}$ 和 $mean/SD_{diff}$ 越来越大，而标准差（b）的图散点主要集中在左半部分。因此，投资者可以选择处于中间位置来调整比例组合，也就是调小和调大的比例不宜偏差太大，基本上围绕在 1 的周围，以实现博取收益的同时兼顾风险对冲的目标。

（2）关于评价跨度的稳定性检验。

为了检验研究结果关于套期保值效果的评价跨度的稳定性，进一步选择评价跨度为 5 天、10 天、15 天、20 天、25 天、30 天，得到统计意义上的对比结果，如表 10-5 所示。

表 10-5　评价跨度的稳定性检验

时间	模型	均值		标准差		均值/标准差	
		DM	p	DM	p	DM	p
5 天	随机森林	13.868	0.000	0.916	0.361	2.754	0.006
	GBDT	6.575	0.000	1.341	0.182	1.633	0.104
	XGBoost	6.416	0.000	1.648	0.101	1.761	0.080
	LightGBM	7.051	0.000	1.254	0.211	1.707	0.090

续表

时间	模型	均值		标准差		均值/标准差	
		DM	p	DM	p	DM	p
10 天	随机森林	10.410	0.000	0.959	0.340	7.085	0.000
	GBDT	5.534	0.000	1.162	0.248	4.184	0.000
	XGBoost	6.118	0.000	2.676	0.009	4.327	0.000
	LightGBM	5.799	0.000	1.068	0.288	4.340	0.000
15 天	随机森林	9.239	0.000	0.901	0.371	8.089	0.000
	GBDT	5.219	0.000	1.123	0.266	4.472	0.000
	XGBoost	7.765	0.000	1.691	0.096	4.403	0.000
	LightGBM	5.578	0.000	1.050	0.298	4.541	0.000
20 天	随机森林	8.252	0.000	1.064	0.293	7.398	0.000
	GBDT	5.677	0.000	0.971	0.337	4.872	0.000
	XGBoost	5.550	0.000	2.370	0.022	4.906	0.000
	LightGBM	6.130	0.000	0.903	0.372	4.724	0.000
25 天	随机森林	8.016	0.000	1.598	0.119	6.618	0.000
	GBDT	5.625	0.000	1.285	0.207	5.330	0.000
	XGBoost	6.311	0.000	3.253	0.002	5.081	0.000
	LightGBM	6.086	0.000	1.203	0.237	5.339	0.000
30 天	随机森林	6.718	0.000	0.770	0.448	7.445	0.000
	GBDT	4.895	0.000	0.776	0.444	5.118	0.000
	XGBoost	7.593	0.000	2.329	0.027	4.593	0.000
	LightGBM	5.209	0.000	0.711	0.483	5.254	0.000

尽管套期保值评价跨度不同，但是从表 10-5 体现出的结论是一致的，即本章所提出的 HMM 与机器学习相结合方法下得到的状态依赖对冲策略，在收益和收益与标准差比值这两个指标上有显著的提高，并没有显著提高套期保值组合的方差。因此，表 10-5 针对评价跨度的稳定性检验进一步从统计意义上验证了本章提出的调整后的对冲策略可实现更优的对冲效果。

（3）关于波动率模型的稳定性检验。

本书中传统模型驱动的对冲策略是指在最小方差框架下，利用

GARCH 族模型预测波动率，然后基于预测的波动率计算套期保值头寸；状态依赖的对冲策略是结合对市场状态的预测，适当调整模型驱动的头寸。显然，模型驱动的头寸依赖于波动率模型，不同的波动率模型所预测出的波动率不同。因此，除前文所使用的 DCC-GARCH 族模型外，还选择 DCC 系列的其他模型对波动率基准模型开展稳定性检验，检验结果如表 10-6 所示。

表 10-6 不同波动率模型的稳定性检验

机器学习模型	波动率模型	均值		标准差		均值/标准差	
		DM	p	DM	p	DM	p
随机森林	1 : 1	6.963	0.000	0.073	0.942	6.931	0.000
	DCC-CSGARCH	5.915	0.000	0.050	0.960	6.671	0.000
	DCC-IGARCH	5.873	0.000	−0.252	0.802	6.494	0.000
	DCC-APGARCH	5.738	0.000	−0.116	0.908	6.519	0.000
	DCC-AVGARCH	5.805	0.000	−0.177	0.860	6.938	0.000
	DCC-EGARCH	5.741	0.000	−0.043	0.966	6.548	0.000
	DCC-FGARCH	5.692	0.000	−0.127	0.899	6.902	0.000
	DCC-GJRGARCH	5.717	0.000	−0.195	0.846	6.477	0.000
	DCC-NAGARCH	5.847	0.000	−0.200	0.843	6.842	0.000
	DCC-TGARCH	5.592	0.000	−0.054	0.957	6.709	0.000
GBDT	1 : 1	6.963	0.000	0.073	0.942	6.931	0.000
	DCC-CSGARCH	5.915	0.000	0.050	0.960	6.671	0.000
	DCC-IGARCH	5.873	0.000	−0.252	0.802	6.494	0.000
	DCC-APGARCH	5.738	0.000	−0.116	0.908	6.519	0.000
	DCC-AVGARCH	5.805	0.000	−0.177	0.860	6.938	0.000
	DCC-EGARCH	5.741	0.000	−0.043	0.966	6.548	0.000
	DCC-FGARCH	5.692	0.000	−0.127	0.899	6.902	0.000
	DCC-GJRGARCH	5.717	0.000	−0.195	0.846	6.477	0.000
	DCC-NAGARCH	5.847	0.000	−0.200	0.843	6.842	0.000
	DCC-TGARCH	5.592	0.000	−0.054	0.957	6.709	0.000

续表

机器学习模型	波动率模型	均值		标准差		均值/标准差	
		DM	p	DM	p	DM	p
XGBoost	1：1	6.963	0.000	0.073	0.942	6.931	0.000
	DCC-CSGARCH	5.915	0.000	0.050	0.960	6.671	0.000
	DCC-IGARCH	5.873	0.000	−0.252	0.802	6.494	0.000
	DCC-APGARCH	5.738	0.000	−0.116	0.908	6.519	0.000
	DCC-AVGARCH	5.805	0.000	−0.177	0.860	6.938	0.000
	DCC-EGARCH	5.741	0.000	−0.043	0.966	6.548	0.000
	DCC-FGARCH	5.692	0.000	−0.127	0.899	6.902	0.000
	DCC-GJRGARCH	5.717	0.000	−0.195	0.846	6.477	0.000
	DCC-NAGARCH	5.847	0.000	−0.200	0.843	6.842	0.000
	DCC-TGARCH	5.592	0.000	−0.054	0.957	6.709	0.000
LightGBM	1：1	6.963	0.000	0.073	0.942	6.931	0.000
	DCC-CSGARCH	5.915	0.000	0.050	0.960	6.671	0.000
	DCC-IGARCH	5.873	0.000	−0.252	0.802	6.494	0.000
	DCC-APGARCH	5.738	0.000	−0.116	0.908	6.519	0.000
	DCC-AVGARCH	5.805	0.000	−0.177	0.860	6.938	0.000
	DCC-EGARCH	5.741	0.000	−0.043	0.966	6.548	0.000
	DCC-FGARCH	5.692	0.000	−0.127	0.899	6.902	0.000
	DCC-GJRGARCH	5.717	0.000	−0.195	0.846	6.477	0.000
	DCC-NAGARCH	5.847	0.000	−0.200	0.843	6.842	0.000
	DCC-TGARCH	5.592	0.000	−0.054	0.957	6.709	0.000

从表 10-6 的统计结果可以看出，本章的研究结果关于波动率预测所选模型基本上是稳定的，尽管就标准差而言，大部分 DM 值为负数，但统计检验的 p 值都是不显著的，即状态依赖的对冲策略下套期保值组合的方差有所增加，但在统计意义上并没有增加对冲组合的风险。就均值和均值与标准差之比而言，DM 值为正值且在统计意义上显著，说明状态依赖对冲策略要显著优于模型驱动的对冲策略，状态依赖策略可以显著提高套期保值者的收益。这些发现与本章的研究结论是一致的。

（4）关于不同原油品种的稳定性检验。

除布伦特原油外，WTI 也是国际上重要的原油品种。为了检验本章研究结论关于不同原油品种的稳定性检验，还选取了 WTI 原油作为研究对象开展实证分析。检验结果如图 10-5 所示。

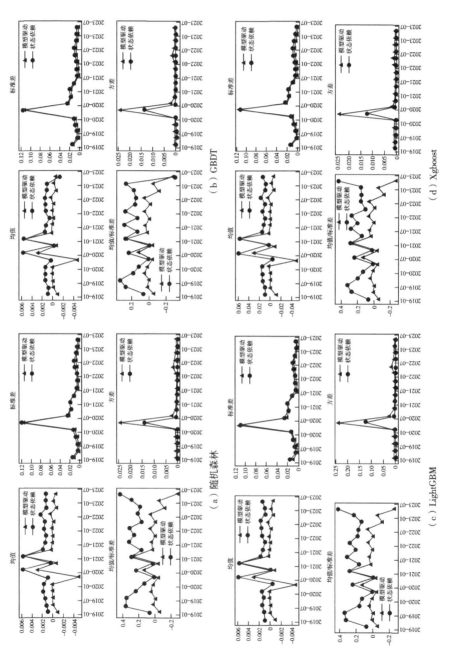

图 10-5 关于不同原油品种的稳定性检验

图 10-5 结果显示，在 WTI 市场上基于状态依赖策略的均值、均值与标准差之比都明显高于模型驱动的策略；标准差虽然稍有提高，但相对来说区别不大。表 10-7 从统计上进一步验证了本章所提出的模型和方法关于不同原油品种的稳定性[①]。

表 10-7　三种评价准则下的统计性检验

模型	均值		标准差		均值/标准差	
	DM	p	DM	p	DM	p
随机森林	7.764	0.000	1.655	0.116	5.003	0.000
GBDT	5.113	0.000	2.545	0.021	4.246	0.001
XGBoost	6.317	0.000	0.145	0.886	4.272	0.001
LightGBM	6.727	0.000	0.114	0.910	4.439	0.000

10.4.7　考虑交易成本的稳定性检验

根据本章提出的调仓准则，状态依赖的对冲头寸变化幅度大于模型驱动的对冲头寸，这样自然也增加了交易成本。为此，针对考虑交易成本后的情况展开稳定性检验。其中，两种情形下的套期保值组合的收益表示如下：

$$r_{pt}^m = r_{st} - h_t^* r_{ft} - |h_t^* - h_{t-1}^*| \times C \tag{10-9}$$

$$r_{pt}^s = r_{st} - \hat{h}_t^* r_{ft} - |\hat{h}_t^* - \hat{h}_{t-1}^*| \times C \tag{10-10}$$

其中，r_{pt}^m 表示考虑交易成本后基于模型驱动的头寸获得的套期保值组合的收益；r_{pt}^s 表示考虑交易成本后基于状态依赖的头寸获得的套期保值组合的收益。按照交易所交易规则，原油期货的交易成本为合约成交金额的万分之五，参考 Zhang 等（2012）的处理方式，取 $C=0.005$。考虑交易成本之后的对比结果如表 10-8 所示。

[①]　由于针对 WTI 的稳定性检验结果与前文布伦特的检验结果十分相似，受篇幅所限也为了避免形式上的雷同，此处只展示部分结果。

表 10-8　考虑交易成本后套期保值效果

模型	均值		标准差		均值/标准差	
	DM	p	DM	p	DM	p
随机森林	5.256	0.000	−0.617	0.547	5.419	0.000
GBDT	3.369	0.005	−0.439	0.667	2.719	0.017
XGBoost	3.845	0.002	−0.474	0.643	4.317	0.001
LightGBM	5.763	0.000	1.818	0.091	3.904	0.002

从表 10-8 可以看出，即使考虑交易成本的影响，本章所提出的对冲策略在统计上仍然优于传统套期保值策略。综上所述，相对于传统套期保值模型，本章提出的状态依赖的对冲策略更好地实现了收益与风险之间的权衡关系，为套期保值者提供了更加现实的对冲思路。

10.5　本章小结

在传统期货套期保值理论基础上，本章构建了 HMM 与机器学习相结合的原油市场状态预测模型，基于所预测的市场状态提出了状态依赖的对冲策略，对比分析了本章所提出对冲策略相对于无对冲和传统模型驱动的对冲策略的优越性。通过实证检验得出以下结论：第一，与传统 HMM 相比，本章提出的 HMM 与机器学习相结合的市场状态预测模型具有更高的预测精度。通过对比发现，传统 HMM 模型识别市场精度约为 50%，而本章所提出的模型识别市场状态的精度最高达到了 81% 以上。第二，在不显著提升风险的条件下，本章提出的优化策略能显著地提高收益和收益与标准差之比，且状态依赖的对冲策略下套期保值组合的方差小于不套情形下的方差。也就是说，本章提出的状态依赖的策略在兼顾风险控制的条件下更好地保留了套期保值收益，实现了收益与风险的良好权衡。

复杂多变的国际形势下，大宗商品市场异常基差普遍存在，导致传统套期保值理论在实际应用中受到限制。并且，在套期保值过程中若无视期货潜在的巨大损失也很可能因不当操作而出现得不偿失的后果。本章创新性地提出状态依赖的套期保值优化方法，根据市场状态调整对冲策略，是对传统套期保值理论的丰富和拓展。通过研究，建议原油套期保值者在确定对冲策略之前先对原油期货市场状态进行预测。以未来卖出现货为例，当预测期货价格处于上涨趋势时，可以适当减少传统套期保值头寸；反之建议适当增大传统模型驱动的套期保值头寸。这样，可以减少期货端带来的不必要的损失，所提出的对冲策略可以规避期货端极端损失带来的尾部风险。对于风险厌恶程度较大的套期保值者，头寸调仓比例围绕在 1 周围，对于风险厌恶程度较小的套期保值者可以选择幅度更大的调仓比例，但为了不偏离套期保值对冲风险的初衷，调仓比例不宜太大。在合适的调仓比例下，套期保值者可以实现"该套的时候多套，不该套的时候少套"的目标。本章研究也说明了套期保值中控制风险与博取收益并不矛盾，收益和风险是可以兼顾的。

本章主要使用日度数据构建纳入包括美元指数、经济不确定性指数、地缘政治风险指数、金融市场指数的原油期货市场状态机器学习预测模型。由于数据可得性，未能将仅有月度数据的其他宏观变量嵌入模型。在后续研究中，将进一步探索贸易不确定性以及原油供需、库存等其余因素对原油期货市场状态的影响，并在此基础上建立数据驱动的原油期货市场状态预测模型。

本章参考文献

［1］吕云龙. 国际大宗商品定价权研究［J］. 宏观经济研究，2022（1）：5-14.

［2］Johnson L L. The theory of hedging and speculation in commodity futures［J］. The Review of Economic Studies，1960，27（3）：139-151.

［3］ Ederington L H. The hedging performance of the new futures markets ［J］. The Journal of Finance, 1979, 34（1）: 157-170.

［4］ Furió D, Torró H. Optimal hedging under biased energy futures markets ［J］. Energy Economics, 2020（88）: 104.

［5］ Barroso P, Reichenecker J A, Menichetti M J. Hedging with an Edge: Parametric Currency Overlay ［J］. Management Science, 2021（1）.

［6］ Collin-Dufresne P, Daniel K, Sağlam M. Liquidity regimes and optimal dynamic asset allocation ［J］. Journal of Financial Economics, 2020, 136（2）: 379-406.

［7］ Yu X, Li Y Y, Lu J L, et al. Futures hedging in crude oil markets: A trade-off between risk and return ［J］. Resources Policy, 2023（80）: 103-147.

［8］ Billio M, Casarin R, Osuntuyi A. Markov switching GARCH models for Bayesian hedging on energy futures markets ［J］. Energy Economics, 2018（70）: 545-562.

［9］ Liu C B, Zhang X, Zhou Z P. Are commodity futures a hedge against inflation? A Markov-switching approach ［J］. International Review of Financial Analysis, 2023（86）: 102.

［10］ 彭红枫, 陈奕. 中国铜期货市场最优套期保值比率估计——基于马尔科夫区制转移 GARCH 族模型 ［J］. 中国管理科学, 2015, 23（5）: 14-22.

［11］ Philip D, Shi Y. Optimal hedging in carbon emission markets using Markov regime switching models ［J］. Journal of International Financial Markets, Institutions and Money, 2016（43）: 1-15.

［12］ 王佳, 金秀, 王旭, 等. 基于时变 Markov 的 DCC-GARCH 族模型最小风险套期保值研究 ［J］. 中国管理科学, 2020, 28（10）: 13-23.

［13］ 李仲飞, 姚海祥. 不确定退出时间和随机市场环境下风险资产的动态投资组合选择 ［J］. 系统工程理论与实践, 2014, 34（11）: 2737.

［14］ Nettayanun S. Asset pricing in bull and bear markets ［J］. Journal of

International Financial Markets，Institutions and Money，2023（83）：101.

[15] 刘家和，金秀，苑莹，等. 状态依赖和损失厌恶下的鲁棒投资组合模型及实证 [J]. 管理工程学报，2018，32（2）：196-201.

[16] Campani C H，Garcia R，Lewin M. Optimal portfolio strategies in the presence of regimes in asset returns [J]. Journal of Banking & Finance，2021，123：106-130.

[17] 尘娜，金秀. 状态依赖下考虑空间交互作用的资产配置模型与实证 [J]. 系统管理学报，2021，30（4）：709-716.

[18] Li H T，Wu C F，Zhou C Y. Time-Varying Risk Aversion and Dynamic Portfolio Allocation [J]. Operations Research，2022，70（1）：23-37.

[19] 赵华，王一鸣，王汨泉. 基于马尔可夫状态转换方法的套期保值 [J]. 系统工程理论与实践，2013，33（7）：1743-1752.

[20] 潘慧峰，石智超，郑建明. 市场状态依存的套期保值策略研究 [J]. 统计研究，2014，31（9）：65-71.

[21] Wong K P. Production and hedging under state-dependent preferences and background risk [J]. International Review of Economics & Finance，2017（51）：527-534.

[22] 刘振亚，邓磊. 解密复兴科技：基于隐蔽 Markov 模型的时序分析方法 [M]. 北京：中国经济出版社，2014.

[23] Baum L E，Petrie T. Statistical inference for probabilistic functions of finite state Markov chains [J]. The Annals of Mathematical Statistics，1966，37（6）：1554-1563.

[24] 景楠，吕闪闪，江涛. 基于 HMM 和 GARCH 族模型的中国期货市场波动性研究 [J]. 管理科学，2019，32（5）：152-162.

[25] Nystrup P，Hansen B W，Larsen H O，et al. Dynamic allocation or diversification：A regime-based approach to multiple assets [J]. Journal of Portfolio Management，2017，44（2）：62-73.

[26] Ozbayoglu A M，Gudelek M U，Sezer O B. Deep learning for financial

applications：A survey ［J］. Applied Soft Computing，2020（93）：106-384.

［27］ Adam T R，Fernando C S，Salas J M. Why do firms engage in selective hedging？ Evidence from the gold mining industry ［J］. Journal of Banking & Finance，2017（77）：269-282.

［28］ Dark J. Futures hedging with Markov switching vector error correction FIEGARCH and FIAPARCH ［J］. Journal of Banking & Finance，2015（61）：S269-S285.

［29］ Zhao L T，Meng Y，Zhang Y J，et al. The optimal hedge strategy of crude oil spot and futures markets：Evidence from a novel method ［J］. International Journal of Finance & Economics，2019，24（1）：186-203.

［30］ Diebold F X，Mariano R S. Comparing predictive accuracy ［J］. Journal of Business & Economic Statistics，1995，13（3）：253-263.

［31］ 李艳丽，邓贵川，李辰阳. 人民币汇率波动的预测——基于损失函数和 DM 检验的比较分析 ［J］. 国际金融研究，2016（2）：84-96.

［32］ Wang Y D，Wu C F，Li Y. Hedging with futures：Does anything beat the naive hedging strategy？ ［J］. Management Science：Journal of the Institute of Management Sciences，2015，61（12）：2870-2889.

［33］ Trucíos C. Forecasting Bitcoin risk measures：A robust approach ［J］. International Journal of Forecasting，2019，35（3）：836-847.

［34］ 常太星. 基于多因子选股和隐 Markov 模型择时的量化策略研究 ［D］. 哈尔滨工业大学，2020.

［35］ Zhang M Q，Jiang X，Fang Z H，et al. High-order Hidden Markov Model for trend prediction in financial time series ［J］. Physica A：Statistical Mechanics and its Applications，2019（517）：1-12.

［36］ Schalck C，Chenavaz R. Oil commodity returns and macroeconomic factors：A time-varying approach ［J］. Research in International Business and Finance，2015（33）：290-303.

［37］ 冯钰瑶，刘畅，孙晓蕾. 不确定性与原油市场的交互影响测

度：基于综合集成的多尺度方法论［J］. 管理评论，2020，32（7）：29-40.

［38］Su C W，Qin M，Tao R，et al. Factors driving oil price——From the perspective of United States［J］. Energy，2020（197）：117219.

［39］Lu Q Y，Li Y Z，Chai J，et al. Crude oil price analysis and forecasting：A perspective of "new triangle"［J］. Energy Economics，2020（87）：104721.

［40］安德里亚斯·穆勒，沙拉·吉多. Python 机器学习基础教程［M］. 张亮，译. 北京：人民邮电出版社，2018.

［41］Zhang W G，Liu Y J，Xu W J. A possibilistic mean-semivariance-entropy model for multi-period portfolio selection with transaction costs［J］. European Journal of Operational Research，2012，222（2）：341-349.